国家社会科学基金一般项目成果

国际资本流动与中国资本输出的长效战略研究

李 芳 等著

中国财经出版传媒集团

经济科学出版社

Economic Science Press

图书在版编目（CIP）数据

国际资本流动与中国资本输出的长效战略研究／李芳等著．
—北京：经济科学出版社，2021.12
ISBN 978 - 7 - 5218 - 3245 - 7

Ⅰ.①国… Ⅱ.①李… Ⅲ.①国际资本 - 资本流动 - 研究
②资本输出 - 经济发展战略 - 研究 - 中国 Ⅳ.①F831.7②F125

中国版本图书馆 CIP 数据核字（2021）第 248270 号

责任编辑：吴　敏
责任校对：蒋子明
责任印制：范　艳

国际资本流动与中国资本输出的长效战略研究
李　芳　等著
经济科学出版社出版、发行　新华书店经销
社址：北京市海淀区阜成路甲 28 号　邮编：100142
总编部电话：010 - 88191217　发行部电话：010 - 88191522
网址：www. esp. com. cn
电子邮件：esp@ esp. com. cn
天猫网店：经济科学出版社旗舰店
网址：http://jjkxcbs. tmall. com
北京季蜂印刷有限公司印装
710×1000　16 开　17.25 印张　275000 字
2022 年 1 月第 1 版　2022 年 1 月第 1 次印刷
ISBN 978 - 7 - 5218 - 3245 - 7　定价：76.00 元
（图书出现印装问题，本社负责调换。电话：010 - 88191510）
（版权所有　侵权必究　打击盗版　举报热线：010 - 88191661
QQ：2242791300　营销中心电话：010 - 88191537
电子邮箱：dbts@ esp. com. cn）

前　言

2007 年以来，中国发生资本流入突然中断的次数和规模明显增加。2015 年，中国首次成为对外直接投资项下的资本输出大国。随着中国金融市场化改革和金融市场全面开放的加速，国际资本出入中国也更为便利。根据中美第一阶段经贸协议，中国已于 2020 年 4 月 1 日向外资全面开放金融服务市场。国际资本大规模出入中国已经成为国际资本流动的新常态，分析资本流入突然中断和以对外直接投资（OFDI）为主的资本输出的具体影响，借鉴其他国家资本输出的成功经验，探讨建立内外均衡的资本流动管理体系等问题的重要性和紧迫性都十分突出。

已有研究证明，资本流动突然中断对经济增长有负面影响且突然中断本身不可避免，所以本书的目标首先是分析当发生突然中断时，何种经济特征能够使突然中断的负面影响更小。为了考察何种汇率制度受突然中断的影响较小，并为中国汇率制度改革寻找现实证据，本书利用全球 149 个经济体 1992～2015 年的年度数据，采用不同的实证方法进行一系列分析。研究发现，突然中断会造成经济增长速度显著下降，但对不同汇率制度经济体的影响不一致；在发生突然中断时，弹性较小的汇率制度下的经济体受到的负面影响更小，而导致这种差异的原因可能是汇率制度弹性较小的经济体通货膨胀水平通常较低，而价格稳定有利于出口，从而有利于经济的恢复。这一发现为一些国家和地区在发生资本流动突然中断危机时重新回到盯住汇率制度的做法提供了经验上的支持，也为我国在增强汇率制度弹性的改革过程中有效应对资本流动突然中断的冲击提供了政策参考。

为了考察资本流动突然中断对不同负债结构经济体的影响，本书在 IS‐MP 模型中引入国家对外负债结构变量，对资本流动突然中断的影响机制进行理论分析，然后利用 27 个新兴经济体 2003～2019 年的季度数据，以外商直接投资（FDI）占比衡量经济体对外负债结构，对于突然中断对不同负债结构经济体的经济影响进行实证分析。结果表明：资本流动突然中断会给经济体的经济增长带来显著负面影响，但是对不同负债结构经济体的影响不同；在发生资本流动突然中断时，经济体对外负债中 FDI 的比例与经济增长率之间呈倒 U 型关系。因此，对经济体的对外负债结构进行合理调整，确定 FDI 占比的合理区间，有利于更好地应对突然中断的经济冲击，保持经济持续稳定发展。

创新是经济增长的重要推动力。为了研究在发生突然中断的经济冲击时技术创新与经济增长的关系，本书尝试在四部门国民收入模型的框架上，对资本流动突然中断和技术创新的产出效应进行逻辑推导，然后对新兴经济体资本流动突然中断的特征事实以及技术创新水平进行描述，运用面板模型对 30 个新兴经济体 1996～2018 年的数据进行实证研究。研究发现，突然中断对经济增长具有显著的负向产出效应，技术创新则能够有效地吸收突然中断的负效应，而且收入更高的经济体的技术创新的吸收作用更强。基于此，本书提出我国应保持对国际资本流动的动态监管，加强与发达国家在货币政策方面的交流，坚定科技强国战略。

为了更好地应对突然中断，本书探讨了突然中断的影响因素和预警机制的建立。本书运用 1998～2018 年 22 个新兴经济体的季度数据，建立了面板 Probit 模型，分别考察宏观经济因素、国际收支账户因素和外部因素 3 大类 15 个变量对新兴经济体资本流动突然中断影响的显著性,筛选出9个显著指标。然后,根据这9个影响因素,应用 KLR 信号法构建了综合预警指标,测度我国近13年来突然中断风险的波动情况。在对我国突然中断风险进行阶段性分析后发现,综合指标的预测与实际走势基本相符,说明该预警体系对我国突然中断具有较好的预警效力。

我国是一个新兴的对外直接投资大国,与对外直接投资相关的许多问题都值得研究。本书首先从 OFDI 对母国经济增长质量的影响角度论证了 OFDI 的必要性。本书用主成分分析法,从经济增长的效率、数量、创新性、协调性、绿色性、开放性和共享性七个方面构建了一个经济增长质量指数,然后采用系统 GMM 方法分样本,分时段考察了 OFDI 对经济增长质量的影响。研究发现:(1) 样本国家的单项指数和综合指数都在不断增长,但是发达国家的各项指数均值都高于发展中国家;中国只有创新性指数超过了发达国家的均值,其余各指数都与发展中国家的均值相当。(2) 总体上,OFDI 对经济增长质量的影响显著为正。分国家考察发现,发达国家 OFDI 对经济增长质量的影响为正,发展中国家为负。分时段检验发现,金融危机后,OFDI 对经济增长质量的正向或负向影响要小于金融危机前。

为了考察 OFDI 对经济体资产价格的影响,本书利用26个发达经济体和15个新兴经济体2005~2018年的季度跨国(或地区)面板数据,考察 OFDI 对股票市场价格和房地产市场价格的影响。研究发现,OFDI 会对经济体资产价格产生负向影响,并且不同经济体的 OFDI 对资产价格存在非对称性影响。新兴经济体的 OFDI 对股票价格的影响更大,发达经济体的 OFDI 对房地产价格的影响更大。进一步的渠道分析发现,OFDI 对发达经济体资产价格和新兴经济体股票价格的影响以直接渠道为主、间接渠道为辅,对新兴经济体房地产价格的影响以货币供给渠道为主、直接渠道为辅。

以不良贷款率作为衡量银行稳健性的指标,利用面板固定效用模型对 31 个经济体的 OFDI 和银行稳健性进行实证分析后发现，OFDI 对银行稳健性有显著的负面影响：金融危机前，OFDI 对银行稳健性有正面影响但并不显著，而金融危机后依然为负面影响。基于 PVAR 模型的渠道检验结果表明，OFDI 通过私人部门外债渠道、利率渠道、汇率渠道，对银行稳健性产生影响。因此，如今面对 OFDI 规模不断扩大的情况，我国应该建立 OFDI 的监测和预警机制，完善宏观审慎框架；银行机构要不断提高经营水平和治理机制，防范风险。

对外直接投资是国际资本流动的有效形式，也是经济全球化的必然现象。首先，本书通过美国、日本对外直接投资的背景与特征来总结发达经济体对外投资的成功经验，并提出建议：中国在对外投资过程中，政府要起引导和辅助作用，为企业提供安全稳定的投资环境；对企业对外直接投资提供金融支持；发挥"一带一路"倡议对直接投资的引领作用；注意对外直接投资产业间的均衡发展；等等。其次，探讨亚洲金融危机后，马来西亚、韩国等新兴经济体管理资本流动的经验及效果。最后，对捷克共和国在资本流动突然中断时采取的管理措施进行了总结。这些经验可概括为：资本管制加盯住汇率制度的调整；调整金融制度，激发金融市场活力，增强市场主体的抗风险能力；发展资本市场，实现融资渠道的多元化；调整产业结构，发展特色优势产业，促进产业转型升级；等等。

为了建立内外均衡的国际资本流动管理体系，我国在资本输出方面应建立长效战略，具体包括：理性分析国际直接投资的宏观环境；坚持市场导向，强化政策引导的 OFDI 模式；积极完善对外投资的配套政策；不断提高企业的核心竞争力；建立和完善对外投资的整体利益保护框架；等等。为了更好地应对资本流动突然中断，我国应该继续维持汇率稳定，保持合适的负债结构，深化供给侧改革，持续推进技术创新，建立资本流动预警机制，实施前瞻性的货币政策，平衡国际资本流动。

目　　录

导　论

一、研究背景与意义

自 2008 年全球金融危机以来，中国对外直接投资增速明显高于外商直接投资增速，国际资本流动突然中断或逆转在中国发生的次数和规模也显著增加。随着中国金融市场化改革和金融市场全面开放的加速，国际资本出入中国也更为便利。根据中美第一阶段经贸协议，中国已于 2020 年 4 月 1 日向外资全面开放金融服务市场，允许外资全资开办券商、保险公司、期货公司及信用评级机构等金融服务机构。因此，不难预计，国际资本大规模出入中国势必成为国际资本流动的新常态。

新兴经济体的国际资本流动问题一直备受各界关注，因为历史上很多金融危机（如 1997 年亚洲金融危机）都与国际资本流动密切相关。国际资本流动的研究对象从统计上可界定为：国际收支平衡表中金融账户下的直接投资、证券投资和其他投资资本（从 2015 年全球按第六版《国际收支和国际投资头寸手册》编制"国际收支平衡表"开始，还包括"金融衍生品和雇员认股权"项目）。国际资本大规模流入可能会造成一国货币信贷的过快增长、经常账户赤字扩大，促使流入国货币升值，削弱该国产品在国际市场上的竞争力；而当国内外经济金融形势发生变化、资本流入逆转为资本大规模流出时，该国国内的金融收缩和实体经济的调整就会出现，从而导致经济下行甚至可能引发金融危机乃至经济危机。

21 世纪以来，国际资本流动的总规模和波动幅度都在不断扩大。2012 年以前，中国大多处于国际资本净流入状态，不仅忍受了前述资本流入的种种后果，而且承担着资本大规模流出的巨大风险。事实上，自 2007 年以来，中国发生国际资本流动突然中断或逆转的次数和规模都明显增加：中国国际收支金融账户中的"非储备性质的金融账户"先后在 2012 年、2014 年、2015 年和

2016 年出现逆差，其规模由最初的数百亿美元增至 2015 年、2016 年连续两年超过 4000 亿美元，中国成为大规模净资本输出国。甚至在国家外汇管理局加大了对资本流出的限制以后，2018 年、2019 年，中国国际收支"非储备性质的金融账户"仍然出现了季度赤字。这意味着，中国发生国际资本流动突然中断或逆转的风险仍然存在，甚至有可能快速加大。

过去，因为中国国际收支中经常账户存在巨大盈余，金融账户出现赤字可能会被认为是一件大好事：一方面积累了境外的金融资产，另一方面有利于实现国际收支的总体平衡。然而，自 2018 年以来，中国国际收支中经常账户的顺差急剧缩小。受中美贸易摩擦加剧等一系列不利因素的影响，2018 年全年中国经常账户仅维持了 255 亿美元的顺差（2005 年以来顺差首次低于四位数），其中有连续三个季度均为逆差。很明显，在经常账户顺差缩小甚至出现赤字的情况下，为了维持国际收支平衡，金融账户的作用就变得更为重要。因此，对国际资本流动进行深入研究，探讨国际资本流动的变化在不同的经济条件下会产生何种影响，为有效管理国际资本流动提供科学依据，不仅是维护健康的国际收支结构和国际收支平衡从而实现经济内外均衡的需要，也是维护国家经济金融安全及高质量发展的关键环节和核心内容之一。

基于对国际收支平衡重要性的共识，大量研究文献重点关注了国际资本流动总量的变化。但是，本书认为，对于中国以及其他新兴经济体而言，国际资本流动的结构问题也同样重要，甚至越来越重要。21 世纪初，中国开始鼓励中国企业"走出去"，尤其是自 2008 年全球金融危机以来，中国企业"走出去"和人民币国际化的步伐都显著加快，中国对外直接投资迅速增长。党的十八大以后，中国推出"一带一路"倡议，中国的对外直接投资更是驶上了快车道：自 2013 年以来，每年净增的对外直接投资资产都在千亿美元以上。根据商务部和国家外汇管理局统计，2014 年中国全行业对外直接投资规模达到 1160 亿美元，若加上第三地融资再投资，总规模约为 1400 亿美元，已超过实际利用外资规模（约 1200 亿美元）。根据"中国国际收支平衡表"的记录，2015 年全年新增对外直接投资资产 2164 亿美元，直接投资项下出现 417 亿美元逆差。在经历 30 多年的改革开放、净资本流入之后，中国首次成为资本净输出国。当然，中国依然是一个吸引外商直接投资的大国，每年吸引的外商直接投资规模与对外直接投资规模总是位居世界前列。可见，中国实际上已经成为全球瞩目的直接投资双向资本流动大国。

作为一个新兴的对外直接投资大国，与对外直接投资相关的许多问题都值得研究。过去中国主要关注外商直接投资，政策目标以"奖入限出"为主。国内学术界对外商直接投资研究较多，但往往忽视对对外直接投资的研究。总体看来，受历史局限，已有研究并未预见到国际资本大规模出入中国的新常态，国内外均缺乏深入研究（因而看法大相径庭），其研究广度和深度都有待进一步拓展；而且已有研究可能认为资本流入有利于一国经济，而流出则不利于一国经济，因而难以形成坚实的中国"走出去"战略的理论基础，也就难以对中国首次成为资本净输出国这一新生事物进行战略谋划。而实际上对外直接投资已成为中国国际资本流动的新动态。那么，对外直接投资对母国的实际经济发展、资产价格和金融市场稳定究竟会产生何种影响？发达经济体和新兴经济体应对国际资本流动和对外直接投资有何值得中国借鉴的经验？为了实现宏观经济政策的"双重均衡"的目标，建立中国资本输出的长效机制，应采取哪些政策？显然，对这些问题尤其是对外直接投资问题进行深入研究，既有利于丰富和强化国际资本流动与中国资本输出的理论支持，又有利于中国更好地规范管理国际资本流动与资本输出，实现经济高质量发展的长远目标。

二、资本流动突然中断的界定与度量方式

资本流动突然中断或突然停止（capital flow sudden stop，以下简称突然中断），也称为资本流动逆转（capital flow reverse），通常是由于各种因素导致国外投资者对本国的收益预期大幅降低，从而使一国的国际资本流入显著减少甚至发生逆转，同时会引起一国经常项目赤字缩小以及实际有效汇率贬值、资产价格下降等。

多恩布什、戈尔德法因和瓦尔德斯（Dornbush，Goldfajn and Valdes，1995）最早引入"国际资本流动突然中断型金融危机"这一概念，称为资本流入突然中断。卡尔沃（Calvo，1998）正式提出了资本流动突然中断（sudden stop），并将其界定为净流入资本的急剧减少。之后的文献陆续对突然中断做了不少补充和完善。

现有文献对突然中断的界定大致可以分为以下几类。

第一类基于资本净流入的角度。（1）用标准差形式衡量：至少在一年内，

一国资本净流入量变动值比该国资本流动样本均值高两个标准差以上，并且首次观察到，下降幅度不高于一个标准差时，发生中断；下降幅度超过一个标准差时，突然中断结束（Calvo，Izquierdo and Mejia，2004；Joyce and Nabar，2009）。（2）用百分比来进行衡量：埃德华（Edwards，2005）认为资本净流入量的下降幅度超过国内生产总值的5%，并且在发生突然中断的前两年吸收了不少于本地区的3/4的资本内流。哈奇森（Hutchison，2006）认为突然中断是货币危机的一种形式，它源于全球流动性的异变，所以只有在同时具备资本项目逆转和货币危机时才可以界定突然中断。当经常项目余额增加超过国内生产总值的5%，同时货币压力指数的变动超过了其样本均值的两个标准差以上且变动的幅度超过样本均值的5%，就可以认定该国出现了突然中断。苏拉（Sula，2010）的标准是，至少在一个观察期内，资本净流量的下降幅度超过国内生产总值的4%。（3）还有一些学者综合了百分比方式和标准差方式来衡量：至少在一个观察期内，一国资本净流入量下降幅度不小于样本均值的一个标准差，减少的部分不少于国内生产总值的5%（Guidotti and Sturzenegger，2004；Calderón and Kubota，2013；郑璇，2014）。

第二类基于资本总流量的角度。（1）罗滕伯格和瓦诺克（Rothenberg and Warnock，2006，2011）从总资本流入年度减少值的角度细分了突然中断，认为总资本流出量的增加幅度不小于总资本流入量的减少幅度是突然外流，总资本流出量的增幅小于资本流入的降幅为真实突然中断。（2）还有一些学者从总流量角度将突然中断分为流出驱动型突然中断（outflow-driven sudden stops，即内资大量外流引起的突然中断）、流入驱动型突然中断（inflow-driven sudden stops，即资本流入大量减少引起的突然中断）和混合驱动型突然中断（Cowan et al.，2008；Forbes and Warnock，2011；Calderón and Kubota，2013）。他们还给出了三类突然中断的划分标准：先构建出资本净流入减少量占国际资本总流入减少量的百分比，当这个百分比居于25% ~ 75%时，称为混合型突然中断；当百分比小于25%时，称为流出驱动型突然中断；当百分比大于75%时，称为流入驱动型突然中断。（3）福布斯等人（Forbes et al.，2012）认为国际资本流动可以细分为激增（Surge，即流入总额急剧增加）、中断（Stop，即流入总额急剧减少）、外逃（Flight，即流出总额急剧增加）和撤回（Retrenchment，即流出总额急剧减少）四类。

第三类基于综合总流量和净流量的角度。卡瓦洛等人（Cavallo et al.，2015）综合考虑总资本流入、总资本流出和净流量的作用，提出一个新的突然中断分类法，将突然中断分为七种潜在类型。但由于这种分类非常复杂，目前采用这个角度进行判断的文献很少。

为了简化判断标准，同时避免一个经济体因为长期资本流动的低波动性，可能出现一个较小的资本流向变动就超出均值一个标准差的情况。本书对资本流动突然中断采用圭多蒂等人（Guidotti et al.，2004）的判断标准：如果一个经济体国际资本净流入与GDP之比的下降幅度在一年内超过该经济体样本均值一个标准差以上，且其国际资本净流入的减少超过其GDP的5%，就认为该经济体发生了资本流动突然中断。该标准综合了标准差和百分比两种界定方式，可以有效避免对突然中断的误判。

因为研究对象、时间起止和数据频率的差异，本书按照上述标准，对每个研究主题中的数据进行计算并报告全部样本中识别出的突然中断个体及时点。同时，为了更细致地区分突然中断类型，将根据引发突然中断的主要原因，对突然中断类型（如流入驱动型、流出驱动型等）进行进一步细分。

三、国内外研究综述

关于国际资本流动，最早的理论运用逻辑推理来探寻国际资本流动的内在机理，提出了关于资本流动成因与结果的定性结论，如马歇尔（1923）、俄林（Ohlin，1924，1929）、马克卢普（Machlup，1932）的研究。第二代理论将数量分析工具引入研究，着重对国际资本流动的动因进行定量分析，如缪尔达尔（1950）、蒙代尔（1960）、弗莱明（1962）、布兰松（Branson，1968）的研究。第三代理论则致力于研究全球化条件下的国际资本流动，从不同角度提示了国际资本流动突发逆转的内在机理。例如，克鲁格曼（Krugman，1979）强调扩张性财政政策和货币政策将导致资本流动逆转的必然性；金（Kin，1999）认为交易成本是影响国际资本流动的重要因素；奥布斯特费尔德（Obstfeld，1994，1995）认为投机行为和预期的改变和自我实现使发展中国家不断出现金融危机；拉德勒和萨可斯（Radelet and Sachs，1998）认为金融恐慌和羊群效应大大加强了国际资本流动逆转的突发性和破坏性；克鲁格曼（Krugman，1998）则将亚洲金融危机归因于金融机构的道德风险；杜利（Dooley，2000）

也支持这种观点。

从宏观上来看，与本书研究主题相关的文献主要涉及国际资本流入突然中断和以对外直接投资（OFDI）为代表的资本输出两个方面。因此，本书将从这两个方面对国内外研究进行综述。

（一）关于资本流动突然中断的研究

1. 突然中断的总体经济影响

对于资本流动突然中断的经济效应和不同形式资本流入的影响，国内外已有较多研究，而且观点呈现出很大差异。对资本流动逆转和突然中断（sudden stop）的研究兴起于 20 世纪 90 年代末，在 21 世纪成为国际金融领域的一个热点问题。

一部分学者认为资本流动突然中断会对经济造成负面影响。例如，赖因哈特和卡尔沃（Reinhart and Calvo，2000）的研究表明，突然中断的发生会使国内信贷额度显著下降、外部融资升水，经"金融加速器"的作用，引起产出下降。埃德华（Edwards，2004）对 1970～2001 年全球主要国家经常账户发生逆转事件进行研究，发现突然中断的发生会提高经常账户逆转的概率；在后续的研究中，他还发现与突然中断相关的经常账户逆转导致的国内生产总值（GDP）增长率下降达 4% 左右（Edwards，2007）。卡尔沃、伊斯基耶多和梅西亚斯（Calvo，Izquierdo and Mejía，2008）则发现系统性的突然中断将导致产出下降约 10%，同时还伴随着大量的汇率贬值和失业率上升等现象。卡尔沃、伊斯基耶多和塔尔维（Calvo，Izquierdo and Talvi，2006）在对 31 个新兴经济体的数据进行分析之后，发现突然中断会使经济体的产出在短期内出现大幅下降。危机过后，产出迅速恢复，但是经济体内外信贷恢复缓慢。哈奇森和努瓦（Hutchison and Noy，2006）则通过对不同金融危机的影响进行比较，发现突然中断对实体经济的冲击最为严重，货币危机导致产出在 3 年内平均下降 2%～3%，而突然中断则会导致产出下降 13%～15%。科里奈克和门多萨（Korinek and Mendoza，2013）对 1980～2012 年新兴经济体和发达经济体之间的两组数据进行对比研究，发现突然中断危机会使新兴经济体的消费和 GDP 分别下降 2%～3%，两年后也只能恢复到原下降值的 2/5 左右。他们还发现，突然中断危机对新兴经济体和发达经济体的影响是不同的，发达经济体没有表现出类似新兴经济体的反转的"J曲线"，在遭受突然中断危机冲击时，发达经济体并没有发生大规模的经济衰退。卡尔沃、伊斯基耶多和洛孔（Calvo, Izquierdo and Loo-Kung, 2006）以"批发价格指数（WPI）/ CPI"表示相对价格，发现资本流动突然中断会增加相对价格的波动性。

也有一部分学者认为突然中断本身不会导致产出或投资减少。约瑟夫和纳巴（Joseph and Nabar, 2009）选取新兴经济体投资作为研究对象，发现银行危机能单独引起投资的下降，突然中断的影响必须通过银行危机的渠道产生。也就是说，如果银行体系可以经受住外部冲击，单一的突然中断危机并不能造成投资下降。梁权熙和田存志（2011）则发现突然中断或银行危机并不必然引起产出的大幅下降。当两者单独发生时，它们对产出的影响都不显著；突然中断叠加银行危机，则会对产出造成严重的负面冲击，双重危机将导致经济增长率平均下降约5%。范小云等（2011）通过对国内外经典文献进行梳理总结后得出新兴经济体发生突然中断后的四大现象：经济体内产出和总需求严重收缩、资产价格和经济体内相对价格发生暴跌、经常项目赤字显著逆转、无法从国际资本市场融资。

还有一部分学者持乐观态度，认为资本流动突然中断会导致产出的增加。例如，恰里、基欧和麦克格拉顿（Chari, Kehoe and McGrattan, 2005）认为突然中断会使净出口突然增加，从而使产出增加。引起产出减少的原因是其他的一些摩擦对产出的负面效应抵消了突然中断的正面影响。

在肯定突然中断对经济增长具有负面影响的文献中，部分学者进一步研究了哪些因素的存在会使突然中断的产出效应减弱。例如，卡尔沃（Calvo, 2001）指出突然中断引发一国金融危机的概率与该国经济发达程度密切相关。当突然中断发生时，新兴经济体发生金融危机的概率高达63%，与之形成对比的是，发达经济体爆发危机的可能性只有17%。郑璇和罗明铭（2016）发现，有的新兴经济体在出现突然中断后发生了货币危机，而有的经济体没有。他们的实证研究结果表明，突然中断的发生确实会在一定程度上促使货币危机的发生，但促进一国经济基本面良好、提升经常账户余额、刺激出口等措施能够减少突然中断对经济的负面影响。而李芳和卢璐（2017）基于扩展的 IS – MP 模型对国际资本结构进行深入分析后发现，在发生突然中断后，一国对外负债中外商直接投资（FDI）的占比与经济增长之间呈现倒 U 型关系，提出新兴经济体应通过调整投资对利率的敏感度和净出口对收入的敏感度来提高自身应对突然中断带来的负面影响。

2. 不同形式资本流入的经济影响

对于不同形式资本流入的经济影响，一些学者认为在国际资本流动中，FDI 形式的资本流入具有较低的易变性，在受到冲击时发生资本逆转的可能性和程度较小，对经济的负面影响也较小。利普西（Lipsey，2001）研究了不同动机的国际资本在三次金融危机期间波动性上的差异。一般而言，直接投资主要受长期因素的影响，比较稳定；非直接投资形式的资本流动对本外币利差等因素较为敏感，易变性较强。布罗托（Broto，2008）通过研究不同形式资本流入易变性的决定因素后发现，全球环境对证券投资和其他投资的波动性有显著的影响，而对 FDI 没有显著的影响。余珊萍和张文熙（2006）通过建立一套衡量资本易变性的指标，对 37 个国家的资本易变性进行了纵向的分变量比较和横向的国别比较，发现在各类国际流动资本中，FDI 的易变性最小，其他投资的易变性最高。韩剑（2012）采用 1980～2008 年 78 个国家和地区的数据，运用变异系数法对国际资本的三种类型（直接投资、组合投资和其他投资）的易变性进行测算和比较，发现直接投资是最稳定的，其次是组合投资，而其他投资的易变性最高。然而，一些学者持相反的观点。他们从资本流入与信贷膨胀之间的关系进行分析，认为 FDI 形式的资本流入在受到冲击时对经济的影响程度更大。卡尔达雷利等人（Cardarelli et al.，2009）、埃莱克达和吴（Elekdag and Wu，2011），以及福布斯和瓦诺克（Forbes and Warnock，2012）通过分析资本流动突然中断时宏观经济的动态变化，发现在资本流入减少时会出现实际汇率的贬值和国内信贷的收缩，经济增长速度也会大幅下降。门多萨和特罗内斯（Mendoza and Terrones，2012）利用 1960～2010 年 61 个新兴经济体和工业化国家的面板数据进行分析，研究结果表明导致新兴经济体信贷膨胀的主要因素是大量的资本流入。卡尔德龙和库博塔（Calderon and Kubota，2013）对 1975～2010 年 99 个经济体的数据进行分析后发现，相比证券投资和其他投资，FDI 形式的资本流入导致资本流动突然中断的可能性最大，尤其可能造成流出驱动型的资本流动突然中断，这与新兴经济体通过引入直接投资并利用存款对外投资的资产负债积累形式相符。同时，他们认为，相比其他形式，非证券投资形式的资本流入更可能推动信贷繁荣。这种信贷繁荣很可能在危机来临时结束，影响经济体的经济发展。

3. 何种经济特征能够降低突然中断的负面影响

关于何种汇率制度对经济冲击具有缓和作用，也一直有两种截然相反的观点。一部分学者认为，浮动汇率制度下，一国货币当局没有义务维持名义汇率的稳定，其汇率会随市场供求的变化而发生波动，从而对国际收支起到调节作用。此外，根据"三元悖论"，实行浮动汇率制度的国家能实行独立有效的货币政策，对本国经济进行调节，因此浮动汇率制度更能缓和经济波动。例如，艾肯格林、马森和布雷登坎普（Eichengreen，Masson and Bredenkamp，1998）指出，对于开放程度较高的国家，弹性较大的汇率制度更有利于抵御经济冲击的负面影响。圭多蒂、斯图尔森内格和维勒（Guidotti，Sturzenegger and Villar，2004）也认为，选择浮动汇率制度的开放国家能从资本流动突然中断导致的产出减少中更迅速地恢复，而债务美元化的国家则恢复得更慢一些；债务未美元化的国家出口增长更快，进口则比那些债务美元化国家缩减得更少。马古德和维斯佩罗尼（Magud and Vesperoni，2015）对 1969～2012 年 179 个国家发生的资本流动突然中断进行分析后发现，在资本流动周期中，汇率制度弹性越大的国家信贷波动越小。但是，汇率制度弹性并不能使一国免于信贷逆转，只是因为汇率制度弹性更大的国家在信贷繁荣时期信贷增长依然缓慢。因此，对汇率制度弹性小的国家来说，如果能通过一系列措施降低信贷波动，则将获益更大。布迪亚（Boudias，2015）利用新兴经济体的数据进行分析，也得出了与此类似的结论。

一部分学者认为，虽然浮动汇率制度存在以上优势，但与固定汇率制度相比，其汇率传递时滞相对较短（刘思跃、叶苹，2011），因此国际市场的波动也会更快地传递到国内，影响一国经济发展与稳定；而在固定汇率制度下，汇率在较小范围内波动，政策的不确定性较小，有利于国际间借贷与贸易的开展。艾肯格林、罗斯和维普洛斯（Eichengreen，Rose and Wyplosz，1996）通过对 1967～1992 年 22 个样本国家发生的投机攻击进行分析，认为固定汇率在稳定经济波动方面胜于浮动汇率。卡尔沃（Calvo，2001）指出，对经济发展水平较低的拉丁美洲国家来说，因为部分美元化、不完全的信贷市场、脆弱的金融体系等原因，为了更好地抵御外部冲击，应该选择固定汇率制度。路继业（2015）从中间汇率制度的内在不稳定性出发，指出中间汇率制度放大了外部冲击对实体经济的影响，主张在受到大规模外部冲击时，中国的政策制定者可将固定汇率体制作为一种临时性的政策选择。崔小勇、张鹏杨和张晓芳（2016）认为固定和中间汇率制度比浮动汇率制度在促进贸易、增加国民收入上的效果更好，所以中国在汇率制度改革过程中应该循序渐进，谨慎控制汇率制度变化对贸易和社会福利带来的影响。

4. 经济冲击背景下的技术创新与经济增长

创新是经济增长的重要推动力。罗默（Romer，1986）认为研发（R&D）是技术进步存在的必要条件。根据内生增长模型，一国通过知识积累和人力资本积累，在研发中产生技术进步，从而使经济保持长期增长。随后，他通过实证研究证实了技术进步是大多数发达国家经济增长的决定因素（Romer，1990）。格罗斯曼和赫尔普曼（Grossman and Helpman，1991）、阿吉翁和豪伊特（Aghion and Howitt，1992）的研究也强调了创新对经济的驱动作用。他们认为R&D和技术创新才是驱动经济增长的引擎，厂商为获得垄断利润不断增加R&D支出，这又增加了知识存量，从而推动了技术创新，技术创新又进一步推动了新产品和新方法的实现，进而促进了经济增长。罗森堡（Rosenberg，2004）在总结美国不同经济学家的研究后得出结论：在美国19世纪后期到20世纪中叶的经济发展中，资本和劳动的投入仅能解释美国经济产出增长的15%，其他不能解释的85%主要来自技术创新。因此，技术创新是高度工业化国家产出增长的最主要驱动因素。

关于技术创新的衡量指标，罗默（Romer，1990）在研究中使用研发人员数量作为技术进步的代理变量。阿吉翁和豪伊特（Aghion and Howitt，1998）推荐使用研发支出与GDP的比例这一指标。但是，施莫克勒（Schmookler，1966）早已指出，研发投入只是衡量创新的投入指标，专利数量才是衡量创新的产出能力指标，因为从研发投入到成为专利存在一定时期的滞后。胡纳迪和奥维斯卡（Hunady and Orviska，2014）的研究更为细致，他们运用1999～2011年欧盟国家在研发支出、创新成果与经济增长方面的数据来进行研究。结果显示：创新成果显著的国家经济增长较快；研发支出较高的国家拥有更多的研究人员和专利数量；滞后的研发支出与经济增长显著正相关。杜哈和加齐（Dhouha and Ghazi，2014）通过对1995～2006年的17个地中海国家的研究也得出了相同的结论，即创新投入和创新产出对经济增长具有正面效应。国内学者龚六堂和严成樑（2013）研究了中国的经济增长，在肯定了创新与经济增长的正向关系后，提出中国应该减少物质资本投资，增加 R&D 投资，尤其是增加对基础研究的投入，加快经济由投资驱动向创新驱动转型。

后来有少数学者开始关注危机或者经济冲击背景下技术创新与经济增长的关系，但是这些研究一般都是针对微观经济主体或单个国家，从国际角度来考察技术创新与长期经济增长关系的文献还比较少。例如，阿尔基布吉、菲利佩蒂和弗伦扎（Archibugi, Filippetti and Frenz, 2013）通过对 2500 家英国企业 2005～2008 年数据进行研究发现，为应对经济冲击的不利影响，企业应该将经营战略的重点放在产品开发和市场发展上，以维持自身发展的稳定。

5. 突然中断的风险及其管理

一些学者开始关注资本流动逆转的风险及其管理（Eicher, Turnovsky and Walz, 2001；Caballero and Krishnamurthy, 2006；Hutchison and Noy, 2006；Joyce and Nabar, 2009；De Mello, Padoan and Rousova, 2012；Steiner, 2013；Olaberria, 2014）。任力等（2011）就国际资本流动突然中断及由此引起的金融危机理论进行了综述；何帆（2008）认为资金供给国的利率变动会引起资本回流；梁权熙和田存志（2011）分析了资本流动突然中断与银行危机；项卫星和王达（2011）则着重分析了国际资本流动格局的变化对新兴经济体的冲击；郑璇（2014）分析了新兴经济体流入驱动型与流出驱动型国际资本流动中断的影响因素。一些学者开始讨论应对国际资本流动逆转或突然中断的对策问题。韩剑（2009，2012）探讨了国际资本流入的易变性及对策；靳玉英等（2010）就资本流入突然中断与经常账户赤字的有效调节进行了研究；林玲和王成（2013）探讨了资本流动逆转对中国实体经济的短期影响；李志辉等（2012）开始关注更全局的问题，探讨新兴经济体货币危机的形成、演变和预警；关益众等（2013）就国际资本流动突然中断的预警指标体系的构建进行了有益的探讨。

（二）关于对外直接投资的研究

1. 对外直接投资对母国的经济影响

关于对外直接投资（OFDI）的研究，已有文献主要关注 OFDI 对母国的产业结构、逆向技术溢出、经济增长等方面的影响。研究结论既有正面的肯定作用，也有负面的抑制作用。

（1）OFDI 对母国产业结构影响的研究。正面肯定的文献主要有：希利（Hiley，1999）研究了日本在 20 世纪 70 ~ 90 年代对东盟的 OFDI，发现日本通过向东盟转移国内的比较劣势产业，促进了日本国内自身的产业结构升级。李逢春（2012）研究了中国各省的对外直接投资，基于中国 2003 ~ 2010 年省际产业结构和 OFDI 数据，发现高水平的 OFDI 确实可以促进产业结构的较快升级。也有文献发现了 OFDI 的负面作用。戴维斯和休斯顿（Davis and Huston，1992）提出，制造业 OFDI 会导致母国的产业空心化，造成母国的就业人数和工资水平下降，不利于母国的产业结构升级。

进入 21 世纪以后，不少文献开始关注投资于高技术水平国家的 OFDI 对母国的逆向技术溢出效应。万恩（Van，2001）的研究发现，如果东道国具有相对研发优势，则进行战略资产型 OFDI 会对母国产生较强的逆向技术溢出效应。赵伟（2006）等基于中国 1985 ~ 2004 年对发达的东道国的 OFDI 的存量数据，证实了中国的 OFDI 也具有逆向技术溢出效应。叶建平等（2014）利用中国 2003 ~ 2011 年的省级面板数据，发现中国的 OFDI 具有显著的逆向技术溢出效应，并且表现出较强的区域差异。也有文献并不支持这种观点。邓宁（Dunning，1993）认为 OFDI 对母国的技术进步并不明显。比策和凯莱凯什（Bitzer and Kerekes，2008）通过对 17 个 OECD 国家制造部门的 OFDI 状况进行研究，发现 OFDI 并不具有显著的逆向技术溢出效应，对非七国集团（G7）的 OFDI 甚至还会对母国产生反向技术效应。

（2）OFDI 对母国经济增长的影响。肖黎明（2009）使用中国 1980 ~ 2007 年的 GDP 和 OFDI 进行实证研究后发现，在长期情形中，中国企业的 OFDI 可以促进中国的经济增长。冯彩和蔡则祥（2012）使用中国 2003 ~ 2010 年的省级数据发现，全国以及东部和中部的 OFDI 和经济增长存在长期均衡。但是，布洛姆斯特伦（Blomstrom，1997）通过对美国的研究发现，OFDI 会造成美国失业率上升，不利于美国的经济增长。

（3）OFDI 对母国经济增长质量的影响。目前关于 OFDI 对经济增长质量的影响研究还比较少。孔群喜等（2019）利用中国省级面板数据，考察 OFDI 对经济增长质量的影响效应时选取地区和企业两个层面，发现 OFDI 能够在整体上对经济增长质量起到促进作用；分样本讨论，进行 OFDI 的企业会比未进行 OFDI 的企业具有更显著的正向效应。汪丽娟（2019）选取中国省级面板数据，利用主成分分析法，从分区域、分渠道和分时间三个方面讨论 OFDI 对经济增长质量及其分类指标的影响，发现 OFDI 对经济增长质量具有促进作用，但存在明显的地区差异；在金融危机发生前后，OFDI 对经济增长质量的提升都有正向作用。

2. 对外直接投资与资产价格之间的关系

目前学术界直接研究对外直接投资与资产价格之间关系的文献较少。与之相关的文献主要集中在两个方面：一是有关对外直接投资的研究；二是资本流动与资产价格之间关系的研究。

有关对外直接投资的研究，目前学术界主要集中于两个方面：一是研究对外直接投资的动因或影响因素，如融资约束；二是研究对外直接投资的效用，如对产业结构、经济增长、母国全球价值链地位和逆向技术溢出效应等方面的影响。关于对外直接投资动因或影响因素的研究，海默（Hymer，1976）的垄断优势理论、科吉玛（Kojima，1978）的边际产业扩张理论等早期对外直接投资理论探讨了发达经济体对外直接投资的动因。张燕和谢建国（2012）认为中国制造业对外直接投资的主要因素是东道国的相对工资水平。杨连星等（2020）研究发现，融资约束会对企业对外直接投资二元边际①产生显著的制约效应。关于对外直接投资的效用研究，汤子玉（2017）以中国（山东省）和日本为例研究发现，战略资产导向型、市场导向型对外直接投资更能促进产业结构的升级。郑璇（2014）研究发现，对外直接投资与国内经济增长负相关。但黄宪等（2019）发现，对外直接投资的大幅增加会促进国内经济增长，故对外直接投资对母国经济增长的影响尚无定论。余海燕等（2020）研究发现，发达国家的对外直接投资能促进母国全球价值链地位的提升，但发展中国家的对外直接投资对母国全球价值链地位的影响存在两面性。付海燕（2014）研究了对外直接投资的逆向技术溢出效应，发现发展中国家对技术领先国家直接投资获得的逆向技术溢出会显著促进其技术进步，但对中等发达国家的直接投资并不会促进其技术进步。

关于资本流动与资产价格之间的关系，目前学术界主要集中于三个方面：

---

① 企业对外直接投资二元边际指"集约边际"和"扩展边际"。集约边际为某企业跨国子公司的平均投资规模；扩展边际为某企业跨国子公司数量。

一是资本流入对资产价格的影响；二是资本流出对资产价格的影响；三是资本流动（不区分流入还是流出）与资产价格的相关性研究。

关于资本流入对资产价格的影响，朱孟楠和刘林（2010）研究了2005年汇改后短期国际资本流动对中国股价和房价的影响，发现短期国际资本流入会导致股价和房价上涨。奥拉韦里亚（Olaberría，2014）认为资本流入会通过滚雪球效应推动资产价格的上涨，且更容易导致新兴经济体的资产价格上涨。田口等人（Taguchi et al.，2015）研究了不同汇率制度下资本流动对股票价格的影响，发现无论何种汇率制度，资本流入均能对股价产生直接正向影响，但只有固定汇率制度国家的资本流入能通过增加国内基础货币对股价间接产生影响。有学者运用向量误差修正模型研究了资本流入对中国房价的影响，发现资本流入会导致中国房价上涨，且对不同地区房价的影响存在非对称性（Hui An et al.，2017）。

关于资本流出对资产价格的影响，赖因哈特（Reinhart，2008）的研究发现资本流入中断后会导致房价和股价的持续下跌。曹珍（2011）利用1998~2008年的数据研究发现，中国对外直接投资会对房地产价格指数产生长期均衡的正向影响。马宇和李肖肖（2019）运用46个国家的面板数据研究了跨境国际资本流动与股价、房价和债券价格之间的关系。研究发现，相较于发达国家，同样条件下发展中国家的跨境资本流出会导致股价和房价出现更大幅度的下跌，跨境资本流动会对发达国家债券价格产生显著影响，而对发展中国家债券价格的影响不显著。

关于资本流动（不区分流入还是流出）与资产价格的相关性研究，朱孟楠等（2017）发现以基本面投资为主的短期国际资本流动将抑制股票市场的价格上涨或下跌，而以技术投资为主的短期资本流动将加剧股票市场的价格上涨或下跌。王博等（2018）的研究发现，资产价格与短期资本流动之间存在显著的相关性和因果性，同时发现汇率改革会在一定程度上影响资产价格与短期国际资本流动的关系。

3. 对外直接投资与金融市场稳定的研究

资本流动对金融稳定的影响历来是学者研究的重点。胡援成（2005）认为我国资本流动与金融稳定是相互影响的。资本流动会通过影响通货膨胀和实际有效汇率给金融稳定带来较大冲击，同时金融是否稳定也影响着资本流动的规模。高志勇（2010）认为，转型经济国家的长期资本流动对银行稳健性有正向影响，影响最显著的是外商直接投资，而短期资本流动则相反，会给银行稳健性带来负面冲击。秦梓华（2014）认为国际资本频繁且大规模进出新兴经济体，会给新兴经济体的利率、汇率、货币政策带来重大影响，冲击金融稳定。同时，资本流动也使得新兴经济体的金融市场受发达经济体货币政策的影响越来越大，进一步影响了新兴经济体的金融稳定。

银行稳定是金融稳定的一个方面，有学者关注了资本流动对东道国银行稳健性的影响。杨海珍和黄秋彬（2015）认为，跨境资本流动对我国银行稳健性有显著的负向影响。具体来说，以直接投资和证券投资为形式的跨境资本流动的影响并不显著，而其他投资形式的跨境资本流动存在显著的负面影响。方意、颜茹云和郑子文（2017）认为，资本流动影响银行风险表现在资产层面和负债层面两个层面——资产层面，资金流入流出加剧了国内金融市场和实体经济的风险，这种风险通过信贷需求传导到银行资产端；负债层面，海外投资会降低银行业零售存款的吸收能力，使得银行负债端的风险不断积累。周工（2018）从货币危机和银行稳健性两个方面研究了资本流动对金融风险的影响。研究结果表明，直接投资流出和证券投资流入加剧了货币危机风险和银行风险，而其他投资流向对货币危机风险和银行风险均无显著影响。

资本流动包含资本流入和资本流出两个方向，有不少学者单独研究其中一个方向对金融稳定的影响。关于资本流入对金融稳定的影响，德拉姆（Durham，2004）利用80个国家的面板数据研究了外商直接投资和证券投资对经济可能产生的影响，发现东道国的金融发展情况和相关制度完善程度决定了外商直接投资和证券投资对东道国的宏观经济影响程度。在中低收入国家，由于金融发展和制度环境落后，外商直接投资和证券投资可能会带来负面影响。鄂志寰（2000）指出，资本流动会带来整个金融系统的波动和金融市场的频繁动荡，而这些波动和动荡最先表现为银行体系稳健性的下降。这种情况在经济快速发展的国家中表现得最为明显。谷伟（2004）认为，在有完善监管的情况下，资本流入可以解决东道国资金紧张的问题，从而带动东道国经济增长，但是过度的资本流入，尤其是过度的证券投资会带来负面影响。肖卫国、尹智超和陈宇（2016）认为，如果东道国抗风险能力弱且缺乏宏观审慎监管，则资本流入会造成国内金融系统的波动，严重时会带来金融风险。马理和李厚渊

（2019）对 70 个国家和地区的面板数据进行建模和实证分析，结果表明不同发展水平的国家，资本流入对金融稳定影响存在差异：发达国家吸引了更多投机资本，而发展中国家对投资资本的吸引力更强。这意味着资本流入对发展中国家金融稳定的负面影响较大；不发达国家存在资本账户开放的"门槛效应"，导致资本流入带来的经济效应不显著，因此对金融稳定的影响很小。有部分学者把研究焦点仅放在短期资本流入上。卡瓦列罗和克里希纳穆尔蒂（Caballero and Krishnamurthy，2006）指出，在新兴经济体，国际短期资本大量快速的流入会带来资产价格泡沫，除此之外还会使得经济主体低估泡沫风险，而造成这种情况的主要原因是金融体系发展不健全。李力、王博、刘潇潇和郝大鹏（2016）认为，短期资本是国际资本流动中最不稳定和危险的部分，大规模的短期资本流入会给宏观经济及金融稳定带来冲击。这种冲击会因为短期资本的流动性和波动性而出现差异性和非对称性。魏海丽和周远（2016）将短期资本流动细分为四种：债券投资、股票投资、隐蔽短期国际资本和其他投资。他们认为，从短期看，债券投资和其他投资对金融稳定有正面影响，而股票投资和隐蔽短期国际资本对金融稳定有负面影响；从长期看，各类型的短期国际资本流入对金融稳定的影响都趋于零。李旭东（2019）通过事件研究法进行研究发现，短期资本流动对金融稳定的冲击受当时的宏观经济政策环境的影响，宏观经济政策不确定性越强，短期资本流动对金融稳定的冲击就越显著。

对于资本流出对金融稳定的影响，许多文献关注的是资本外逃或资本流向突然改变给金融稳定带来的影响。鄂志寰（2000）指出，新兴经济体金融监管体系不健全、宏观调控机制不完备，这些经济体一旦经历国际资本大量抽逃，其金融稳定将受到重大的冲击，严重时会导致货币危机的爆发。所以，这些经济体要稳步推进金融市场的自由化和市场监管的健全化，将资本流出的影响降至最低。蒋丽丽和伍志文（2006）对 1985～2004 年资本外逃和金融稳定的数据进行实证分析后发现，资本外逃对金融稳定有不利影响，但是存在一定时滞效应。张荣峰（2007）通过对 14 个样本国家的分析发现，样本国家在银行危机之前都发生了大规模的资本外流，导致资本流入占 GDP 的比重下降。他认为资本外逃通过汇率效应、利率效应和财富再分配效应来影响金融稳定。除此之外，他还发现发达国家资本外逃的程度小，银行危机发生的频率低，这是由于发达国家有雄厚的经济基础和健全的金融市场。高志勇（2010）对中欧八国进行研究，发现短期资本的流动方向突然由流入转为流出冲击了东欧国家的银行体系，迫使中欧出现金融不稳定，这也是危机在八国之间传播的直接原因。

综上所述，已有研究为本书的研究思路和方法的选择提供了很好的借鉴。但总体看来，已有文献对突然中断的研究主要侧重于总体的经济影响，或发生影响的制约条件。有关突然中断对不同国家的异质性影响则研究较少，而且主要是按发达经济体与新兴经济体来分类进行研究。至于普遍性的其他经济特质，如汇率制度、负债结构、技术创新等方面的差异，突然中断是否会因为这些差异而产生不同的影响，相关研究很少。

关于对外直接投资的研究，受历史局限，已有研究并未预见到国际资本大规模出入中国的新常态，国内外均缺乏深入研究（因而看法大相径庭），其研究广度和深度都有待进一步拓展；而且已有研究在潜意识里可能认为资本流入有利于一国经济，而流出则不利于一国经济，因而难以形成坚实的中国"走出去"战略的理论基础，也就难以对中国首次成为资本净输出国这一新生事物进行战略谋划。这些问题正是本书研究的出发点和主要目的。

四、研究思路与方法

本书的研究背景为中国所面临的国际资本流动的新变化——外资流入减少和中国企业"走出去"，研究主题为中国的宏观经济政策如何实现资本流动新常态下的双重均衡问题。为此，本书将从国际收支、金融市场角度来观察和分析国际资本流动的新变化及其对中国宏观经济的影响，借鉴发达经济体和新兴经济体的经验，分析如何在大规模资本输出的情况下实现经济内外双重均衡目标，探索适合中国国情的资本输出长效战略。

1. 理论和实证基础：国际资本流动逆转的经济影响、原因及预警

从全球来看，很多经济体都经历过突然中断。已有文献也基本证实了突然中断不可避免，但不同经济体所受的负面影响存在差异。因此，本书拟从国际收支理论角度来分析突然中断对具有不同特征的经济体的差异化影响。具体地说，本书将使用改进的 IS－MP 模型（Romer，2013）和新凯恩斯主义模型（Krugman，2014），从理论上分析国际资本流动逆转对不同汇率制度、不同负债结构的经济体的不同经济影响。本书将采集全球数据，使用面板模型，从经验上分析资本流动突然中断对经济增长、不同汇率制度、不同负债结构和技术创新水平的经济体产生的影响存在何种差异,探寻减少突然中断负面影响的主要经济或制度特征。本书还将使用面板 Probit 模型探讨引发国际资本流动逆转的内外部原因,并构建突然中断风险的预警机制,为中国更好地应对和管理突然中断问题提供决策思路和方法。

2. 现实描述:中国面临的国际资本流动新变化

与持续了近 20 年的国际收支"双顺差"格局不同,2014 年以来中国正面临国际收支的显著变化:随着外资净流入减少和中国企业"走出去",中国已首次成为资本净输出国,资本大规模出入中国正成为新常态。本书将采集翔实的数据对这一历史性新变化进行现实描述,对全球 OFDI 数据和中国 OFDI 的发展进行比较全面的介绍。

3. 重点突破:资本输出对母国国内的宏观经济影响

随着中国对外投资规模的不断扩大,中国已首次成为资本净输出国。本书将重点关注中国大规模对外投资对国内经济增长质量、金融市场稳定和资产价格的影响。因为中国是一个新兴的对外直接投资国,因此本书仍然使用全球或新兴经济体的多国(或地区)数据和面板模型来研究对外直接投资对母国的影响,为中国的对外直接投资提供实证支撑,为在资本输出过程中维持本国金融市场稳定提供前瞻性的经验参考。

4. 国际经验:其他国家资本输出和应对突然中断的经验

本书将首先考察发达经济体对外投资的发展历程,分析其对外投资时机、区域和方式的选择、投资收益等问题,并选取对外投资的成功案例进行剖析以资借鉴,为构建实现内部均衡与外部均衡的中国资本输出的长效战略提供参考和借鉴。

5. 中国应用:建立有效的宏观调控体系以实现资本流动新常态下的双重均衡

开放经济条件下的宏观经济政策目标是物价稳定、经济增长、充分就业与国际收支平衡的双重均衡。面对国际资本流动的新常态和中国大规模的资本输出,如何建立有效的宏观调控政策体系以实现内部均衡与外部均衡?除了需要从产业政策、财政政策与货币政策等方面支持中国企业"走出去""走得好"外,也需要考虑资本大规模流出可能带来的风险,并提出适合中国国情的平衡资本流入与流出的长效机制。本书将从理论上探讨建立长效平衡机制的可能性和具体途径。对所有经历国际资本流动逆转的经济体的分类和深层次分析可以为中国建立类似的长效机制提供参考，在此基础上探讨建立适合中国国情的市场化的长效平衡机制，以实现由被动依赖外需向主动创造外需的经济转型，确保产业结构升级和经济持续稳定增长。

五、创新与不足

（一）创新点

1. 研究视角的原创性

本书的边际贡献在于，在学术界较早地对国际资本大规模出入中国的新常态进行观察和深入分析，并将其与中国成为资本净输出国这一历史性变化结合起来，对中国资本输出可能带来的国内经济增长转型、政府对外负债结构调整与汇率制度改革设计等问题进行较长远的顶层战略谋划。这一研究视角是一种原创性的新拓展。

2. 研究内容的前沿性

在研究内容上，本书对突然中断对不同负债结构经济体的经济影响、技术创新在遭受突然中断冲击的经济体的经济增长中所发挥的消减作用、对外直接投资对母国经济增长质量的影响以及对外直接投资对母国金融稳定的影响等研究都具有开创性。

3. 研究结论新颖

基于研究结论，在突然中断对不同汇率制度经济体的影响中，本书发现当面临突然中断冲击时，越固定的汇率制度所受的负面影响越小，这一结论也是新的，为中国在之前数次面临经济或金融冲击时都选择盯住汇率提供了数据上的支持。

（二）不足

本书的不足之处主要表现在不同的问题研究中使用了不一致的样本数据。为了保证结论全面、可靠，本书的每一项实证研究都采用了多国（或地区）面板数据，但是因为数据的可得性和统计标准存在差异，在不同的研究主题中本书不能获得一致的样本数据。本书在关于汇率制度的研究中使用了多达 149 个经济体的数据，但在其他问题的研究中只使用了几十个经济体的数据。这种差异有时候是研究主题本身的需要，如对新兴经济体突然中断影响因素的研究，但更多的时候是因为数据不可得。样本个体和时期的不一致可能会使研究结论出现偏差。

第一章　资本流动突然中断对不同
汇率制度经济体的影响

关于"资本流动突然中断"的研究始于 1997 年的亚洲金融危机。当时全球资本流动在急剧膨胀后骤然下降，许多新兴经济体甚至由资本净流入转为净流出，资本流动突然中断给这些经济体带来了沉重的打击，研究者和政策制定者纷纷开始关注资本流动突然中断。最初的研究重点关注什么样的经济特征更容易导致资本流动突然中断的发生，以及怎样建立一套预警体系来对突然中断进行预测和防范，但这些工作似乎没有取得预期的效果，资本流动突然中断依然不断发生，而且波及范围由新兴经济体扩大到发达经济体，如 2008 年金融危机爆发后，英国、丹麦、比利时等发达经济体都遭遇了资本流动突然中断。

既然突然中断难以避免，那么我们有必要将研究视阈进一步拓展，考察哪些经济特征可以降低突然中断造成的不利影响。比如在发生了资本流动突然中断后，怎样的汇率制度能够缓和冲击、维持更稳定的经济增长？对这一问题的研究显然需要从全球角度、利用长期数据进行实证分析，方可避免偏误，得出更全面和可靠的结论。

第一节　资本流动突然中断的总体经济影响

一、问题的提出

事实上，自 2007 年以来，按季度数据计算，中国发生资本流动突然中断的次数和规模都明显增加（李芳、卢璐，2017）。2005 年以来，中国开始人民币汇率形成机制的改革，汇率制度一直在弹性较大的汇率安排与弹性较小的汇率安排之间变化。更特别的是，当遭受强烈的外部冲击时，如 1997 年的东南亚金融危机、2008 年的全球金融危机，中国没有选择传统理论倡导的通过本币贬值促进出口从而改善国际收支，而是维持了稳定的人民币汇率来应对危机。这种汇率政策上的应对在 2008 年金融危机时表现得尤为突出。2005 年"7·21 汇改"之后人民币大幅升值，国际货币基金组织（IMF）将中国的汇率安排由"其他传统的固定盯住安排"调整为浮动范围更大的"爬行盯住"。但是当始于美国的次贷危机演变为全球性的金融危机时，从 2008 年 6 月开始，人民币汇率又恢复到"单一的、盯住美元的汇率安排"；直至 2010 年 6 月重启汇改，人民币汇率才重新开始在更大范围内双向波动。对一个开放经济体来说，汇率制度对国际贸易和投资以及国内经济稳定都具有重要影响。那么，在面临危机时为什么要进行这种制度上的改变？这种变化是否有理论和实证上的依据？对这些问题，除路继业（2015）以及崔小勇、张鹏杨和张晓芳（2016）从侧面进行了回应外，总体来说学术界对此问题的研究是不充分的。因此，本书的研究可为我国汇率制度的调整以及更有效地应对国际资本流动的变化提供参考。

目前鲜有将汇率制度和资本流动突然中断的经济影响联合起来进行研究的文献。因为 2008 年以前发生突然中断的主要是新兴经济体，因此已有文献一般将研究对象集中于新兴经济体；但随着经济全球化进程的推进，不仅新兴经济体经常遭遇资本流动突然中断，许多发达经济体也相继发生了突然中断，如芬兰在 1995 年、2009 年、2013 年以及 2015 年，爱尔兰在 2009 年和 2013 年，丹麦在 1998 年、2001 年、2004 年以及 2010 年都多次发生资本流动突然中断。可见资本流动突然中断在 21 世纪更具有普遍性，只以新兴经济体为样本的研究得出的结论肯定会与现实情况存在较大偏差。因此，从全球角度而非仅仅针对新兴经济体来研究资本流动突然中断的经济影响，并将汇率制度与突然中断相联系，深入考察不同汇率制度经济体在遭受突然中断时受到的影响是否存在差异，具有非常重要的理论和现实意义。本书拟利用全球数据，就资本流动突然中断的总体经济影响、资本流动突然中断对不同汇率制度经济体的影响差异以及可能的影响渠道进行研究，既有望得到更加符合现实情况的结论，丰富资本流动突然中断的研究内容，也可以为中国过去十几年来汇率制度的变化提供一种解释，并为以后的汇率制度选择和更好地应对资本流动突然中断的冲击提供参考。

本章将按以下思路展开研究：第一，使用全球 149 个经济体 1992~2015 年的数据，以一定标准判断突然中断发生的数量和具体时段，并从描述性统计上得出其与金融危机、经济增长之间的大致关系。从总体上对突然中断的经济影响进行实证分析，发现突然中断确实会对经济增长造成负面影响。第二，将各经济体发生突然中断期间的数据选出，加入汇率制度变量进行回归，考察资本流动突然中断对不同汇率制度经济体的影响，发现当遭受资本流动突然中断时，弹性较小的汇率制度受到的负面影响更小；使用全样本和交乘项进行回归、分组回归和用 IMF 的汇率制度分类方法替代之前使用的 RR 分类法对这种影响差异进行稳健性检验，得出的结论依然一致。第三，对这种影响差异的具体渠道进行分析，结果显示汇率制度弹性较小的经济体一般通货膨胀水平较低，价格稳定有利于出口，从而有利于经济的恢复。最后是小结与政策建议。

二、突然中断及其经济影响的典型事实

为了对突然中断及其经济影响的概况有基本了解，首先需要确定突然中断的标准，依此计算样本期内发生突然中断的经济体及时间，以及对应时期该经济体的经济增长状态。本书参考吉多蒂等人（Guidotti et al.，2004）的判断标准：如果一个经济体国际资本净流入与 GDP 之比的下降幅度在一年内超过该经济体样本均值一个标准差以上，且其国际资本净流入的减少超过其 GDP 的 5%，就认为该经济体发生了突然中断。该标准综合了标准差和百分比两种界定方式，可以避免一个经济体资本流动的低波动性导致一个较小的变动都可能超过均值一个标准差的情况。对 1992~2015 年全球 149 个经济体发生资本流动突然中断的情况进行统计发现，共有 126 个经济体发生了资本流动突然中断，次数达 280 次（见表 1-1）。

表 1-1　　　　　　　　发生资本流动突然中断的经济体及发生时间

经济体	突然中断发生时间（年）	经济体	突然中断发生时间（年）	经济体	突然中断发生时间（年）
阿尔巴尼亚	1995、2009	安哥拉	1995、2000、2002、2005	安提瓜岛和巴布达	1998、2005、2009
阿根廷	2001、2002	亚美尼亚	1999、2000、2010、2014	阿鲁巴岛	2000、2003

续表

经济体	突然中断发生时间（年）	经济体	突然中断发生时间（年）	经济体	突然中断发生时间（年）
阿塞拜疆	1999、2005、2007、2008	巴哈马群岛	1992、2015	巴林	1995、2011
巴巴多斯	1992、2002、2006、2013	白俄罗斯	2012、2015	伯利兹	2004、2006、2010、2015
贝宁	2006	玻利维亚	2003、2006、2014	波斯尼亚和黑塞哥维那	2002、2009、
博茨瓦纳	1993、2010、2013、2015	文莱	2010	保加利亚	1994、1996、2009
布隆迪	2009	喀麦隆	1996、1997	智利	1998、2009、
中国香港	2010	中国澳门	2013	刚果共和国	1995、1996
哥斯达黎加	2009	克罗地亚	1998、2010、2014	塞浦路斯	2011
捷克	1996、2003	吉布提	1993、1997、2001、2012	多米尼克	1993、1996、1998
厄瓜多尔	1995、2000	埃及	2006、2011	萨尔瓦多	2004、2009
爱沙尼亚	2009	埃塞俄比亚	1996	斐济群岛	1999、2008、2012
加蓬	1994、1999、2005	格鲁吉亚	1999、2009、2013	加纳	2000、2002
格林纳达	1999、2010、2012	赞比亚	2005	圭亚那	1995、2006、2007、2015
洪都拉斯	2006、2009	匈牙利	1996、2009、2012、2015	印度尼西亚	1997、1998
以色列	1998、2001	牙买加	2002、2009、2012、2015	约旦	1992、1993、2014
哈萨克斯坦	2005、2007、2010	肯尼亚	1995	科威特	1993、1996
吉尔吉斯斯坦	1994、1997、2000、2008	老挝	1997	拉脱维亚	2008、2009
黎巴嫩	2010	莱索托	1999、2000	利比里亚	2008
利比亚	2008	立陶宛	2009、2015	卢森堡	2010
马其顿	1999、2009、2015	马达加斯加	2006	马拉维	2006
马来西亚	1994、1997、1998、2005、2008	马里	2006	马耳他	1995、2008、2010、2012

经济体	突然中断发生时间（年）	经济体	突然中断发生时间（年）	经济体	突然中断发生时间（年）
毛里求斯	2014、2015	墨西哥	1995	摩尔多瓦	1998、1999、2009
蒙古	2003、2009、2013	摩洛哥	1995	莫桑比克	2006
纳米比亚	2000、2006、2013	尼加拉瓜	1992、2000、2007	尼日尔	2006
阿曼	1999、2008、2010、2014	巴基斯坦	1998	巴拿马	2000、2002、2006、2009
巴布亚新几内亚	2008、2012、2014	巴拉圭	1996、1999、2015	秘鲁	1998
菲律宾	1997、1998	波兰	1994	罗马尼亚	2009
俄罗斯	1999、2000、2008	卢旺达	1994、2006、	沙特阿拉伯	1992、2003、2004
塞内加尔	2006	塞尔维亚	2010	塞拉利昂	2012
新加坡	1994、1998、2001、2007	斯洛伐克	2003、2009、2012	斯洛文尼亚	2009
所罗门群岛	1999、2011、2012	圣基茨和尼维斯	2005、2010、2011、2012	圣卢西亚	1993、2009、2013
圣文森特和格林纳丁斯	1999、2000、2002、2011	苏里南	2006、2010	斯威士兰	1999、2010
塔吉克斯坦	2008	泰国	1997、2011	多哥	2008、2010
特立尼达和多巴哥	2003、2006	土耳其	1994、2001	乌克兰	2009、2014
乌拉圭	2002、2007、2009	瓦努阿图	1994、1997、2000、2014	委内瑞拉	1994、2002
越南	2008	也门	2009	比利时	2010
英国	2009	丹麦	1998、2000、2004、2010	芬兰	1995、2010、2013、2015
希腊	2001、2012	冰岛	2009	爱尔兰	2009、2013
荷兰	2009	新西兰	2008	挪威	2000、2001、2003、2005、2008、2011
葡萄牙	1992、2003、2011	西班牙	2012	瑞典	2010
瑞士	2004、2013				

资料来源：作者通过整理国际货币基金组织 IFS 数据库的数据得到。

　　将表 1 - 1 计算出的每年发生资本流动突然中断的次数与世界经济增长速度绘制成图 1 - 1。从资本流动突然中断的时间分布来看，全球突然中断的发生有四次小高峰、一次大规模的爆发，分别对应 20 世纪 90 年代初西方世界经济危机、1997 年东南亚金融危机、2000 年美国网络危机、2008 年全球金融危机，以及 2012 年欧洲债务危机。资本流动突然中断与金融危机紧密相关，并对经济增长造成一定的冲击，特别是 2008 年金融危机期间，资本流动突然中断的次数大幅增加，世界经济出现大幅衰退。

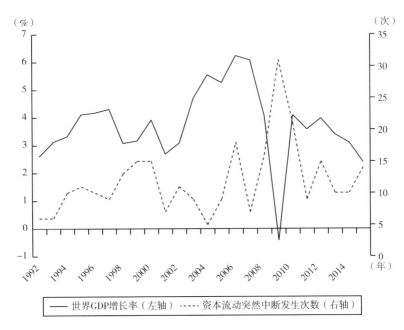

图 1 - 1　1992~2015 年世界 GDP 增长率与资本流动突然中断发生情况

资料来源：作者根据 IMF 数据库和世界银行数据库的数据计算得到。

　　为研究突然中断对经济增长的影响，本书以突然中断发生当年为中心构造了 5 年的窗口期，整理出样本经济体在突然中断事件发生前后各两年的 GDP 增长率，计算其均值，得出在突然中断发生前后 GDP 增长率均值的走势。由图 1 - 2 可发现，突然中断发生前一年经济增长开始小幅下降，发生当年经济增长显著下降，发生后第二年经济增长率基本恢复到突然中断前的水平，说明资本流动突然中断对经济的影响具有一定的持续性。

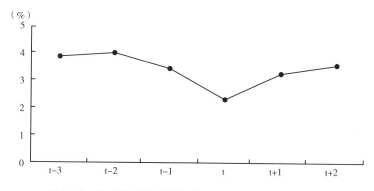

图 1 - 2　资本流动突然中断发生前后 GDP 增长率走势

资料来源：作者根据世界银行数据库与 IFS 数据库的数据计算得到。

三、资本流动突然中断对经济增长的总体影响

本书首先从总体上计算资本流动突然中断发生时，对发生国家或地区的经济增长会造成何种程度的影响。

1. 变量设定

本书的被解释变量为经济增长率（GGDP）。采用 GDP 增长率来衡量一个国家或地区的经济增长，是因为 GDP 增长率是动态指标，能更好地反映经济发展状况。

解释变量资本流动突然中断（SS）为虚拟变量，若发生突然中断，SS 取 1，否则取 0。

控制变量参考田存志和梁权熙（2011）等的研究并加以筛选，主要包括：

贸易开放度（TRA）：用进出口总额（EX + IM）与 GDP 之比来表示。国际贸易是各经济体之间最基础的经济联系，也是经济增长的重要源泉。贸易开放有利于经济发展，发达国家或地区和发展中国家或地区都可以通过贸易开放开拓海外市场，促进其自身的经济发展。

外商直接投资（FDI）：用当年 FDI 总额占 GDP 的比重来表示。FDI 可以为流入国或地区提供资金，促进经济发展，也反映了投资者对流入国或地区经济发展的预期。

资本形成率（CF）：用固定资本形成额与 GDP 的比值来表示。固定资本形成额，即固定资产投资额，是指一国或地区常住单位购置、转让和自产自用

的固定资产扣除固定资产销售和转出后的价值，属于生产性投资。

政府消费水平（GS）：用政府最终消费与 GDP 之比表示。政府消费是一把双刃剑，适度的政府消费能拉动内需，有利于经济增长，过度则不利于经济增长。

通货膨胀水平（GCPI）：用 CPI 增长率表示。CPI 增长率反映了一个国家或地区内部整体的经济运行环境。

本书选取 149 个经济体 1992 ~ 2015 年共计 24 期不平衡面板数据作为研究样本，除资本流动突然中断（SS）和 CPI 增长率指标来源于国际货币基金组织 IFS 数据库外，其他数据均来源于世界银行 WDI 数据库。

2. 模型构建

由于资本流动突然中断对经济增长的影响具有持续性，为了减轻内生性的影响，我们将资本流动突然中断变量 SS 的滞后一期 SS_{it-1} 引入经济增长模型，基本模型设定如下：

$$GGDP_{it} = \alpha_i + T_t + \beta_1 SS_{it-1} + \beta_2 Z_{it} + \varepsilon_{it} \qquad (1-1)$$

其中，$GGDP_{it}$ 表示经济体 i 在 t 年的 GDP 增长率；α_i 用于控制地区效应，T_t 用于控制时间效应；SS_{it-1} 表示资本流动突然中断虚拟变量；Z_{it} 表示所有的控制变量；ε_{it} 为残差项。

3. 估计结果及分析

样本期内，GDP 年度增长率最小值为 -50.248%，最大值为 35.224%，标准差为 4.289。除此以外，外商直接投资、贸易开放度和通货膨胀率也有较大波动，表明这些变量可能存在异常值。为了规避异常值的影响，在进行实证分析时，本书对 GDP 的年增长率（GGDP）、通货膨胀水平（GCPI）、外商直接投资（FDI）和贸易开放度（TRA）在 2.5% 的水平上进行了缩尾处理。表 1-2 报告的是经缩尾处理后各变量的描述性统计结果，表 1-3 为主要变量之间的 Pearson 相关系数，另外关键变量的方差膨胀因子（VIF）均小于 3，模型不存在严重的多重共线性，可以进行回归。

表 1-2　　　　　　　　　　主要变量的描述性统计

变量	观测值	均值	标准差	最小值	最大值
GGDP	3033	3.760	3.609	-5.479	11.808
SS	3033	0.086	0.280	0	1

续表

变量	观测值	均值	标准差	最小值	最大值
GS	3033	15. 829	5. 517	2. 976	46. 621
FDI	3033	4. 518	5. 429	− 0. 971	25. 273
TRA	3033	84. 954	40. 171	25. 501	201. 451
CF	3033	22. 258	6. 455	− 2. 424	58. 788
GCPI	3033	11. 281	8. 946	− 0. 817	44. 736

表 1 − 3　　　　　　　　　　相关系数矩阵

	GDPG	SS	GFC	FDIY	TRADY	GFCF	CPIGR
GGDP	1						
SS_{t-1}	− 0. 0555	1					
GS	− 0. 2386	0. 0464	1				
FDI	0. 1110	0. 0449	0. 0436	1			
TRA	0. 0329	0. 1007	0. 1695	0. 4800	1		
CF	0. 2158	0. 0068	0. 0182	0. 2784	0. 2452	1	
GCPI	− 0. 0165	− 0. 0239	− 0. 1450	− 0. 1204	− 0. 1460	− 0. 1330	1

表 1 − 4 报告了控制影响经济增长的一些标准因素后，GDP 增长率对资本流动突然中断变量 SS_{it-1} 的回归结果。为了保证回归结果的稳健性，本书还用人均 GDP 增长率（GPGDP）代替 GDP 增长率（GGDP）进行了回归。通过豪斯曼（Hausman）检验，我们发现在 1% 的显著性水平上拒绝原假设，所以本书运用固定效应模型来进行分析。回归结果显示资本流动突然中断变量 SS_{it-1} 在 5% 的水平上显著为负，说明资本流动突然中断的发生确实会对经济增长造成负面影响。从模型控制变量的回归结果来看，政府消费支出（GS）的系数显著为负，与预期相反，原因可能是在资本供给减少的背景下，政府通过增加税收或者出售证券等途径为其支出进行筹资时，可能会进一步减少市场上的资金、抬高利率、减少投资等，对经济增长产生挤出效应。外商直接投资水平（FDI）、资本形成率（CF）的系数都在 1% 的显著性水平上为正，与预期相符。通货膨胀水平（GCPI）在 1% 的显著性水平上为负，说明一国或地区的通货膨胀水平与经济增长之间负相关。一国或地区的通货膨胀水平过高，会诱发资金的过度使用，促使金融机构加强信贷配给，导致信贷膨胀，增加金融体

系的脆弱性。当资本流动突然中断发生时，过高的通货膨胀会对一国或地区的经济造成更大的冲击。

表 1 - 4　　　　　　　　资本流动突然中断对经济增长的总体影响

解释变量	被解释变量（GGDP）	被解释变量（GPGDP）
SS_{t-1}	- 0. 468 ** (- 2. 23)	- 0. 458 ** (- 2. 21)
GS	- 0. 192 *** (- 10. 41)	- 0. 163 *** (- 8. 81)
FDI	0. 069 *** (4. 64)	0. 071 *** (4. 79)
TRA	0. 002 (0. 79)	0. 004 (1. 41)
CF	0. 118 *** (9. 50)	0. 108 *** (8. 78)
GCPI	- 0. 028 *** (- 3. 28)	- 0. 026 *** (- 3. 18)
常数项	3. 911 *** (8. 54)	2. 099 *** (4. 57)
区域效应	是	是
时间效应	是	是
Hausman 检验	0. 0000	0. 0000
观测值	2884	2884

注：*** 、** 、* 分别表示检验统计量在 1% 、5% 和 10% 水平上显著；括号内的数字为 t 值；Hausman 检验和 Sargan 检验报告的 P 值。

第二节　不同汇率制度经济体所受影响的差异

在确定了资本流动突然中断对总体的经济增长确实具有负面影响后，本书进一步考察资本流动突然中断对不同汇率制度经济体的影响是否存在差异。

一、指标体系的构建和模型设定

为了清楚地看到突然中断对不同汇率制度经济体的影响差异，本书将发生突然中断当年及后两年的样本选出，加入汇率制度变量进行回归。由于 GDP 增长率存在较强的个体效应，直接作为被解释变量进行回归并不合适。为解决该变量在各经济体间的差别问题，本书借鉴吉多蒂等人（Guidotti et al.，2004）的做法，计算各经济体的 GDP 增长率与其时间趋势值（以该经济体所有可用数据的平均增长率表示）的差值，并将这一结果（GDPGM）作为新的被解释变量。

汇率制度（EXR）是主要的解释变量。目前主流的汇率制度分类方法有三种：IMF 的事实分类、赖因哈特和罗戈夫（Reinhart and Rogoff，2004）提出的 RR 自然分类法、列维 – 耶亚蒂和斯图尔森内格（Levy-Yeyati and Sturzenegger，2005）提出的 LYS 事实分类法。其中，IMF 1999 年以前的分类是按各成员体向 IMF 所报告的种类进行划分的，各经济体实际的汇率安排与其宣称的汇率安排经常不一致，因此 1999 年以前的汇率制度划分存在明显失真的情况。LYS 分类虽然是一种基于事实的分类方法，但因为该方法只是将各经济体的汇率制度简单地分成三种（浮动汇率、中间汇率和硬盯住汇率制）或四种（浮动汇率、管理浮动、爬行盯住和盯住汇率制），不能准确地反映各经济体之间汇率的细小差异，因此不能满足本书的研究需要。从涵盖的时间范围和地区范围来看，IMF 分类和 RR 自然分类都有较好的表现，但由于 IMF 分类法在 1999 年、2009 年前后多次变化，不具有一致性，所以本书首先运用 RR 自然分类法衡量汇率制度变量进行实证检验，然后以 IMF 分类法替代 RR 自然分类法进行稳健性检验。本书将 RR 自然分类法中的粗略分类（EXR_C）和细致分类（EXR_F），按汇率制度弹性从低到高依次赋值 1 ~ 4 和 1 ~ 15[1]作为虚拟变量加入模型中进行实证，样本量为 676。汇率制度分类的数据来源于赖因哈特和罗戈夫的个人网站[2]。

控制变量仍选用贸易开放度（TRA）、固定资本形成率（CF）、外商直接

---

[1]　一国或地区的经济出现异常波动，货币当局无力而非不愿管理汇率时，该国或地区的汇率制度所属类别会被划分为"自由跌落"类，即第 5 类（细致分类中为第 14 类）。自由跌落类实际上是一种浮动汇率制度，单独对其赋值进行实证可能会扭曲结果，本书在进行实证分析时参照马古德和维斯佩罗尼（Magud and Vesperoni，2015）的研究将其剔除，故粗略分类（EXR_C）中实际使用的汇率制度为 4 类。RR 细致分类（EXR_F）为 15 类，分别赋值 1 ~ 15，实际出现 1 ~ 13。

[2]　http：//www.carmenreinhart.com/data/browse-by-topic/topics/11/.

投资（FDI）、一般政府最终消费支出（GS）以及通货膨胀率（GCPI）。本书将回归模型设定如下：

$$GDPGM_{it+j} = GGDP_{it+j} - \hat{g}_i = \alpha_i + T_t + \beta EXR_{it+j} + \gamma Z_{it+j} + \varepsilon_{it+j} \qquad (1-2)$$

其中，i 表示经济体，t 代表突然中断发生的时间，j 的取值范围为 0 到 2[①]；$GGDP_{it+j}$ 表示各经济体的 GDP 增长率；$\hat{g}_i$ 表示各经济体经济增长的时间趋势值，根据每个经济体所有可用数据的平均增长率计算；α_i 和 T_t 分别为地区效应和时间效应；EXR_{it+j} 为汇率制度虚拟变量；Z_{it+j} 为控制变量；ε_{it+j} 为随机扰动项。

二、估计结果及分析

从表 1-5 可以看出，被解释变量（GDPGM）均值为负，表明从样本总体来看，突然中断的发生会使得该经济体的经济增长速度放缓。从解释变量汇率制度来看，样本总体均值偏小，说明较多经济体采用的是弹性较小的汇率安排。因为被解释变量（GDPGM）、外商直接投资（FDI）、贸易开放度（TRA）和通货膨胀率（GCPI）等变量的最大值与最小值之间的差距非常大，为了规避异常值的影响，在进行实证分析时，同样在 2.5% 的水平上进行缩尾处理。

表 1-5　　　　　　　　　　　主要变量的描述性统计

变量	观测值	均值	标准差	最小值	最大值
GDPGM	676	-0.646	5.310	-56.432	29.040
EXR_C	676	1.862	0.916	1	4
EXR_F	676	5.925	3.966	1	13
GS	676	16.561	5.605	5.013	42.506
FDI	676	5.433	6.017	-0.971	25.273
TRA	676	98.974	40.293	25.501	201.451
CF	676	22.253	6.644	5.385	48.412
GCPI	676	7.340	9.501	-0.817	44.736

---

① 前面的分析表明资本流动突然中断对经济增长的影响具有一定持续性，平均时间为 3 年左右，所以 j 的取值为 0~2。在稳健性检验中，j 的取值范围扩展到 -1~2。

表 1－6 是资本流动突然中断对不同汇率制度经济体经济增长的作用结果。从回归结果来看，RR 分类下的汇率制度（RRC 和 RRF）大部分显著为负，说明当一个经济体遭遇资本流动突然中断时，其汇率制度的弹性越小，其经济增长所受到的负面影响就越小。

表 1－6　　　　　　不同汇率制度的突然中断影响差异（时间窗口 0~2）

变量	被解释变量（GDPGM）			
	RRC－1	RRC－2	RRF－1	RRF－2
EXR	－1.705 *** （－4.24）	－1.939 *** （－4.97）	－0.306 *** （－2.68）	－0.395 *** （－3.55）
GS	－0.276 *** （－2.92）	－0.137 （－1.52）	－0.274 *** （－2.88）	－0.137 （－1.49）
FDI	0.138 ** （2.51）	0.098 * （1.89）	0.128 ** （2.31）	0.085 （1.63）
TRA	0.043 *** （2.65）	0.012 （0.79）	0.043 *** （2.63）	0.012 （0.76）
CF	0.120 ** （2.34）	0.120 ** （2.47）	0.133 *** （2.60）	0.134 *** （2.76）
GCPI	－0.005 （－1.01）	－0.006 （－1.26）	－0.006 （－1.09）	－0.006 （－1.33）
区域效应	是	是	是	是
时间效应	否	是	否	是
Hausman 检验	0.0000	0.0000	0.0002	0.0002
观测值	676	676	676	676

注：RRC－1 和 RRC－2 采用粗略分类，RRF－1 和 RRF－2 采用细致分类；RRC－1 和 RRF－1 采用单向固定效应模型，RRC－2 和 RRF－2 采用双向固定效应模型。***、**、* 分别表示检验统计量在 1%、5% 和 10% 水平上显著；括号内的数字为 t 值；Hausman 检验和 Sargan 检验报告的 P 值。

考虑到资本流动突然中断发生前，资本的大规模流出可能已经对经济增长造成了一定影响，本书将时间窗口向前延伸一年，即模型中 j 的取值范围变为 －1~2。新的回归结果（见表 1－7）中两种汇率制度分类（RRC 和 RRF）都显著为负，同样说明，在发生资本流动突然中断前后，汇率制度弹性越小的经济体受到的负面影响越小。

表 1 - 7 不同汇率制度的突然中断影响差异（时间窗口 - 1 ~ 2）

变量	被解释变量（GDPGM）			
	RRC - 3	RRC - 4	RRF - 3	RRF - 4
EXR	- 1. 396 ***	- 1. 539 ***	- 0. 236 **	- 0. 306 ***
	(- 5. 06)	(- 5. 77)	(- 2. 50)	(- 3. 34)
GS	- 0. 287 ***	- 0. 152 **	- 0. 279 ***	- 0. 142 *
	(- 3. 65)	(- 2. 03)	(- 3. 50)	(- 1. 86)
FDI	0. 121 ***	0. 095 **	0. 113 ***	0. 083 **
	(2. 83)	(2. 33)	(2. 61)	(2. 02)
TRA	0. 046 ***	0. 018	0. 046 ***	0. 017
	(3. 40)	(1. 41)	(3. 32)	(1. 23)
CF	0. 076 **	0. 076 **	0. 093 **	- 0. 142 *
	(1. 92)	(2. 04)	(2. 35)	(- 1. 86)
GCPI	- 0. 005	- 0. 007 *	- 0. 006	- 0. 008 *
	(- 1. 10)	(- 1. 65)	(- 1. 31)	(- 1. 82)
区域效应	是	是	是	是
时间效应	否	是	否	是
Hausman 检验	0. 0000	0. 0000	0. 0000	0. 0000
观测值	857	857	857	857

注：RRC - 3 和 RRC - 4 采用粗略分类，RRF - 3 和 RRF - 4 采用细致分类；RRC - 3 和 RRF - 3 采用单向固定效应模型，RRC - 4 和 RRF - 4 采用双向固定效应模型。*** 、** 、* 分别表示检验统计量在 1% 、5% 和 10% 水平上显著；括号内的数字为 t 值；Hausman 检验和 Sargan 检验报告的 P 值。

三、稳健性检验

为了获得更加稳健的结果，本书分别采用加入交乘项、分组回归和用 IMF 的汇率制度分类替代之前使用的 RR 分类，来检验模型的稳健性。表 1 - 8 在模型中加入资本流动突然中断变量与汇率制度变量的交乘项（SS × EXR）。从回归结果来看，交乘项的系数显著为负，说明在发生突然中断时，弹性较小的汇率制度下的经济体受到的负面影响更小。

在分组回归中，将 RR 自然分类法下的粗略分类按浮动程度由低到高分成四组（固定、有限浮动、管理浮动、自由浮动）来进行回归。另外，用 IMF 分类法替代 RR 分类，将所有样本分成三组（盯住汇率制度、中间汇率制度、浮动汇率制度）进行回归，结果如表 1 - 9 所示。RR 自然分类法下，尽管在有限浮动汇率制度下，突然中断的影响比在固定汇率制度下的负面影响更小，但其结果并不显著。总体来看，从固定到自由浮动，随着汇率制度弹性的增加，对应经济体的经济增长受到突然中断的负面影响也会增大。因为 IMF 分类法在 1999 年以前并非事实分类，所以本书将研究区间调整为 1999 ~ 2015 年。从回归结果来看，在发生突然中断的当年，汇率制度弹性越大的经济体受到的负面影响越大。随着时间窗口的扩大，负面影响随汇率制度弹性的增加呈现先降后升的特征，中间汇率制度受到的负面影响最小，但是浮动汇率制度经济体受到的负面影响远高于盯住汇率制度的经济体，这与前面的实证结果并不冲突。从横向来看，盯住汇率制度的系数随着时间窗口收窄变得越来越小，表明其受到突然中断的负面影响越来越小，也说明突然中断发生后，适当收窄汇率浮动区间有助于减少突然中断的负面影响。

表 1 - 8　　　　　　　　　不同汇率制度的突然中断影响差异

变量	RRC - 5	RRC - 6	RRF - 5	RRF - 6
SS × EXR	- 0. 916 *** (- 8. 41)	- 0. 786 *** (- 7. 59)	- 0. 251 *** (- 7. 44)	- 0. 212 *** (- 6. 61)
GS	- 0. 218 *** (- 7. 37)	- 0. 137 *** (- 4. 84)	- 0. 218 *** (- 7. 35)	- 0. 137 *** (- 4. 82)
FDI	0. 091 *** (4. 69)	0. 064 *** (3. 37)	0 . 092 *** (4. 70)	0. 064 *** (3. 37)
TRA	0. 017 *** (3. 39)	0. 011 ** (2. 25)	0. 017 *** (3. 32)	0 . 011 ** (2. 17)
CF	0. 134 *** (8. 27)	0. 138 *** (8. 88)	0. 137 *** (8. 41)	0. 141 *** (9. 01)
GCPI	- 0. 001 (- 1. 28)	- 0. 001 (- 1. 55)	- 0. 001 (- 1. 32)	- 0. 001 (- 1. 57)
区域效应	是	是	是	是
时间效应	是	是	是	是
Hausman 检验	0. 0000	0. 0000	0. 0000	0. 0000
观测值	3033	3033	3033	3033

注：RRC - 5 和 RRC - 6 采用粗略分类，RRF - 5 和 RRF - 6 采用细致分类；RRC - 5 和 RRF - 5 采用单向固定效应模型，RRC - 6 和 RRF - 6 采用双向固定效应模型。*** 、** 、* 分别表示检验统计量在 1% 、5% 和 10% 水平上显著；括号内的数字为 t 值；Hausman 检验和 Sargan 检验报告的 P 值。

表 1 - 9 不同汇率制度的突然中断影响差异（分组回归）

被解释变量（GDPGM）							
RR 分组	RRC - 7	RRC - 8	RRC - 9	IMF 分组	IMC - 1	IMC - 2	IMC - 3
固定	- 1. 113 *** (- 2. 68)	- 0. 434 (- 1. 39)	- 1. 004 *** (- 3. 44)	盯住汇率制度	- 0. 881 * (- 1. 78)	- 1. 033 *** (- 2. 81)	- 1. 324 *** (- 3. 61)
有限浮动	- 0. 9011 (- 1. 53)	- 0. 584 (- 1. 29)	- 0. 576 (- 1. 34)	中间汇率制度	- 1. 244 ** (- 2. 38)	- 0. 906 ** (- 2. 37)	- 0. 904 ** (- 2. 19)
管理浮动	- 2. 213 *** (- 3. 18)	- 1. 626 *** (- 3. 05)	- 1. 846 *** (- 3. 66)	浮动汇率制度	- 2. 711 *** (- 5. 85)	- 2. 157 *** (- 5. 76)	- 2. 308 *** (- 6. 00)
自由浮动	- 6. 494 *** (- 7. 52)	- 4. 928 *** (- 6. 71)	- 4. 543 *** (- 6. 79)				

注：RRC 为 RR 自然分类法下的粗略分类，IMC 为 IMF 分类法下的三分类法；RRC - 7 和 IMC - 1 是将突然中断当年的数据抽出，RRC - 8 和 IMC - 2 是将突然中断当年及以后两年的数据抽出，RRC - 9 和 IMC - 3 是在 RRC - 8 和 IMC - 2 的基础上向前延伸一年。*** 、** 、* 分别表示检验统计量在 1% 、5% 和 10% 水平上显著；括号内的数字为 t 值；Hausman 检验和 Sargan 检验报告的 P 值。

四、不同汇率制度所受影响差异的原因分析

前面的实证结果已经表明，汇率制度弹性越小，突然中断对该经济体的经济增长造成的负面影响越小。本书试图进一步找出这种影响差异背后的原因。回顾国内外学者对汇率制度和宏观经济绩效之间静态关系的研究，一些学者认为固定汇率制下的通货膨胀要低于其他汇率制度下的通货膨胀，在经济发展对通货膨胀水平有较高要求时，一个经济体会更倾向于选择固定汇率制度（Ghosh, Gulde and Wolf, 2002；Husain, Mody and Rogoff, 2005；Bleaney and Francisco, 2007a）；一些学者认为经济发展模式的不同也会影响经济体对汇率制度的选择，"出口导向"的经济体比"进口替代"的经济体更愿意选择固定汇率制度，即汇率制度可以通过影响经济体的通货膨胀水平和出口规模来影响其宏观经济绩效（崔小勇等，2016）。结合以上观点，本书在模型中分别加入汇率制度与通货膨胀率的交乘项和汇率制度与出口总额占 GDP 比重的交乘项（用 X_{it+j} 表示），来考察导致不同汇率制度经济体受到资本流动突然中断的影响差异的原因。模型如式（1 - 3）所示。

$$GDPGM_{it+j} = GGDP_{it+j} - \hat{g}_i = \mu_r + T_r + \beta EXR_{it+j} + \alpha EXR_{it+j} X_{it+j} + \gamma Z_{it+j} + \varepsilon_{it+j}$$

$$(1 - 3)$$

表 1-10 和表 1-11 分别报告了模型 (1-3) 的回归结果。从表 1-10 的结果可以看出，加入交乘项后，单独的汇率制度影响不再显著，但是交乘项 EXR×GCPI 在 1% 的水平上显著为负，说明当发生突然中断时，汇率制度能通过影响该经济体的通货膨胀水平来显著地影响经济增长。表 1-11 是在模型中加入汇率制度与出口占比的交乘项 (EXR×EXP)。虽然在 j 取值为 0~2 和 -1~2 的两种时间窗口下，使用粗略分类 RRC 时交乘项的显著程度下降或不显著，但是使用细致分类 RRF 时交乘项非常显著，说明出口渠道也是导致不同汇率制度经济体受到突然中断的影响差异的原因之一。

表 1-10　　　　　　　　　　　通货膨胀渠道的检验

变量	被解释变量 (GDPGM)			
	RRC-10	RRC-11	RRF-7	RRF-8
EXR	0.617 (1.10)	-0.068 (-0.14)	0.282* (1.90)	0.097 (0.78)
EXR×GCPI	-0.050*** (-3.97)	-0.033*** (-3.06)	-0.016*** (-4.39)	-0.011*** (-3.63)
GS	-0.451*** (-4.19)	-0.458*** (-4.99)	-0.441*** (-4.09)	-0.451*** (-4.90)
FDI	0.161** (2.50)	0.100* (1.93)	0.170*** (2.64)	0.104** (2.01)
TRA	0.079*** (4.00)	0.068*** (4.21)	0.080*** (4.05)	0.068*** (4.21)
CF	-0.012 (-0.22)	0.022 (0.51)	-0.021 (-0.37)	0.018 (0.42)
GCPI	-0.005 (-1.04)	-0.005 (-1.13)	-0.005 (-1.18)	-0.005 (-1.21)
Wald 检验	0.0001	0.0006	0.0001	0.0004
观测值	491	643	491	643

注：RRC-10 和 RRC-11 采用粗略分类，RRF-7 和 RRF-8 采用细致分类；RRC-10 和 RRF-7 是将突然中断当年以及以后两年的数据抽出，RRC-11 和 RRF-8 是在 RRC-10 和 RRF-7 的基础上向前延伸一年。***、**、* 分别表示检验统计量在 1%、5% 和 10% 水平上显著；括号内的数字为 t 值；Hausman 检验和 Sargan 检验报告的 P 值。

表 1-11 出口渠道的检验

变量	被解释变量 （GDPGM）			
	RRC-12	RRC-13	RRF-9	RRF-10
EXR	0.522 （0.61）	-1.086 *** （-3.21）	-0.172 （-1.59）	-0.228 ** （-2.52）
EXR × EXP	-0.028 * （-1.94）	-0.015 （-1.34）	-0.013 ** （-2.26）	-0.012 *** （-2.65）
GS	-0.428 *** （-3.90）	-0.464 *** （-5.03）	-0.459 *** （-4.17）	-0.485 *** （-5.21）
FDI	0.121 * （1.89）	0.093 * （1.80）	0.132 ** （2.04）	0.091 * （1.77）
TRA	0.095 *** （3.97）	0.068 *** （4.13）	0.079 *** （3.85）	0.071 *** （4.33）
CF	0.019 （0.34）	0.019 （0.45）	-0.038 （-0.61）	-0.019 （-0.41）
GCPI	-0.007 （-1.52）	-0.007 （-1.60）	-0.08 （-1.61）	-0.007 （-1.63）
Wald 检验	0.0015	0.0022	0.0011	0.0012
观测值	491	643	491	643

注：RRC-12 和 RRC-13 采用粗略分类，RRF-9 和 RRF-10 采用细致分类；RRC-12 和 RRF-9 是将突然中断当年及以后两年的数据抽出，RRC-13 和 RRF-10 是在 RRC-12 和 RRF-9 的基础上向前延伸一年。*** 、** 、* 分别表示检验统计量在 1%、5% 和 10% 水平上显著；括号内的数字为 t 值；Hausman 检验和 Sargan 检验报告的 P 值。

综合以上结果，可以看出，当发生资本流动突然中断时，汇率制度弹性较小的经济体，通货膨胀水平一般也较低，因而更能调动企业生产和投资的积极性，有利于减少突然中断的不利影响。汇率波动较小的经济体，对参与国际贸易的各方来说，预期的成本和收益更稳定，能够促进出口，也有利于降低突然中断对经济的冲击。两者相比，通货膨胀渠道的影响更为显著。

五、本章小结及政策含义

本章从汇率制度视角出发，基于全球 149 个经济体 1992～2015 年的数据，采用不同的回归方法、不同的汇率制度划分方法，变换不同的时间窗口，全面细致地分析了资本流动突然中断对各经济体的总体影响、突然中断对不同汇率制度经济体的影响差异，并且尝试分析了影响存在差异的原因。结论如下：

第一，从总体上看，当发生资本流动突然中断时，经济体的经济增长会受到显著的负面影响。

第二，不同汇率制度经济体受到突然中断的影响存在差异。将各经济体按汇率制度的弹性进行分类赋值，发现不同汇率制度经济体受到资本流动突然中断的经济影响呈现差异，汇率制度弹性越小的经济体受到突然中断的负面影响越小。在使用不同的回归方法、变换不同的时间窗口或使用替代的汇率制度分类方法进行回归之后，发现结果依然稳健。

第三，不同汇率制度经济体所受影响呈现差异是源于通货膨胀渠道和出口渠道。因为汇率制度弹性较小的经济体，通货膨胀水平通常较低，能为经济发展提供一个预期稳定的环境，有利于消费和投资，也有利于经济恢复；同时，汇率波动较小的经济体能够建立更稳定的国际经贸关系，有利于实施"出口拉动"战略，促进经济发展。

上述结论为现实中一些经济体应对资本流动突然中断危机的做法提供了实证研究上的支持。如芬兰在 1995 年、丹麦在 1998 年发生资本流动突然中断后都大幅收窄了汇率浮动区间。2005 年"7·21 汇改"之后，我国的汇率制度由当初的"其他传统的固定盯住"转为"爬行盯住"，人民币参考一篮子货币定价，实际上呈现出持续升值的状态，汇率波动范围也不断放宽。但在 2008 年金融危机爆发后，我国的汇率制度迅速回到汇改以前的"固定盯住"安排，两年后才重启市场化改革，允许人民币汇率在更宽的范围内波动。这些经济体的成功经验也为本书的实证结论提供了实践上的支持：这些经济体受到突然中断的负面影响小是源于实行了弹性更小的汇率安排，而非因为受到的负面影响小从而使其能够维持原有的弹性更小的汇率制度。因此，汇率制度与经济增长之间的"逆向因果"关系在本书的研究视阈中可以忽略。

基于实证结果，结合我国现实经济情况，本书提出以下几点建议：

第一，应加强跨境资本监测，并将资本管制与宏观审慎监管相结合。大规模的资本流入是突然中断发生的信号（Agosin，2012），防范资本流动突然中断首先应关注资本的过度流入，尤其是那些在国际市场频繁出入的短期资本。监管部门应密切关注主要发达国家的宏观经济政策走向，国际资本市场以及国内房地产市场、信贷市场、外汇市场和证券市场等的资本流动态势，并制定相关政策预案，综合采用行政化和市场化的管制措施，对异常的资本流动进行监测和管制。从资本管制的效果来看，当一国经济体系正常运转时，监管措施在短期内能取得一定成效，但从长期来看，资本管制会降低资金配置效率和金融体系应对市场风险的能力，资本开放仍是大势所趋。其实，资本管制与资本开放并不冲突，应该结合国内外具体市场环境合理运用。为此，我国应将资本管制措施与宏观审慎监管和微观审慎监管相结合，同时灵活运用利率、汇率及交易费率等价格型工具，减少国内不同市场之间和国际市场间的套利机会，防止资本净流入的异常增长（张纯威，2012），消除资本流动突然中断的基础条件。

第二，适时适当地收窄汇率的浮动区间，完善和发展有管理的浮动汇率制度。汇率制度不是一个随机选择的过程，需要根据一国的 GDP 增长率、通货膨胀率、经济结构等宏观经济情况进行选择。长期以来，我国一直实行弹性较小的汇率制度，人民币汇率只能在有限幅度内波动。在资本自由流动的背景下，为了维护汇率的稳定可能会牺牲货币政策的独立性，所以我国应逐步、适度地扩大汇率浮动区间，增强汇率弹性，使人民币汇率能真正反映外汇市场的供求关系。但是，汇率制度改革不能一蹴而就，而是要逐渐扩大汇率波动的范围，最终实现浮动汇率制度。在这个过程中，应该结合实际国情，在我国金融体系制度不健全、负债水平较高、抵御风险能力不足的背景下，面对资本流动突然中断的冲击，适当地收窄汇率的浮动区间，坚持和完善有管理的浮动汇率制度，是保证国民经济形势稳定的重要举措，同时经济稳定发展也可以为逐步实现汇率制度更趋市场化打下良好的基础，两者之间是相辅相成的，可以形成良性循环。

第三，积极稳定地推进去杠杆、去库存。高负债经济体容易将外生的经济冲击内生化为资本流动突然中断，在债务—通缩机制下，对一国经济造成严重影响。任泽平和冯赟（2016）的研究指出，截至 2015 年末，金融部门的杠杆率为 21.0%，非金融企业部门的杠杆率为 143.5%，全社会的杠杆率为 260.8%，实体经济的杠杆率为 239.8%，这说明我国的负债率已经处于一个较高水平，去杠杆刻不容缓。从实体经济来看，应推动供给侧改革，政府和市场相结合推动出清产能，改善传统行业供需和提高集中度，淘汰落后产能，推动产品升级，提高创新水平，转变产业结构。从金融部门来看，应调整同业业务规模，加强委外资产监管，规范银行资金流向，控制信贷规模，充分发挥金融服务实体经济的功能。

第四，深化金融体制改革，加快相关制度建设。当发生资本流动突然中断时，其经济影响会通过"金融加速器"放大，对一国发展造成重创；相反，一国金融市场稳定、金融制度健全，不仅会减少资本流动突然中断发生的可能性，还会减小其对经济的冲击力度。现阶段，我国金融体系中银行仍占据主导地位，证券市场和保险市场发展规模较小（何德旭、王朝阳，2017），且制度不健全、准入门槛较高，银行仍是企业融资的首要选择。当企业遭遇危机时，危机极易通过银行传导到其他部门，演变成大规模的货币危机或金融危机。因此，我们在进行传统商业银行改革的同时，还应加强资本市场、保险市场的建设，稳步发展货币市场及金融衍生品市场，逐步转变企业过于依赖银行融资的现状，建立充满活力、多元发展的金融体系。此外，在完善金融系统的同时，还要注意加强金融监管体系与相关规章制度建设，建立能有效防范、冲销风险，维护金融稳定的应急处理机制，增强我国金融系统抵御、化解风险的能力。

第二章　资本流动突然中断对不同负债结构经济体的经济影响

根据克鲁格曼（Krugman，2014）的观点，当面临经济冲击时，不同汇率安排、不同负债结构的经济体所受的影响是不同的。中国自改革开放以来，在对国际短期资本严加防范的同时，大力吸引外商直接投资，对外负债结构发生了巨大的变化。那么，大量的长期国际资本流入在促进国内经济增长的同时，是否会在经济面临负面冲击时发挥不同的影响？这一问题还较少有人关注。因此，本章将就突然中断对不同负债结构经济体的经济影响进行研究。

第一节　突然中断对不同负债结构经济体的影响机制

一、问题的提出

对外负债结构又称对外资本结构（external capital structure），通常是指一个经济体不同类型对外负债的组合。无论是反映流量的国际收支平衡表，还是反映存量的国际投资头寸表，国家对外负债均分为三类：外商直接投资（FDI）、证券投资和其他投资。对外负债结构反映了一个经济体资本流入的结构特征。国内外学者对不同形式的资本流入的经济影响进行了研究，结论大相径庭。一些学者认为，相比其他形式的资本流入，FDI 具有更低的易变性，在受到冲击时，资本流动发生中断的可能性和程度都较小，从而有利于稳定经济（Lipsey，2001；Broto，2008；余珊萍、张文熙，2006；韩剑，2012）。然而，一些学者认为，FDI 的大量流入会造成流入国信贷过快增长、经济泡沫化，一旦国际资本突然停止涌入，泡沫就可能破裂，给经济系统造成更大的冲击（Cardarelli et al.，2009；Elekdag and Wu，2011；Forbes and Warnock，2012；Mendoza and Terrones，2012；Calderon and Kubota，2013）。2003 年以来，中国对外负债中 FDI 的比例一直保持在 50% 以上，2012 年甚至高达 90.34%。当发生资本流动突然中断时，经济将会受到何种程度的影响？ FDI 高占比是否更有利于经济的稳定？这是一个值得深入探讨的问题。鉴于中国尚未发生持续的、大规模的资本流动突然中断，本书拟从全球角度，利用与中国处于相似发展阶段的新兴经济体的数据，对资本流动突然中断对不同对外负债结构经济体的经济影响进行研究，以期获得更全面可靠的结论，同时也为我国调整对外负债结构以及更有效地应对国际资本流动的新变化提供参考。

一方面，很少有文献从对外负债结构的角度来研究资本流动突然中断的经济影响。另一方面，现有文献一般认为某种形式的资本流入在面对经济冲击时是一种弱化或强化经济冲击影响的线性关系。然而，当面临资本流动突然中断时，不同的对外负债结构经济体受到的影响很可能是不一样的，即两者之间可能是一种非线性关系。因此，本书拟结合经济体的对外负债结构，就资本流动突然中断的经济影响进行研究。

二、基于 IS - MP 模型的影响机制推导

对外负债结构反映的是一个经济体不同类型对外负债的组合，包括外商直接投资（FDI）、证券投资和其他投资的负债项，本书使用 FDI 占一个经济体对外负债总量的比重来表示。参考罗默（Romer，2013）提出的 IS - MP 模型，在模型中加入 FDI 占比，建立拓展的 IS - MP 模型来对资本流动突然中断的影响机制进行分析。

在 IS - MP 模型中，国内总需求由国内支出和净出口组成，国内支出是利率的函数，净出口是收入和汇率的函数。

$$y = A(r) + NX(y, e) \qquad (2 - 1)$$

其中，A 表示国内支出；NX 表示净出口；r 表示实际利率；e 表示实际汇率。

本书主要考虑的是不同经济体对外负债结构的作用，所以假设汇率是外生的。在 IS - MP 模型中，罗默（Romer，2013）强调的是国内投资和国外净投资的平衡。国内投资是国内支出的主要组成部分，与利率负相关。当国内收入增加时，进口增加，出口减少，所以净出口与国内收入负相关。国内支出与净出口分别表示为：

$$A(r) = AI - dr \qquad (2 - 2)$$

$$NX(y) = AX - xy \qquad (2-3)$$

其中，系数 d 是国内支出对利率的敏感系数，AI 表示自主性国内支出，即不取决于利率的国内支出；系数 x 表示净出口对收入的敏感性，AX 是不取决于国内收入的净出口。因此，IS 曲线的具体形式表示如下：

$$y = AI - dr + AX - xy \qquad (2-4)$$

在该模型中，罗默（Romer，2013）将资本账户视为一种流动而非套利条件，经常账户赤字要求有等值的资本流入为其提供融资，所以国际收支平衡的条件可以表示为：

$$K(r,e) + NX(y,e) = 0 \qquad (2-5)$$

其中，K 表示资本净流入，它是利率的增函数。假设：

$$K(r) = AK + kr \qquad (2-6)$$

其中，AK 表示除利率以外其他因素导致的资本净流入。当发生资本流动突然中断时，主要表现为 AK 的减少。系数 k 表示资本流入对流入国利率的敏感性。所以，MP 曲线可以表示为：

$$AX - xy + AK + kr = 0 \qquad (2-7)$$

将式（2-4）、式（2-7）相结合可以求得下式：

$$y = \left(\frac{AI + AX}{d} + \frac{AX + AK}{k} \right) \times \frac{kd}{(xd + k + kx)} \qquad (2-8)$$

用变量 y 对变量 AK 求偏导，表示单位资本流动逆转对产出的影响大小，结果如下：

$$\beta = \frac{\sigma y}{\sigma AK} = \frac{d}{xd + k + kx} \qquad (2-9)$$

从式（2-9）中可以看出：k 值越大，β 值越小，发生资本流动突然中断时，对产出的影响越小；在 β 值一定的条件下，AK 值的变化越大，产出的变化也越大。

因为 FDI 形式的资本流入主要受长期因素的影响，对利率的敏感性较低，所以一个经济体对外负债中 FDI 的比例越高，资本流入对利率的敏感系数 k 越小。同时，因为 FDI 形式的资本流入的易变性较低，在发生资本流入突然中断时，AK 的变化值也较小。因此，一个经济体对外负债中 FDI 的比例越低，资本流入对流入国或地区利率的敏感性越高，即 k 值越大，则 β 值越小，资本流动突然中断对产出的影响越小。一个经济体对外负债中 FDI 的比例越低，资本流入的易变性越高，在受到冲击时，AK 的变化值越大，对产出的影响也越大。

从以上的分析可以看出，一个经济体对外负债中 FDI 的比例不同，资本流动突然中断的经济影响也不同。为了进一步探究对外负债结构变量的经济影响问题，假设：

$$k = z - aNF \tag{2-10}$$

$$\Delta AK = -\frac{1}{NF} \tag{2-11}$$

其中，NF 表示一个经济体对外负债中 FDI 的比例；系数 a 为系数 k 对对外负债结构变量的敏感系数。假设随着一个经济体对外负债中 FDI 的比例不断提高，提高单位比例能够带来资本流入易变性的降低不断递减，所以将变量 AK 的变化值与对外负债结构变量的关系式设成式（2-11）的形式。产出的变化值 C 则表示为：

$$
\begin{aligned}
C &= \Delta y = \frac{d}{xd + k + kx} \Delta AK = \frac{d}{xd + z - aNF + (z - aNF)x} \times \frac{-1}{NF} \\
&= \frac{-d}{xdNF + (zNF - aNF^2)(1 + x)}
\end{aligned} \tag{2-12}
$$

用变量 C 对变量 NF 求偏导，得到结果如下：

$$\alpha = \frac{\sigma c}{\sigma NF} = \frac{d}{[xdNF + (zNF - aNF^2)(1 + x)]^2} \times [xd + (1 + x)(z - 2aNF)] \tag{2-13}$$

当 $\alpha < 0$ 时，$NF > \dfrac{xd + (1 + x)z}{2a(1 + x)}$，表示当 NF 增大时，产出变化的绝对值在增大，即资本流动突然中断对经济的影响增大；当 $\alpha > 0$ 时，$NF < \dfrac{xd + (1 + x)z}{2a(1 + x)}$，表示当 NF 增大时，产出变化的绝对值在减小，即资本流动突然中断对经济的影响减小。

综上，当发生资本流动突然中断时，如果 $NF < \dfrac{xd + (1 + x)z}{2a(1 + x)}$，提高一个经济体对外负债中 FDI 的比例能够减少冲击对经济的影响；如果 $NF > \dfrac{xd + (1 + x)z}{2a(1 + x)}$，则降低对外负债中 FDI 的比例能够减少冲击的经济影响。也就是说，一个经济体对外负债中 FDI 的比例与资本流动突然中断的经济影响之间呈倒 U 型关系。

第二节　突然中断对不同负债结构经济体影响的实证分析

一、研究假设

卡尔沃和门多萨（Calvo and Mendoza，2000）基于凯恩斯效应机制指出，突然中断的发生会导致经济崩溃，引发产出下降。门多萨（Mendoza，2002）强调了费舍尔（Fisher）提出的债务—通缩机制，指出资本前期的过度流入会导致经济过热，进而刺激资本流入国过度负债的产生，一旦发生危机，基于债务—通缩机制的原理，总需求会下降。清泷信弘和摩尔（Kiyotaki and Moore，1997）、门多萨和史密斯（Mondoza and Smith，2006）的研究指出，债务紧缩效应会演化成银行危机，给金融部门带来严重冲击，并进一步延伸至实体经济部门，导致经济的长期衰退。杜利和瓦尔什（Dooley and Walsh，1999）通过研究发现，由于投资者的非理性，发生危机时，国外资本撤离会导致一国资产价格下跌。在"羊群效应"的作用下，国内投资者的跟风引起资产的大量抛售，资产价格进一步下跌，导致国内投资不断下降。

基于上述分析，本书提出如下假设：

H1：突然中断与经济增长率负相关。

本书基于拓展的 IS－MP 模型发现，在一个经济体对外负债中 FDI 占比较低时，适当提高 FDI 的占比将有效地降低资本流入的易变性，从而能降低资本流入突然中断的负面影响。然而，当一个经济体对外负债中的 FDI 比例过高时，提高 FDI 占比不仅会降低易变性的边际效用，而且会带来信贷过度繁荣。所以，FDI 占比与经济增长之间可能存在一种倒 U 型关系。一个经济体的对外负债中，当 FDI 占比较低时，提高 FDI 占比能够减小突然中断对经济的影响；当 FDI 占比过高时，FDI 占比与经济增长率之间表现为负相关，降低 FDI 占比能够减小冲击对经济的影响。

基于上述分析，本书提出如下假设：

H2：发生突然中断时，经济增长率与国家对外负债中 FDI 占比之间呈倒 U 型关系。

二、变量构建

本书的被解释变量为 GDP 增长率。GDP 反映了一个经济体的总体经济实力，而 GDP 增长率是表示一个经济体经济增长程度的动态指标，所以本书采用 GDP 增长率来衡量一个经济体的经济增长。

解释变量主要包括突然中断虚拟变量 SS、突然中断虚拟变量与对外负债结构变量 NF 的交叉项 SS × NF。突然中断变量 SS 是虚拟变量，若发生突然中断，则 SS 取 1；否则，SS 取 0。

控制变量的选择主要参照田存志和梁权熙（2011）等的研究并加以筛选得到，主要包括：

通货膨胀水平（cpiGR），用居民消费价格指数增长率衡量，用于捕捉宏观经济的不确定性。

外商直接投资水平（FDIY），以当年外商直接投资额与 GDP 之比表示。外商直接投资水平一方面可以反映投资者对资本流入国经济预期的好坏；另一方面可以弥补国内的资金缺口，带动资本流入国经济发展。

贸易开放度（TRADY），用进出口总额占 GDP 的比率表示。历史经验表明，贸易开放促进了各国经济的发展，发展中国家可以凭借自身的资源优势吸引外国资本投资和国外先进的技术，同时还可以通过进出口贸易等来发展本国经济。发达国家可以通过贸易开放开拓海外市场，促进本国经济的发展。

政府消费水平（GOVC），用政府最终消费占 GDP 的比例来表示。政府消费能拉动内需，有利于经济的发展。

资本形成率（GFC），用固定资本形成总额占 GDP 的比重表示。主要变量及数据来源如表 2 - 1 所示。

表 2 - 1　　　　　　　　　　主要变量与数据来源

变量名称	变量定义	数据来源
GR	经济增长指标：GDP 增长率（％）	BVD - EIU Countrydata 数据库
SS	资本流动中断虚拟变量，发生中断时取 1，否则取 0	IFS 数据库与 BOP 数据库

续表

变量名称	变量定义	数据来源
NF	对外负债结构变量：FDI 占一个经济体对外负债总量的比例（%）	IFS 数据库、BOP 数据库与 BVD - EIU Countrydata 数据库
TRADY	贸易开放度：（进口 + 出口）/GDP（%）	BVD - EIU Countrydata 数据库
FDIY	外商直接投资水平：FDI/GDP（%）	IFS 数据库
GOVC	政府消费水平：政府最终消费/GDP（%）	BVD - EIU Countrydata 数据库
GFC	资本形成率：固定资本形成总额/GDP（%）	BVD - EIU Countrydata 数据库
cpiGR	通货膨胀水平：CPI 增长率（%）	BVD - EIU Countrydata 数据库

三、样本数据说明

贝歇尔等人（Becher et al. , 2006）通过跨国或地区分析发现，突然中断对实体经济的负面影响以新兴经济体最为严重。另外，较之年度数据，季度数据能更好地捕捉到国际资本流动的变化信息。根据数据的可得性，本书选取2003～2019 年 27 个新兴经济体①的季度数据为研究对象，样本经济体分布于欧洲（11 个）、亚洲（9 个）、拉丁美洲（6 个）和非洲（1 个）。由于部分经济体数据有缺失，本书使用均值插值法补齐少量缺失数据。各经济体数据主要来自国际货币基金组织的 BOP 数据库、IFS 数据库和 BVD - EIU Countrydata 数据库。

本书参考圭多蒂、斯图尔森内格和维勒（Guidotti, Sturzenegger and Villar, 2004）的综合性概念以及郑璇（2014）的研究，将突然中断界定为：一个经济体国际资本净流入占 GDP 的比重下降幅度在一年内超过其样本均值的一个标准差以上，并且资本净流入的减少量超过 GDP 的 5%。当总流入减少量占净流入减少量的比值达到 75% 以上，将该次突然中断定义为流入驱动型突然中断；当总流入减少值占净流入减少值的比值小于 25%，则为流出驱动型中断；

---

① 根据国际货币基金组织《世界经济展望》（2013 年）和摩根士丹利 MSCI 新兴市场指数所列的新兴经济体共 31 个，删除某些季度数据不可得的经济体（埃及、巴基斯坦、委内瑞拉）和季度数据时间跨度较短的经济体（摩洛哥），剩下 27 个经济体，具体包括阿根廷、巴西、保加利亚、智利、中国、哥伦比亚、捷克、爱沙尼亚、匈牙利、印度、印度尼西亚、以色列、韩国、拉脱维亚、立陶宛、马来西亚、墨西哥、秘鲁、菲律宾、波兰、罗马尼亚、俄罗斯、斯洛伐克、南非、泰国、土耳其和乌克兰。

介于二者之间的为混合型突然中断。在全部样本中，发生突然中断的"经济体季度"观测数为 139 个，其中流入驱动型中断发生 60 次，流出驱动型中断发生 52 次，其余为混合型突然中断（见表 2 - 2）。

表 2 - 2　　　　　　　　　发生突然中断的经济体及时点

经济体	流入驱动型突然中断	流出驱动型突然中断	混合型突然中断
保加利亚	2004Q4、2006Q3、2008Q2	2010Q3	2009Q1、2009Q2、2009Q3、2010Q1
中国（大陆）	2004Q1、2005Q1、2006Q1、2007Q1、2008Q1、2009Q1、2009Q2、2010Q1、2011Q1、2012Q1、2013Q1、2013Q3、2014Q1	2003Q2、2003Q4、2004Q3、2004Q4、2006Q2、2006Q3、2006Q4、2007Q2、2008Q2、2008Q3、2008Q4、2009Q4、2010Q2、2010Q3、2011Q2、2012Q2、2013Q4、2014Q2	2003Q1、2011Q4
爱沙尼亚	2004Q4、2006Q4、2011Q1、2012Q1、2012Q4	2004Q3、2009Q1、2009Q2、2010Q3、2014Q2	2003Q1、2003Q2、2003Q3、2007Q3
印度	2012Q4	2004Q2	
以色列		2009Q4	
韩国		2008Q4	
拉脱维亚	2004Q2	2009Q2	2005Q1、2008Q1、2008Q2、2008Q4、2009Q1
立陶宛	2003Q2、2003Q4、2005Q2、2015Q1	2003Q1、2009Q1、2012Q2	2008Q4、2009Q2、
马来西亚	2008Q2、2010Q2	2009Q1、2010Q1	
罗马尼亚	2005Q2、2006Q2、2007Q2、2011Q2、2012Q2、2016Q2、2017Q2、2018Q2	2013Q4	2009Q1、2009Q2、2011Q1、2012Q1
俄罗斯		2015Q1	
斯洛伐克	2005Q4	2009Q2	
泰国	2005Q1、2009Q2、2011Q4	2005Q3、2009Q1、2014Q4	
乌克兰	2004Q4、2005Q2、2005Q4、2006Q4、2007Q1、2007Q4、2009Q4、2010Q4、2011Q4、2012Q4、2013Q3、2014Q4、2015Q4、2016Q3、2016Q4、2017Q4、2018Q3、2018Q4	2004Q1、2006Q3、2009Q2、2010Q1、2011Q1、2012Q1、2013Q1、2014Q1、2015Q1、2015Q2、2017Q1、2018Q1、2019Q1	2009Q1、2014Q2、2014Q3、2015Q3、2018Q3、2019Q3

资料来源：通过整理国际货币基金组织 IFS 数据库和 BOP 数据库数据得到。

注：Q1 = 第一季度，Q2 = 第二季度，Q3 = 第三季度，Q4 = 第四季度。

四、模型构建

为考察突然中断对不同对外负债结构经济体的不同影响，我们将突然中断变量 SS、对外负债结构变量 NF，以及突然中断虚拟变量与对外负债结构变量的交叉项 $SS_{it} \times NF_{it}$ 引入经济增长模型。线性基准模型分别设定如下。

$$GR_{it} = \alpha_{it} + \beta_1 SS_{it} + \beta_2 Z_{it} + \varepsilon_{it} \qquad (2-14)$$

模型（2-14）检验 H1 是否成立。其中，GR_{it} 表示经济体 i 在 t 年的 GDP 增长率；α_{it} 用于控制经济体效应；SS_{it} 表示突然中断虚拟变量；Z_{it} 为其他控制变量；ε_{it} 为残差项。

$$GR_{it} = \alpha_{it} + \beta_1 SS_{it} + \beta_2 NF_{it} + \beta_3 Z_{it} + \varepsilon_{it} \qquad (2-15)$$

模型（2-15）在模型（2-14）的基础上加入控制变量 NF，可以检验 H1 是否仍然成立，考察在线性条件下对外负债结构对经济增长的影响。其中，NF_{it} 表示对外负债结构变量，用 FDI 在对外负债中的比例表示。

$$GR_{it} = \alpha_{it} + \beta_1 SS_{it} + \beta_2 NF_{it} + \beta_3 SS_{it} \times NF_{it} + \beta_4 Z_{it} + \varepsilon_{it} \qquad (2-16)$$

模型（2-16）作为线性基准模型，在模型（2-15）的基础上加入 $SS_{it} \times NF_{it}$，可以考察在线性条件下，突然中断对不同负债结构经济体的经济影响。其中，$SS_{it} \times NF_{it}$ 是突然中断虚拟变量与对外负债结构变量的交叉项。

由于突然中断对经济增长的影响具有持续性，为了减轻内生性的影响，模型（2-17）在模型（2-16）的基础上，将突然中断变量 SS 的滞后一期 SS_{it-1}、对外负债结构变量 NF 的滞后一期 NF_{it-1} 及二者的交叉项 $SS_{it-1} \times NF_{it-1}$ 引入经济增长模型，并替换相应变量的当期值，具体形式如下。

$$GR_{it} = \alpha_{it} + \beta_1 SS_{it-1} + \beta_2 NF_{it-1} + \beta_3 SS_{it-1} \times NF_{it-1} + \beta_4 Z_{it} + \varepsilon_{it} \quad (2-17)$$

为检验对外负债中 FDI 的比例与突然中断的经济影响是否存在非线性关系，并准确地刻画该非线性关系，本书采用汉森（Hansen，1999）提出的面板门槛模型，对突然中断发生后对外负债结构与经济增长之间的关系进行实证研究。门槛模型既可以检验当突然中断发生后，对外负债结构与经济增长之间有无门槛效应，判别二者之间有无显著的非线性关系，也能确定门槛个数，较清晰地刻画对外负债结构与经济增长之间的非线性关系，所以门槛模型优于一般的线性回归模型。此外，门槛模型的门槛值由样本数据内生决定，既不需要给定非线性模型的方程，也不需要外生给定门槛值。相比需要准确给定非线性方程的其他非线性模型，门槛模型更加简单和有效。因此，本书运用门槛模型进行实证分析是合适的。

根据前面的理论分析，为了减轻内生性的影响，本书以对外负债结构变量的滞后一期 NF_{it-1} 为门槛变量，以突然中断虚拟变量与对外负债结构变量的交叉项的滞后一期 $SS_{it-1} \times NF_{it-1}$ 为回归系数随区制而变化的解释变量，构建突然中断发生后对外负债结构与经济增长的门槛模型。

$$GR_{it} = \alpha_{it} + \beta_1 SS_{it-1} + \beta_2 NF_{it-1} + \beta_3 SS_{it-1} \times NF_{it-1} I(q_{it} \leqslant \gamma) + \beta_3 SS_{it-1}$$
$$\times NF_{it-1} I(q_{it} > \gamma) + \beta_4 Z_{it} + \varepsilon_{it} \qquad (2-18)$$

其中，$I(\cdot)$ 为示性函数，函数值由门槛变量 q_{it} 与门槛值 γ 之间的大小关系决定。若括号内的表达式为真，$I(\cdot)$ 取值为 1；反之，$I(\cdot)$ 取值为 0。

五、估计结果及分析

1. 主要变量的描述性统计

表 2-3 报告了主要变量的描述性统计结果。从被解释变量来看，在整个样本区间，GDP 的平均增长率为 4.009%，最大值为 15.30%，最小值为 -19.59%，表明被解释变量在样本期间有较大变动。

表 2-3　　　　　　　　　主要变量的描述性统计结果

变量	样本数	均值	标准差	最小值	最大值
GR	1836	4.009	4.017	-19.59	15.30
SS	1836	0.0637	0.244	0	1
NF	1836	1.624	55.72	-1132	178.0
TRADY	1836	84.54	44.07	7.624	199.4
FDIY	1836	1.165	12.30	-172.6	61.69
GOVC	1836	18.34	12.99	4.429	99.20
GFC	1836	31.73	49.66	-180.7	348.8
cpiGR	1836	5.088	6.151	-3.740	58.91

注：作者使用 Stata 15.0 计算而得。

表 2-4 报告了主要变量之间的皮尔森（Pearson）相关系数。可以看出，除个别变量之间的相关系数较高外，其余变量之间的相关系数的绝对值较小。表 2-5 报告了主要变量的方差膨胀因子。参考弗多因德和利特尔（Freund and

Littell，1986）的标准，解释变量与控制变量的所有方差膨胀因子（VIF）均小于5，说明模型不存在严重的多重共线性问题。图2-1是SS×NF与GR的拟合图。该图表明SS×NF与GR之间并不是简单的线性关系，可能是较复杂的非线性关系。这初步验证了对外负债结构与突然中断的经济影响之间存在非线性关系的结论，但确定这二者之间的关系究竟是何种形式还需进一步地实证分析。

表2-4　　　　　　　　　　主要变量的Pearson相关系数矩阵

变量	GR	SS	NF	TRADY	FDIY	GOVC	GFC	cpiGR
GR	1.000							
SS	-0.003	1.000						
NF	-0.076	0.007	1.000					
TRADY	-0.070	0.045	-0.036	1.000				
FDIY	-0.060	-0.026	0.828	0.068	1.000			
GOVC	0.156	0.345	-0.013	-0.039	-0.012	1.000		
GFC	0.229	0.262	0.011	-0.161	0.008	0.861	1.000	
cpiGR	-0.160	0.053	-0.026	-0.314	-0.045	-0.073	-0.108	1.000

注：作者使用Stata 15.0计算而得。

表2-5　　　　　　　　　　主要变量的方差膨胀因子

变量	VIF	1/VIF
GOVC	4.29	0.233364
GFC	4.28	0.233607
FDIY	3.31	0.301744
NF	3.30	0.302942
TRADY	1.27	0.785996
cpiGR	1.17	0.853728
SS	1.16	0.860849

注：作者使用Stata 15.0计算而得。

2. 估计结果分析

因为Hausman检验在1%的显著性水平上拒绝原假设，所以本书运用固定效应模型估计线性模型。表2-6的第（1）列、第（2）列、第（3）列、第

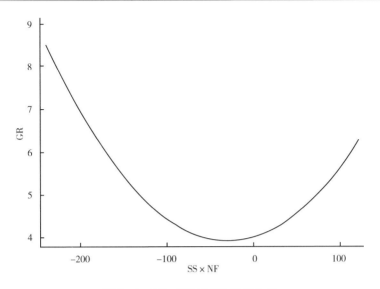

图 2 - 1　SS × NF 与 GR 的拟合图

（4）列分别是模型（2 - 14）、模型（2 - 15）、模型（2 - 16）和模型（2 -
17）的估计结果。结果显示，无论在何种情形下，突然中断变量 SS 和其滞后
一期的系数均显著为负，说明突然中断与经济增长之间呈负相关关系，验证了
假设 H1。

表 2 - 6　　　　　　　　　　　　　突然中断的经济效应

变量	（1）	（2）	（3）	（4）	（5）
SS	- 1.141 *** (0.405)	- 1.132 *** (0.403)	- 1.126 *** (0.403)		
NF		- 0.0121 *** (0.00298)	- 0.0119 *** (0.00299)		
SS × NF			- 0.00682 (0.00851)		
SS_{t-1}				- 0.967 ** (0.403)	- 2.593 *** (0.505)
NF_{t-1}				- 0.0115 *** (0.00290)	- 0.011 *** (0.003)
$SS_{t-1} \times NF_{t-1}$				- 0.0120 (0.00854)	

续表

变量	（1）	（2）	（3）	（4）	（5）
$SS_{t-1} \times NF_{t-1}\_1$ （$NF_{t-1} \leqslant -21.994$）					-0.033^{***} （0.010）
$SS_{t-1} \times NF_{t-1}\_2$ （$-21.994 <$ $NF_{t-1} \leqslant 40.082$）					0.215^{***} （0.038）
$SS_{t-1} \times NF_{t-1}\_3$ （$NF_{t-1} > 40.082$）					-0.030 （0.023）
TRADY	0.0107 （0.00654）	0.0126^{*} （0.00653）	0.0125^{*} （0.00653）	0.0146^{**} （0.00667）	0.012^{*} （0.007）
FDIY	-0.0261^{***} （0.00865）	0.0210 （0.0144）	0.0208 （0.0144）	0.0205 （0.0152）	-0.028^{***} （0.009）
GOVC	0.0170 （0.0274）	0.0306 （0.0275）	0.0322 （0.0275）	0.0284 （0.0278）	-0.006 （0.028）
GFC	-0.0228^{***} （0.00610）	-0.0236^{***} （0.00607）	-0.0236^{***} （0.00608）	-0.0220^{***} （0.00642）	-0.024^{***} （0.006）
cpiGR	-0.153^{***} （0.0200）	-0.159^{***} （0.0200）	-0.159^{***} （0.0200）	-0.163^{***} （0.0203）	-0.155^{***} （0.020）
常数项	4.398^{***} （0.834）	4.007^{***} （0.836）	3.984^{***} （0.836）	3.817^{***} （0.850）	4.712^{***} （0.844）
观测值	1836	1836	1836	1809	1809
R^2	0.054	0.062	0.062	0.062	0.075
经济体数量	27	27	27	27	27

注：$***$、$**$、$*$ 分别表示在1%、5%和10%水平上显著；括号内为标准误。

　　然而，对外负债结构变量 NF 和其滞后一期的系数均显著为负，表明经济体对外负债中 FDI 的比例越高，越不利于该经济体的经济增长。这与一般现实情况不符，NF 与 GR 的关系可能并非简单的线性关系，线性模型可能无法准确地刻画这二者之间的关系。因此，$SS \times NF$ 和其滞后一期的系数即使不显著，也不能说明突然中断发生后对外负债结构对经济增长的影响不显著。$SS \times NF$ 与 GR 之间的关系需使用非线性模型进行进一步的研究。

　　由于使用面板门槛模型要求门槛变量外生，本书在进行回归估计之前，要对门槛变量进行弱外生性检验。具体方法是：第一步，以 NF_{it-1} 为被解释变量，将其他变量和 NF_{it-1} 的滞后项作为解释变量进行 OLS 回归；第二步，将回归后得到的残差作为解释变量加入原模型中进行估计；第三步，对回归后得到的残差进行 Breusch - Goldfrey 检验，得到 F 统计量的值为 0. 349，P 值为 0. 5600，接受原假设，所以残差不存在自相关。因此，NF_{it-1} 具有弱外生性，可以用作面板门槛模型的门槛变量。

进一步地，本书运用 Bootstrap 方法得到突然中断发生后对外负债结构与经济增长之间的门槛效应检验结果（见表 2 - 7）。单一门槛和双重门槛均在 1% 统计水平上显著，而三重门槛不显著。因此，突然中断发生后对外负债结构与经济增长之间存在两个关于对外负债结构的门槛效应，门槛估计值分别为 - 21. 944 和 40. 082。这表明突然中断对不同负债结构经济体的经济影响存在三个差异的阶段，验证了本书在理论分析中提出的对外负债结构与突然中断的经济影响之间存在非线性关系的观点。

表 2 - 7　　　　　　　　　对外负债中 FDI 的比例门槛效应检验结果

门槛个数	门槛检验		
	F 统计量	P 值	门槛值
单一门槛	32. 425 ***	0. 0000	- 21. 944
双重门槛	36. 033 ***	0. 0000	- 21. 944　40. 082
三重门槛	1. 611	0. 125	11. 359

注：*** 表示在 1% 水平上显著。

为进一步检验本书得到的门槛估计值的准确性，本书利用似然比统计量对门槛估计值与门槛真实值的一致性进行考察。图 2 - 2 和图 2 - 3 分别是门槛值 - 21. 944 和 40. 082 的似然比函数图。当 LR 值为 0 时，对应的门槛变量 NF_{it-1} 的值分别为 - 21. 944 和 40. 082，即为对外负债中 FDI 的比例的门槛估计值。当取 95% 的置信区间时，所有满足 LR ≤ 7. 35 的 NF_{it-1} 的值构成的区间为门槛估计值的置信区间。从图 2 - 2 和图 2 - 3 可以大致观察到，门槛估计值 - 21. 944 和 40. 082 的置信区间分别为 [- 36. 0, 8. 197] 和 [30. 199, 50. 163]，- 21. 944 和 40. 082 均落在相应的置信区间。因此，门槛估计值与门槛真实值的一致性检验通过，本书得到的这两个门槛估计值具有较高的准确性。

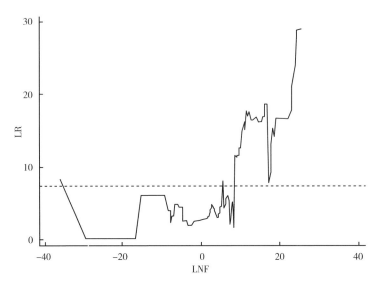

图 2 - 2　门槛值 - 21. 944 的似然比函数图

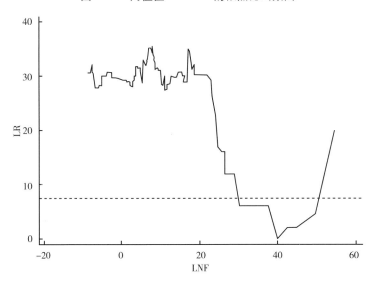

图 2 - 3　门槛值 40. 082 的似然比函数图

表 2 - 6 的第（5）列是模型（2 - 18）的门槛回归估计结果。$SS_{t-1} \times NF_{t-1}$ 的系数表明，随着对外负债结构变量 NF_{t-1} 的变大，突然中断的经济影响存在三个阶段。需要指出的是，虽然 $SS_{t-1} \times NF_{t-1}\_3$ 的系数不显著，但 $SS_{t-1} \times NF_{t-1}\_2 - SS_{t-1} \times NF_{t-1}\_3 = 0.245$，且显著不等于 0，所以 $SS_{t-1} \times NF_{t-1}$ 的系数变化仍然大致表现为先增大后减小的过程。当 NF_{t-1} 较小乃至为负时，$SS_{t-1} \times$

NF_{t-1} 的系数为负，这可能是因为不存在 FDI 或国际资本流入，反映出该经济体的金融环境较差，突然中断发生会加剧经济恶化。当一个经济体对外负债中 FDI 占比上升至一定水平后，FDI 占比的上升将有效地降低资本流入的易变性，从而能降低突然中断的负面影响，有利于经济增长。然而，当一个经济体对外负债中 FDI 占比超过一定水平后，FDI 占比的上升不仅会降低资本流入易变性的边际效用，而且会带来信贷过度繁荣，不利于经济增长。综上，当突然中断发生后，经济增长与经济体对外负债中 FDI 占比存在着倒 U 型关系。这验证了假设 H2。

六、基于不同经济体对外负债结构变量的稳健性检验

证券投资的易变性较高（韩剑，2012），在受到冲击时，发生突然中断的可能性较大。当一个经济体的金融制度较完善时，国际资本流入以证券投资形式的资本流入为主，尤其是债务证券占主导（王信，2007），说明证券投资占比越高，一个经济体的金融制度越完善，突然中断对经济的影响越小。从易变性来看，证券投资的占比越高，突然中断对经济的影响越大；从金融制度完善性的角度来看，证券投资的占比越高，突然中断对经济的影响越小。所以，两者之间表现的是一种非线性关系。本书进一步用证券投资占对外负债总量的比例来描述经济体对外负债结构，重新加入模型来验证对外负债结构与经济增长之间的非线性关系。

同样地，本书对门槛变量进行了弱外生性检验，发现使用证券投资占对外负债总量的比例来描述对外负债结构，并作为门槛变量，依然具有弱外生性，可以用作面板门槛模型的门槛变量。本书运用 Bootstrap 方法得到对外负债中证券投资的比例门槛效应检验结果（见表 2 - 8）。结果表明，突然中断发生后，对外负债中证券投资的比例与经济增长之间存在三个关于对外负债中证券投资的比例的门槛效应，门槛估计值分别为 - 3.513、- 1.796 和 29.917。

表 2 - 8　　　　　　　对外负债中证券投资的比例门槛效应检验结果

门槛个数	门槛检验		
	F 统计量	P 值	门槛值
单一门槛	1.840	0.150	- 215.719
双重门槛	22.559 **	0.020	- 3.513　29.917
三重门槛	18.376 ***	0.000	- 3.513　- 1.796　29.917

注：*** 、** 分别表示在 1%、5% 水平上显著。

表2-9的第（1）列和第（2）列分别是线性模型的估计结果。结果显示，突然中断变量 SS 和其滞后一期的系数均显著为负，说明突然中断与经济增长之间的确呈负相关关系，再次验证了假设 H1。

表2-9的第（3）列是门槛模型估计结果。$SS_{t-1} \times NF_{t-1}$ 的系数表明，随着对外负债结构变量 NF_{t-1} 的变大，突然中断的经济影响存在四个阶段。需要指出的是，虽然 $SS_{t-1} \times NF_{t-1}\_1$ 和 $SS_{t-1} \times NF_{t-1}\_4$ 的系数不显著，但 $SS_{t-1} \times NF_{t-1}\_2 - SS_{t-1} \times NF_{t-1}\_1 = 3.062$，$SS_{t-1} \times NF_{t-1}\_3 - SS_{t-1} \times NF_{t-1}\_4 = 0.246$，且均显著不等于0，所以 $SS_{t-1} \times NF_{t-1}$ 的系数变化仍然大致表现为先增大后减小的过程。这说明在资本流动发生突然中断时，经济增长率与经济体对外负债中证券投资的占比之间呈倒 U 型关系。

表 2-9　　　　　　　　　不同经济体对外负债结构变量的估计

变量	（1）	（2）	（3）
SS	-1.141 *** (0.405)		
SS_{t-1}		-0.701 * (0.421)	-1.173 ** (0.491)
NF_{t-1}		2.09e-05 (2.03e-05)	2.03e-05 (2.01 e-05)
$SS_{t-1} \times NF_{t-1}$		-0.000109 (7.24e-05)	
$SS_{t-1} \times NF_{t-1}\_1$ （$NF_{t-1} \leqslant -3.513$）			-0.007 (0.008)
$SS_{t-1} \times NF_{t-1}\_2$ （$-3.513 < NF_{t-1} \leqslant -1.796$）			3.055 *** (0.657)
$SS_{t-1} \times NF_{t-1}\_3$ （$-1.796 < NF_{t-1} \leqslant 29.917$）			0.246 *** (0.073)
$SS_{t-1} \times NF_{t-1}\_4$ （$NF_{t-1} > 29.917$）			-8.13e-5 (6.95e-5)
TRADY	0.0107 (0.00654)	0.0100 (0.00674)	0.009 (0.007)

续表

变量	(1)	(2)	(3)
FDIY	− 0. 0261 ***	− 0. 0229 **	− 0. 022 **
	(0. 00865)	(0. 00920)	(0. 009)
GOVC	0. 0170	0. 0531	0. 418
	(0. 0274)	(0. 0368)	(0. 036)
GFC	− 0. 0228 ***	− 0. 0269 ***	− 0. 025 ***
	(0. 00610)	(0. 00637)	(0. 006)
cpiGR	− 0. 153 ***	− 0. 167 ***	− 0. 153 ***
	(0. 0200)	(0. 0199)	(0. 020)
常数项	4. 398 ***	4. 015 ***	4. 220 ***
	(0. 834)	(0. 874)	(0. 865)
观测值	1836	1742	1742
R^2	0. 054	0. 061	0. 083
国家数量	27	26	26

注：*** 、** 、* 分别表示在 1% 、5% 和 10% 水平上显著；括号内为标准误。

七、本章小结及政策含义

本书建立了扩展的 IS – MP 模型对突然中断的经济效应进行分析，发现当经济体对外负债中 FDI 的比例大于 $\dfrac{xd + (1 + x)z}{2a(1 + x)}$ 时，降低对外负债中 FDI 的比例能够减小突然中断对经济的影响；当 FDI 的比例小于 $\dfrac{xd + (1 + x)z}{2a(1 + x)}$ 时，提高对外负债中 FDI 的比例能够减小突然中断的影响。在此基础上，使用 27 个新兴经济体 2003 ~ 2019 年的季度数据，运用固定效应模型和面板门槛模型对突然中断对不同负债结构经济体的经济影响进行分析，实证结果发现突然中断会给经济体的经济增长带来显著的负面影响。突然中断对不同负债结构经济体的经济影响显著不同，在发生突然中断时，对外负债中 FDI 的比例与经济增长率呈倒 U 型关系。

在国际资本大规模出入中国的背景下，中国发生突然中断的风险加大，因此，完善对资本流入流出的监控体系，采取适当的措施防止资本的大进大出，对我国经济的持续发展具有重要意义。基于上述结论，本书提出如下建议。

第一，确定对外负债中 FDI 比例的合理区间，通过调整对外负债结构来减小突然中断的负面影响。2003 年以来我国对外负债中 FDI 的比例一直保持在 50% 以上，在 2012 年增加到 90.34%，近几年也一直保持在高位，所以应基于分类管理的原则，对不同形式的资本流入进行监管，逐步将对外负债中 FDI 的比例调整至临界值附近，以减小资本流动逆转对经济增长的不利影响。对于发展高新技术产业和延长产业链企业而引入的资本，应该促使其流入；对于因为国内制度不完善而盲目投资形成的资本流入，应该加强引导和控制。同时，还应通过金融市场的发展，降低私人部门对国外资本流入的依赖性；对于各类违规进入的"热钱"，应该利用经济手段加以遏制。通过对不同形式资本流入的区别管理，逐步将我国的对外负债结构调整到合理位置。

第二，通过调整影响临界值的各系数来应对突然中断的负面影响。临界值 $\dfrac{xd+(1+x)z}{2a(1+x)}$ 与投资对利率的敏感系数 d、净出口对收入的敏感系数 x 正相关，与系数 k 对对外负债结构变量的敏感系数 a 负相关。通过提高投资对利率的敏感系数 d、净出口对收入的敏感系数 x，减小系数 k 对对外负债结构变量的敏感系数 a，能够有效地提高临界值。为此，需要继续培育自主经营、自负盈亏的市场主体，加快利率市场化进程，进一步推动存款利率市场化，完善存款保险制度和市场化的退出机制，以保护存款人的利益和阻断金融风险的传染，提高利率配置资源的能力。同时，要加快金融体制改革，大力发展金融市场，放松对市场参与主体的管制，提高市场主体活力，促进金融市场一体化，从而提高投资和资本净流入对利率的敏感性。

第三章　资本流动突然中断对不同技术创新水平经济体的影响

在现代社会，技术创新被看成是经济持续增长的重要因素，世界各国纷纷将促进技术创新置于经济发展战略的首要位置。既然技术创新有利于经济增长，那么当发生突然中断这样一种负面经济冲击时，技术创新是否能够消减突然中断产生的负面影响，使经济保持更稳定的增长呢？本章将从技术创新角度考察突然中断的影响。

本章尝试建立一个统一的分析框架，从理论上分析突然中断和技术创新对经济增长的影响，然后对新兴经济体国际资本流动的特点、突然中断的概况以及技术创新水平的差异进行描述，在此基础上利用面板模型分析突然中断的产出效应和技术创新对突然中断产出效应是否具有吸收作用，并进行分样本回归，验证技术创新吸收突然中断产出效应的组间差异。

第一节　突然中断与技术创新的产出效应分析

一、问题的提出

新兴经济体一直是国际资本青睐的对象，国际资本的流入弥补了新兴经济体的投资—储蓄缺口，促进了当地的经济增长，然而频发的资本流动突然中断（sudden stop，以下简称突然中断）对产出的影响也不容忽视。相比发达经济体，新兴经济体受到突然中断的影响持续时间更长、程度更加严重，突然中断已经成为新兴经济体在开放进程中不可回避的现实问题（韩剑等，2015）。

学术界早期对突然中断的研究侧重于突然中断的原因分析、产出效应（即突然中断对经济增长的影响）和预警机制的建立。大量实证研究都表明突然中断对一经济体的经济增长具有负面影响，突然中断被视为一种比金融危机更频发的负面经济冲击。截至目前，似乎没有有效的方法能避免突然中断的发生，但研究者发现同样遭受突然中断冲击的各经济体受到的影响却是不一致的：有的经济体受到的负面影响小一些，有的经济体恢复得更快一些。经济冲击具有不同的传导机制，如果在传导过程中某些因素能够使经济冲击的作用减弱或消失，本书将其称为"吸收机制"（Frisch，1933；刘金全，2002）。已有一些研究发现经济体的个体特征可以不同程度地吸收突然中断的负面冲击，维持经济体发展的固有轨迹（Guidotti，Sturzenegger and Villar，2004）。因此，关注突然中断背后的经济体的个体因素、探求哪些经济特征能够更好地吸收突然中断的影响是一个非常重要的理论和现实问题。

现代经济学理论认为，技术创新是经济持续增长的重要因素。基于当今激烈的国际竞争环境，新兴经济体纷纷努力投身于技术创新以谋求新的增长机会。我国也已经将创新驱动经济增长作为国家发展战略之一，党的十九大报告明确提出要加快建设创新型国家，因为创新是引领发展的第一动力，是建设现代化经济体系的战略支撑。那么，在发生突然中断危机时，技术创新是否能有效地吸收突然中断产生的负面冲击，维持更稳定的经济增长？如果答案是肯定的，那么这种吸收机制在不同的经济环境下效果是否有差异？怎样才能更好地发挥技术创新的吸收作用？对这些问题的研究显然能为我国的政策制定和稳定的经济增长提供重要参考。

通过前面的文献梳理，我们可以得出两个结论：第一，对于新兴经济体来说，突然中断是一种频繁出现的经济冲击，其发生会导致经济衰退。第二，技术创新对经济增长具有正面效应，在经济下行时期，创新水平更高的企业能够更好地维持自身的发展。那么，由此是否可以推出，当发生突然中断时，技术创新水平更高的经济体能更好地应对突然中断对经济增长的负面影响，维持更稳定的经济增长呢？现有研究尚未对此问题给出答案。因此，本章拟首先从理论上分析突然中断的产出效应和技术创新对突然中断产出效应的吸收机制；然后使用经常遭受突然中断影响的新兴经济体数据，实证分析突然中断对不同技术创新水平经济体的经济增长的影响；考察技术创新在不同收入水平经济体之间吸收突然中断产出效应的能力是否存在差异。

二、突然中断与技术创新的产出效应分析

本章拟从四部门国民收入构成角度来分析突然中断和技术创新的产出效应。现有文献中对突然中断产出效应的理论主要是基于赖因哈特和卡尔沃（Reinhart and Calvo，2000）提出的凯恩斯效应[①]和债务——通缩效应[②]。这两种效应都是从企业投资和生产角度进行阐释的，忽略了经济体中的其他参与者，也无法纳入技术创新的影响。关于技术创新对产出的影响，罗默（Romer，1990）、格罗斯曼和赫尔普曼（Grossman and Helpman，1991）、阿吉翁和豪伊特（Aghion and Howitt，1992）等经济学家提出了"R&D 驱动的经济增长理论"（R&D-based Growth Theory），但其理论前提是封闭经济。本书探讨的是开放经济条件下突然中断与技术创新的产出效应，它与封闭经济下的影响渠道并不完全一致。在开放经济的宏观经济学中，一个经济体的产出由消费（C）、投资（I）、政府购买（G）和净出口（CA）构成，因此，本书基于此框架，结合突然中断的基础效应，从消费、投资、政府支出和对外贸易四个渠道来分析突然中断和技术创新对产出的影响。

（一）消费渠道

突然中断产出效应的消费渠道可以简单地描述为：发生突然中断→消费者的收入下降或预期收入下降→消费需求下降→经济总产出下降。

消费与人们的可支配收入（Y_d）相关，消费函数的表达式可以简写成：

$$C = C(Y_d) \tag{3-1}$$

突然中断会对家庭收入及人们对收入的预期造成影响，进而影响家庭部门的消费决策。突然中断的发生使家庭实际财富受损和预期工作收入减少，而实

---

① 凯恩斯效应实际是一种利率传导机制。突然中断的直接表现是国内货币供给减少引起利率升高，利率升高导致投资减少，进而导致产出减少。货币供给减少还会导致证券价格下跌，上市公司 q 值下降，公司减少投资；也会使银行存款和可贷资金减少，融资约束上升，投资下降。突然中断通过利率、资产价格和银行信用这三大渠道影响总需求，最终导致产出下降。

② 债务——通缩效应是欧文·费雪为解释美国20世纪30年代的经济萧条而提出的，也可以用来解释突然中断的经济影响。对于发生突然中断的国家来说，危机前的资本流入热潮将该国经济推向过热，企业出现"过度负债"和"过度投资"等非理性繁荣。一旦发生突然中断，利率上升导致企业债务负担加重，债务违约率上升造成信用紧缩，企业只能低价抛售其商品或资产，从而引发经济衰退。

际财富和工作收入的减少降低了消费需求，消费需求的收缩引起经济产出的下降，从而给经济增长带来负面影响。

当考虑技术创新这一因素后，技术创新对收入和消费行为都会产生影响。技术创新通过提高劳动生产率降低单位产品价格，使产品和服务的可获得性较之前有所提升。特别是非必需品的技术创新，大大降低了非必需品的价格，为广大消费者带来更高水平的效用。技术创新提高了生产力水平，同样的生产要素投入能够带来更多更好的产品与服务，创造出更多财富，提高人们的实际收入水平，进而对居民的消费能力产生巨大的影响。

技术创新通过产生新产品、新消费的方式促进消费创新。在一定程度上，检验技术创新是否成功的标志就是产品或者新的生产模式是否为消费者所接受。在市场竞争日益激烈的情况下，生产出符合消费潮流、提升消费者满意度的产品是企业投资创新活动的重要动因。因为创新型产品在市场中更具有竞争力，需求的价格弹性较小，当发生突然中断时，人们因实际收入或预期收入下降而不得不削减消费，首先会减少对需求价格弹性大的产品的需求，而保持对价格弹性较小的产品的需求。因此，创新型产品能维持更稳定的国内外市场份额，从而使本国受到的产出影响更小。

(二) 投资渠道

投资是为未来使用而购买的产品。突然中断最显著的表现就是流通中的货币资金变少，流动性收缩引起利率上升、投资减少，进而造成产出下降。这就是前面所述的突然中断的"凯恩斯效应"。

企业增加或减少固定资产投资的决策取决于资本的边际成本和边际收益之间的差额。当资本的边际收益大于边际成本，企业认为追加投资是有利可图的，便会加大对固定资产的投资；反之，则会减少投资。本书用利率（r）和托宾 q 值分别代表资本的边际成本和边际收益，投资函数可以写为：

$$I = I(r, q) \qquad (3-2)$$

突然中断使得流通中的货币减少、利率上升，增加企业的借款成本。企业在面临重大的债务压力时会减少对固定资产的投资，搁置大量的在建项目和计划投资项目，调整企业在日常经营和投资项目上的投资权重，维持企业在资金紧缺情况下的正常运营。这会对实体经济造成负面影响。根据托宾 q 理论，企业根据 q 值与 1 的大小对比来做出投资决策。q 值的计算如式（3 - 3）所示。当 q 值大于 1 时，股市对已安装资本的估值大于其重置成本，企业会增加投资以提高自身的市场价值；反之，则不再投资，产出下降。

$$q = \frac{\text{已安装资本的市场价值}}{\text{已安装资本的重置成本}} \qquad (3 - 3)$$

从经济周期角度来看，技术创新具有周期性特征。对创新投资主体来说，创新投入主要受现金流和机会成本的制约。现金流通常与经济周期正相关，机会成本可以用投资的边际收益与边际成本的差额来衡量。现金流效应导致研发投入具有顺周期特点（Barlevy，2007），机会成本效应则使研发投入呈现逆周期特征（Aghion et al.，2010）。一些学者的研究发现企业总的创新投入具有顺周期的特点；但也有学者发现，如果细分不同类型创新投入的话，以基础研发和应用研发为主的"前沿尖端研发"投入是逆周期的（Rafferty，2003）。因为研发投入的投资周期较长、未来收益不明确，一旦研发成功，企业可以通过专利保护来获得一段时期的垄断收益和专利使用收入，并有可能迅速扩大市场份额。突然中断发生前，大量的国际资本涌入使得市场呈现供需两旺的状态，企业进行生产性投资将快速产生市场回报，相对而言，进行研发投资的机会成本较高。突然中断发生后，由于货币供给减少和社会总需求下降，如果企业仍进行生产，得到的回报将较低，而投资于研发活动的机会成本则相对变小。因此，企业对技术创新活动的投资将呈现出一种逆周期状态，即在总需求和总产出较为低迷时进行研发投入，以提高企业未来的核心竞争力。这种逆周期特点可以对冲一部分突然中断的负向产出效应。

（三）政府支出渠道

政府支出不仅指政府购买的产品和服务，还包括政府投资和转移支付。在经济低迷期，政府支出作为拉动需求的有效手段已经得到验证，但政府支出也受限于政府收入和出售国债所获得的收入。突然中断产出效应的政府支出渠道可以概括为：发生突然中断→政府税收收入和出售国债收入均减少→政府不得已削减支出→经济总产出下降。

政府收入的主要来源是税收。一般说来，税收政策在短期内不会发生巨大变动，税收收入的变化主要依赖企业盈利和个人所得。突然中断发生后，企业和个人的收入下降，政府的税收收入也将下降，政府不得不根据税收下降情况调整政府购买计划，减少政府支出。虽然发行国债也是政府筹资的一种手段，但在发生突然中断后，伴随着资本净流入减少，境外投资者购买国债的数量也会下降。如此一来，政府部门受限于税收收入和国债收入的减少，必然会削减自身的其他支出以满足政府部门的日常办公和服务需求。

然而，与传统经济理论普遍倡导的"小政府"不同，新兴经济体的政府大多具有"有为政府"的特征，政府支出除了维持政府日常运转外，还以推动和维持经济的稳定增长为目标。为了提高综合竞争力，政府部门在促进技术创新能力的提高方面是责无旁贷的，政府部门介入技术创新活动的方式有税收刺激、政府采购以及专利保护等。如前所述，企业的创新投入与经济周期的关系既可以是逆周期的也可以是顺周期的。实证研究发现，那些现金流充裕的企业其创新投资是逆周期的，而对于大多数企业来说，因为受融资约束，创新投资一般都是顺周期的。在私人部门面临融资约束时，政府作为公共部门的作用就体现出来了：发生突然中断后，如果政府部门可以对研发投入进行补贴，就可以在一定程度上缓解企业创新投入的顺周期，熨平经济波动。创新程度更高的经济体，政府的财政状况往往更好，内外部融资能力也更强，更有可能进行这种逆周期的操作。这既有利于培养经济的持续增长能力，也有利于维护短期的宏观经济稳定。

（四）对外贸易渠道

一国经常账户余额（CA）可以看作是一国出口（EX）与进口（IM）的差额。它主要与两个因素相关：本国货币的实际汇率和本国居民的可支配收入。用 E 代表名义汇率，P^* 和 P 分别表示外国和本国的价格水平，本币的实际汇率是名义汇率经两国的价格指数调整后的值。表达式可以写为：

$$CA = EX - IM = CA\left(E\,\frac{P^*}{P},\ Y_d \right) \tag{3-4}$$

假定马歇尔—勒纳条件成立且进出口商品的供给具有充分弹性，出口除了与外国居民的可支配收入相关外，还与本币实际汇率相关，外国价格水平 P^* 越高（或本国价格水平 P 越低），名义汇率 E 越高（本币贬值），出口越多，有利于本国经常账户的改善；进口则与本国居民的可支配收入正相关，与实际汇率负相关。

在发生突然中断前，一国吸收了大量的国际资本流入，金融账户有巨额净流入，在不考虑误差与遗漏的情况下，本币升值，本地价格水平上升，经常账户出现逆差；当发生突然中断时，国际资本净流入减少，金融账户的盈余大量减少，本币贬值，经常账户逆差收窄。经常账户的状况反映了国内总需求的状况，经常账户逆差减少主要是源于国内总需求的下降，或者说产出的下降。

技术创新对进出口的影响表现在影响贸易品的规模和结构上。对规模的影响主要表现为技术创新提高了生产力，降低了单位产品的成本，能为国际市场提供更多的出口产品。假定外国价格水平不变，本国价格水平下降也有利于增加出口，改善经常账户状况。对结构的影响则是技术进步可以提高出口品的附加值，或者为市场提供全新的产品。列昂季耶夫（Leontief，1953）首次在理论上揭示了贸易品的结构等同于要素的贸易结构，赫尔普曼（Helpman，1999）在此基础上纳入了除资本和劳动以外的技术要素的研究，肯定了国家间的技术差异在解释贸易结构中的重要性。当发生突然中断时，技术创新水平更高的国家其生产力水平也更高，即使资金投入减少，在规模经济条件下产品的边际成本很小，突然中断对贸易品部门的产出影响不大；而且技术含量高的出口品的可替代性小，在进口国收入下降的情况下依然可以维持比较稳定的出口。对实行浮动汇率制度的国家而言，突然中断带来的本币贬值可以提高该国产品在国际市场上的竞争力，有利于出口。尤其是对技术创新水平更高的国家而言，该国贸易品的技术附加值高，价格相对降低会大大促进该国产品的出口，可以弥补突然中断给国内非贸易品部门带来的产出侵蚀效应。

第二节　新兴经济体突然中断、技术创新与经济增长现状

一、突然中断的判断标准及新兴经济体突然中断的统计描述

本书参考卡尔沃、伊斯基耶多和梅西亚斯（Calvo，Izquierdo and Mejia，2004）的标准，将突然中断的判断标准确定为：一个经济体国际资本净流入占

名义 GDP 比重的降幅在一年内超过样本均值的一个标准差以上，同时，国际资本净流入的减少量超过名义 GDP 的 5%。假设某经济体 i 在第 t 年的资本净流入为 $F_{i,t}$，则该经济体在第 t 年的资本净流入变化量为 $\Delta F_{i,t} = F_{i,t} - F_{i,t-1}$，用 $\Delta f_{i,t} = \Delta F_{i,t}/GDP_{i,t}$ 表示该经济体第 t 年国际资本净流入占名义 GDP 的比重。当 $\Delta f_{i,t}$ 满足式（3 - 5）时，判断为突然中断发生；当两个判定标准中任意一个不满足时，认为突然中断未发生。其中，μ 和 σ 分别为各经济体在样本区间的 $\Delta f_{i,t}$ 的均值和标准差。

$$\begin{cases} \Delta f_{i,t} \times (1 - \mu + \sigma) < 0 \\ \Delta f_{i,t} + 0.05 < 0 \end{cases} \tag{3 - 5}$$

根据上述标准，本书选取了 31 个新兴经济体 1996 ~ 2018 年的数据，计算各个经济体发生突然中断的次数。有效数据为 713 条，其中共发生了 59 次突然中断，比例约为 8.13%。

图 3 - 1 为 1996 ~ 2018 年新兴经济体突然中断次数及年份分布。从时间角度来看，样本期间内共出现 5 次突然中断的高峰。其中，2000 ~ 2002 年、2011 ~ 2012 年、2017 ~ 2018 年三次为小高峰，分别对应 2001 年阿根廷债务危机、2010 ~ 2012 年欧债危机及 2018 年中美贸易摩擦。1997 ~ 1998 年、2007 ~ 2009 年为两次大规模的爆发，分别对应 1997 年东南亚金融危机和 2008 年全球金融危机。

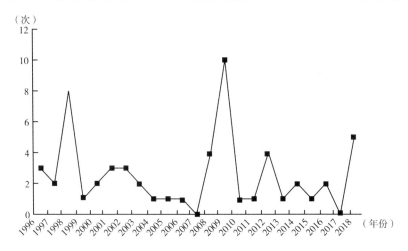

图 3 - 1　1996 ~ 2018 年新兴经济体突然中断次数及分布

资料来源：作者根据 IFS 数据库整理计算得到。

　　本书按照世界银行发布的收入标准分类，将新兴经济体分为高收入经济体、中高收入经济体和中低收入经济体。表 3 - 1 为各个经济体突然中断发生的次数和具体年份。由表 3 - 1 可知，高收入经济体和中高收入经济体出现突然中断的次数较多，分别为 22 次和 27 次，分别占 37.3% 和 45.8%。造成这种现象的原因是高收入经济体和中高收入经济体的经济发展水平较高，与中低收入经济体相比有更开放的市场和更高的投资回报率，国际资本更多地进入这些经济体，从而提高了突然中断的可能性。

表 3 - 1 　　　　　　　　　　　　　　新兴经济体突然中断汇总

收入类别	总次数	经济体	次数	发生年份
高收入经济体	22	智利	2	1998，2009
		捷克	2	1996，2003
		爱沙尼亚	2	1998，2009
		匈牙利	5	1996，2009，2012，2015，2018
		韩国	1	2018
		拉脱维亚	3	2000，2008，2018
		立陶宛	2	2009，2012
		波兰	0	
		斯诺伐克	3	2003，2009，2012
		以色列	2	1998，2001
中高收入经济体	27	委内瑞拉	1	2002
		阿根廷	2	2001，2002
		巴西	0	
		保加利亚	4	1996，2009，2010，2013
		中国	0	
		哥伦比亚	0	
		马来西亚	6	1997，1998，2005，2008，2014，2018
		墨西哥	1	2016
		秘鲁	1	1998
		罗马尼亚	1	2009
		俄罗斯	4	1999，2000，2008，2018
		南非	1	2018
		泰国	4	1997，1998，2009，2012
		土耳其	2	2001，2018

续表

收入类别	总次数	经济体	次数	发生年份
中低收入经济体	10	埃及	2	2006，2011
		巴基斯坦	0	
		印度	1	2008
		摩洛哥	1	2002
		印度尼西亚	1	1998
		菲律宾	1	1998
		乌克兰	4	2004，2009，2014，2016

注：高收入经济体、中高收入经济体以及中低收入经济体的分类是按照世界银行的判定结果划分的。

图3－2反映了以［－3，3］为时间窗口发生突然中断的前后3年新兴经济体实际GDP增长率的均值变化。图3－2显示，在突然中断发生的前两年，GDP增长率出现了较大幅度的下降，约为5％。突然中断发生后，GDP增长率开始逐步上升，大约需要2年的时间才能回到之前的水平。本书可以初步判断，突然中断会给经济增长带来显著的负向作用。

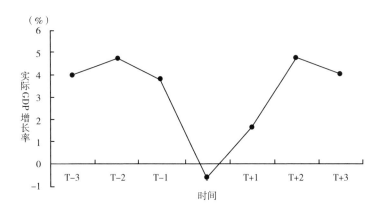

图3－2　新兴经济体突然中断的产出效应

资料来源：根据IFS数据库计算出突然中断，由世界银行WDI数据库提供实际GDP增长率数据。

二、新兴经济体技术创新的主要表现

1. 衡量技术创新的指标体系及选择

通常来说，技术创新的衡量指标分为两类：投入指标和产出指标。投入指标是指那些能够推动或潜在推动技术创新能力进步的指标，具体包括资金投入指标和人力资本投入指标两大类。进一步细分为规模性指标和相对性指标，前者指包括研发人员投入、研发成本在内的人力资源和资金投入的绝对量；后者是可以将不同经济体的技术创新水平进行比较的相对指标，相对指标通常是绝对量和产出的对比或是两个绝对量的对比。产出指标主要指居民专利申请数量，其中产出的规模性指标包括居民专利申请量、居民专利授权量和国际 PCT 专利申请量等；相对性指标是将居民专利申请量和 GDP 或人口进行对比，世界知识产权组织的数据库（WIPO）中每千亿美元 GDP 的居民专利申请量和每百万人口的居民专利申请量就属于产出指标中的相对性指标。由于创新投入不会在短时间内产生回报，投入指标存在一定的滞后，所以一般使用产出指标去衡量一个经济体的技术创新水平的高低。

综上，本书使用产出指标衡量技术创新水平，具体包括规模性指标和相对性指标。

2. 不同收入水平经济体的技术创新能力及特点

图 3 – 3 是 1996～2018 年不同收入水平经济体的居民专利申请量，图 3 – 4 是不同收入水平经济体的居民专利申请量的增长率。考虑到中国居民专利申请量比较大，图 3 – 5 和图 3 – 6 是剔除了中国后的不同收入水平经济体居民专利申请量和相对应的增长率。从这 4 个图可以得知，新兴经济体技术创新能力有以下几个特征：第一，中低收入经济体专利量的增长率波动很大，中低收入经

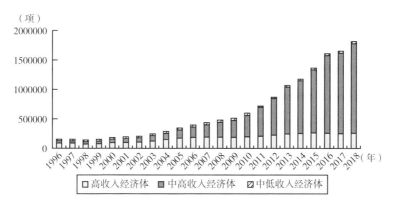

图 3 – 3　1996～2018 年不同收入水平经济体的居民专利申请量

资料来源：作者根据 WIPO 数据库整理计算得到。

济体中印度专利量的增长率逐年递增。剩下 6 个经济体（埃及、巴基斯坦、摩洛哥、印度尼西亚、菲律宾和乌克兰）的增长率都存在波动，尤其是巴基斯坦和乌克兰这两个经济体在此期间都经历了政局的动荡。由此可见，政局不稳定非常不利于技术创新能力的发展。第二，自 2000 年以来，中高收入经济体的专利申请量和增长率都远高于高收入经济体，这主要得益于中国专利申请量的快速增长。在剔除中国数据后，高收入经济体的专利申请量大于中高收入经济体，两类经济体的增长率不相上下。

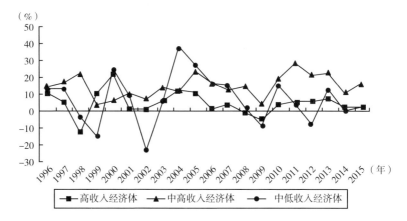

图 3 - 4　1996 ~ 2015 年不同收入水平经济体的居民专利申请量增长率

资料来源：作者根据 WIPO 数据库整理计算得到。

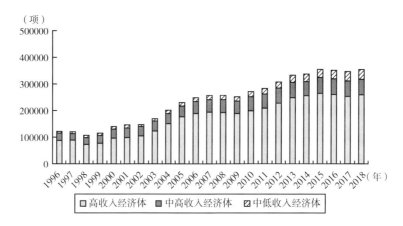

图 3 - 5　1996 ~ 2018 年不同收入水平经济体（不含中国）的居民专利申请量

资料来源：作者根据 WIPO 数据库整理计算得到。

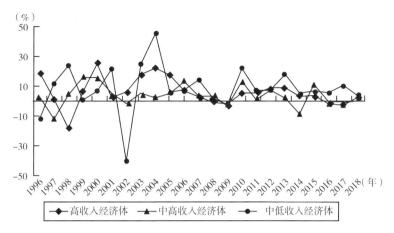

图 3 - 6　1996 ~ 2018 年不同收入水平经济体（不含中国）的居民专利申请量增长率

资料来源：作者根据 WIPO 数据库整理计算得到。

3. 新兴经济体的创新强度和经济增长现状

为了更加准确且全面地说明新兴经济体的技术创新水平，本书结合经济体的总产出量即 GDP 计算出了新兴经济体的技术创新产出强度（以下简称创新强度）。本书将创新强度定义为居民专利申请量占 GDP 的比重。图 3 - 7 展示了新兴经济体居民专利申请量、GDP 增长率、创新强度。由图 3 - 7 可知，2002 ~ 2011 年，新兴经济体经历了长达 9 年的创新强度下降，这可能是由于这段时间内新兴经济体专利增长的速度远没有同一时期经济增长的速度快。

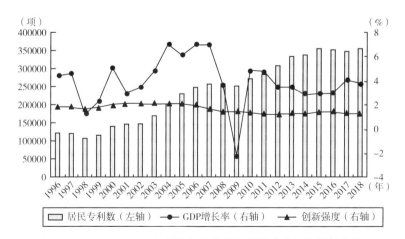

图 3 - 7　1996 ~ 2018 年新兴经济体的创新强度和经济增长走势

资料来源：作者根据 WIPO 数据库、WDI 数据库整理计算得到。

图 3 - 8 是将同时期不同收入水平经济体的创新强度均值进行对比。与预期相符，高收入经济体的创新强度显著高于其他收入水平经济体。这表明不同收入水平经济体的技术创新水平差距很大，有必要在研究时将这种差异纳入考虑，不同收入经济体的创新强度不可一概而论。

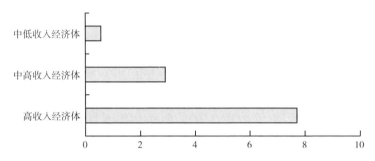

图 3 - 8   不同收入类别的新兴经济体创新强度均值

资料来源：作者根据 WIPO 数据库整理计算得到。

第三节   突然中断对不同技术创新水平
经济体影响的实证分析

一、基本研究假设

前面已从消费、投资、政府支出和对外贸易四个渠道对突然中断的产出效应进行了分析。突然中断反映了境内外投资者对该经济体的经济现状和预期的悲观态度，会从不同渠道对经济产生不利影响。因此，本书对突然中断产出效应的基本假设是：

H1：突然中断对经济增长有显著的负面影响。

从索洛增长理论开始，学者们对经济增长源泉的认定逐步从资本、劳动力的增长转向了技术进步，技术进步依赖技术创新。突然中断作为一种短期的经济冲击，给各经济体的经济增长带来的影响并不一样，技术创新水平更高的经济体其经济基本面更为稳定。据此，本书提出技术创新吸收突然中断产出效应的基本假设：

H2：技术创新能够吸收突然中断的负面影响，维持更稳定的经济增长。

不同收入水平的经济体所处经济发展阶段不同，收入水平较高的经济体通常其研发投入占国民收入的比例较高，专利水平也相应较高。专利水平更高的经济体其应对经济冲击的能力也可能更高，这种专利水平上的差距会导致对应经济体在发生突然中断时受到的影响也不一致。因此本书提出假设3：

H3：收入水平更高的经济体其技术创新吸收突然中断产出效应的能力更强。

二、样本及变量选取

本书的实证研究以前文所选的新兴经济体为对象。因为委内瑞拉的技术创新指标缺失严重，故剔除该国，实证研究的样本经济体为 30 个[①]。样本区间设定为 1996～2018 年，原因是：一方面，从 20 世纪 90 年代中后期开始，突然中断的发生次数逐渐增多；另一方面，多数新兴经济体的技术创新数据从 1996 年开始才有比较完整的统计。

1. 被解释变量

对突然中断产出效应的衡量主要是实际 GDP 增长率和实际人均 GDP 增长率。实际 GDP 增长率作为衡量一个经济体经济增长的代理变量，包含了一个经济体总的经济业绩的基本情况，并且剔除了隐含的物价水平变化，在进行跨境比较时比名义 GDP 增长率更为科学。实际人均 GDP 增长率也具有实际 GDP 增长率的上述优点，而且能从人均角度对一个经济体经济增长的个体福利水平进行衡量。比如在中国、印度这样的人口大国，经济增长的速度很快，但这并不代表居民的生活水平得到了相应的提高。为保证实证结果的稳健，本书同时使用实际 GDP 增长率和实际人均 GDP 增长率作为被解释变量。

2. 解释变量

突然中断（SS）：虚拟变量，若发生突然中断，取值为 1，不发生则为 0。

技术创新水平（Inn）：用衡量技术创新水平的产出指标——每千亿美元

---

① 30 个新兴经济体具体包括：阿根廷、埃及、爱沙尼亚、巴基斯坦、巴西、保加利亚、波兰、俄罗斯、菲律宾、哥伦比亚、韩国、捷克、拉脱维亚、立陶宛、罗马尼亚、马来西亚、秘鲁、摩洛哥、墨西哥、南非、斯诺伐克、泰国、土耳其、乌克兰、匈牙利、以色列、印度、印度尼西亚、智利、中国。

GDP 的居民专利申请量作为代理变量。选择该指标主要有三点理由：（1）因为投入指标存在较长时期的滞后效应，而且研发投入并不意味着一定有成功的研发产出，故选择产出指标；（2）考虑到专利授权量受政府专利部门人为因素的影响较大，故选择专利申请量；（3）因为各经济体的经济规模也会影响技术创新水平，故选择更具有可比性的相对量指标。

3. 控制变量

参考埃德华（Edwards，2004）、梁权熙和田存志（2011）的研究，对影响新兴经济体经济增长的以下变量进行控制。

通货膨胀水平（Inf）：用消费者价格指数来衡量。消费者价格指数的变化率代表了消费者每年为获得同样的商品和服务所付出的不同价格之间的变化率，即购买力水平的变化。

固定资本形成水平（CF）：以固定资本形成总额占 GDP 的比重表示。固定资本形成作为新兴经济体经济增长的重要推动力之一，代表了一个经济体的资本形成情况。

贸易开放水平（IO）：用进出口总额占 GDP 的比重表示。这一比率代表了一个经济体参与国际贸易程度的高低，新兴经济体与世界贸易的发展紧密相连，国际贸易在新兴经济体经济增长中的贡献度不容忽视。

外商直接投资水平（FDI）：以外商直接投资额占 GDP 的比重衡量。外商直接投资水平一定程度上代表了国际投资者对该国经济走势的看法，也是影响新兴经济体经济增长的一股重要力量。

政府消费水平（GC）：用政府最终消费占 GDP 的比重衡量。政府支出通过政府支出乘数对经济增长起作用，适度的政府支出有利于经济增长，过度的政府支出可能会妨碍经济增长。

上述解释变量和控制变量均为名义值，数据分别来自国际货币基金组织的国际金融统计数据库（IFS）、世界银行的世界发展指标数据库（WDI）与世界知识产权组织数据库（WIPO），具体如表 3 - 2 所示。

三、技术创新对突然中断的影响

在进行主回归之前，本书使用面板 Logit 模型探究技术创新对突然中断的影响，在对数据进行豪斯曼（Hausman）检验后选择了混合回归模型：

表 3-2 变量选择

变量类别	变量名称	具体计算	英文简称	数据来源
被解释变量	经济增长	GDP 增长率	Grow	WDI
	人均经济增长	人均 GDP 增长率	PGrow	
解释变量	资本流动突然中断	虚拟变量	SS	IFS
	技术创新水平	专利申请量/GDP	Inn	WIPO
控制变量	通货膨胀水平	消费者价格指数	Inf	WDI
	固定资本形成水平	固定资本形成总额/GDP	CF	
	贸易开放水平	进出口总额/GDP	IO	
	外商直接投资水平	外商直接投资总额/GDP	FDI	
	政府消费水平	政府最终消费/GDP	GC	

$$SS_{i,t} = \alpha_i + \beta \times Inn_{i,t} + \theta \times X_{i,t} + \varepsilon_{i,t} \qquad (3-6)$$

其中，$SS_{i,t}$ 为突然中断的虚拟变量即被解释变量，$SS_{i,t} = 0$ 时表示样本经济体当年未发生突然中断，$SS_{i,t} = 1$ 时表示样本经济体当年发生了突然中断；$Inn_{i,t}$ 为技术创新水平即解释变量；$X_{i,t}$ 表示所有控制变量；$\varepsilon_{i,t}$ 为扰动项。

本书参考郑璇（2014）的研究成果，将经济增长率（GDPg）、通货膨胀率（INF）、贸易开放水平（IO）作为控制变量。这些因素和技术创新水平一样会影响资本流动的突然中断。由于技术创新水平（Inn）、通货膨胀率（INF）、贸易开放水平（OI）标准差过大，本书在实证前进行了数据处理，保证实证结果的准确性。

表 3-3 为技术创新水平对突然中断影响的实证结果。结果表明技术创新水平（Inn）的回归系数在 5% 水平上显著为正。这说明每千亿 GDP 对应的居民专利申请量增加会带来突然中断发生的次数增加。这是由于技术创新水平的升高会提高经济体的活力，促进经济的发展。繁荣的经济可以吸引更多的外资流入，同时也增加了将来发生突然中断的可能性。

从控制变量来看，经济增长率（GDPg）回归系数显著为负，表明经济增长会减少突然中断发生的可能性，因为经济增长率高意味着投资收益率高，高投资收益率会不断吸引国际资本流入，资本总量的增加和资本停留时间的延长使得突然中断发生的可能性降低。贸易开放水平（IO）的回归系数显著为正，意味着贸易开放水平的提高增加了资本流动的管控难度，使得突然中断的可能性加大。通货膨胀率（INF）的回归系数虽然不显著，但也显示了对突然中断的正向影响，高的通货膨胀率意味着购买力的下降，给投资者带来潜在的危险，可能引发突然中断。

表3-3 技术创新水平对突然中断影响实证结果

解释变量	定义	解释变量	
		回归系数	Z 检验值
Inn	技术创新水平	0.0044 ***	5.50
GDPg	经济增长率	-0.1838 ***	-3.54
INF	通货膨胀率	0.0077	0.45
IO	贸易开放水平	0.0112 ***	3.90
Cons	常数项	-2.8526 ***	-6.66
Hausman	豪斯曼检验	1.0000	
P 值	显著水平	0.0000	
R^2	拟合优度	0.1781	

注：*** 表示显著水平为1%。

四、构建实证模型

本书数据类型为面板数据。借鉴前人在验证突然中断产出效应时所选取的固定效应模型，本书将基本模型——突然中断的产出效应模型设定如式（3-7）所示。

$$Y_{i,t} = \alpha_0 + \alpha_1 SS_{i,t} + \gamma X_{i,t} + \mu_i + \theta_t + \varepsilon_{i,t} \qquad (3-7)$$

其中，$Y_{i,t}$ 为被解释变量；$SS_{i,t}$ 为突然中断虚拟变量；$X_{i,t}$ 表示所有控制变量；μ_i 用来控制各个经济体的个体效应；θ_t 用来控制时间效应；$\varepsilon_{i,t}$ 为随机误差项。

为考察技术创新对资本流动突然中断产出效应的吸收作用，在式（3-7）中引入技术创新的代理变量 $Inn_{i,t}$ 以及该变量与突然中断的交互项 $SS_{i,t} \times Inn_{i,t}$，用于捕捉技术创新的吸收作用。模型如式（3-8）所示：

$$Y_{i,t} = \alpha_0 + \alpha_1 SS_{i,t} + \alpha_2 Inn_{i,t} + \alpha_3 SS_{i,t} \times Inn_{i,t} + \gamma X_{i,t} + \mu_i + \theta_t + \varepsilon_{i,t} \quad (3-8)$$

本书的数据处理均采用 stata14.0 进行。

五、全样本实证结果及分析

表 3－4 报告了各变量的描述性统计结果，可以看出，变量中除 Inf（通货膨胀水平）和 IO（贸易开放水平）外，其他变量的标准差均不超过 10，而 Inf 和 IO 的标准差达到了 44.920 和 42.065。在进一步研究前对这两个变量进行缩尾处理，以降低离群值对实证结果的影响。

表 3－4　　　　　　　　　　　变量的描述性统计

变量	观测值	均值	标准差	最小值	最大值
Grow	600	3.973	3.972	－14.814	14.231
SS	599	0.083	0.277	0	1
Inn	592	3.154	3.824	0.108	23.200
Inf	598	9.477	44.920	－1.418	1058.374
CF	600	24.473	6.677	0.299	47.686
IO	599	78.386	42.065	15.636	220.407
FDI	600	3.533	4.170	－16.071	50.742
GC	600	15.273	4.465	5.694	26.739

为避免伪回归，本书还计算了各变量的 Pearson 相关系数和方差膨胀因子（Variance Inflation Factor，VIF），Pearson 系数较大的为 0.400 和 0.344，其余都在 0.1 左右，VIF 均小于 2，说明各变量之间不存在严重的多重共线性问题。

1. 突然中断的产出效应

表 3－5 为控制了影响经济增长的一些因素后，突然中断的产出效应结果。为了增强实证结果的可信度，在普通固定效应模型的基础上，本书还加入了稳健标准误的固定效应模型以进一步减少异方差和自相关，并将被解释变量换成人均实际 GDP 增长率。从回归结果看，突然中断（SS）的系数在 1% 的水平上显著为负，数值分别为 －4.267 和 －4.169，说明新兴经济体发生突然中断后，实际 GDP 增长率会下降 4.267%，人均实际 GDP 增长率会下降 4.169%，这一结果与研究假设 H1 相符。

表 3 - 5　　　　　　　　　　　资本流动突然中断的产出效应

解释变量	定义	被解释变量（Grow）		被解释变量（PGrow）	
		fe	fe_r	fe	fe_r
SS	资本流动突然中断	- 4. 267 *** (- 8. 65)	- 4. 267 *** (- 4. 86)	- 4. 169 *** (- 8. 36)	- 4. 169 *** (- 4. 66)
Inf	通货膨胀水平	- 0. 056 *** (- 3. 03)	- 0. 053 * (- 1. 86)	- 0. 059 *** (- 3. 14)	- 0. 059 * (- 1. 92)
CF	固定资本形成水平	0. 302 *** (7. 90)	0. 302 *** (6. 52)	0. 300 *** (7. 76)	0. 300 *** (6. 21)
IO	贸易开放水平	0. 009 (0. 92)	0. 009 (0. 71)	0. 010 (1. 04)	0. 010 (0. 78)
FDI	外商直接投资水平	0. 205 *** (2. 74)	0. 205 * (2. 00)	0. 214 *** (2. 83)	0. 214 ** (2. 08)
GC	政府消费支出水平	- 0. 512 *** (- 5. 06)	- 0. 512 *** (- 3. 01)	- 0. 505 *** (- 4. 94)	- 0. 505 *** (- 2. 85)
Cons	常数项	3. 788 * (1. 76)	3. 788 (1. 22)	2. 886 (1. 32)	2. 886 (0. 88)
μ_i	个体效应	是	是	是	是
θ_t	时间效应	是	是	是	是
Hausman	豪斯曼检验	0. 0000		0. 0000	
R^2	拟合优度	0. 3055		0. 2979	
obs	观测值	596	596	596	596

注：*** 、** 和 * 分别表示显著水平为 1% 、5% 和 10% ；括号内数值为与各系数相对应的 t 值；"fe" 表示固定效应模型，"fe_r" 表示加入了稳健标准误的固定效应模型。

从控制变量的结果看，通货膨胀水平（Inf）与经济增长呈显著负相关，说明物价上涨会对经济增长造成负面影响，物价水平的攀升反映了该经济体货币实际购买力的下降，购买力下降使得人均实际财富下降，经济增长减缓甚至衰退。固定资本形成水平（CF）和外商直接投资水平（FDI）都与经济增长显著正相关，说明投资拉动经济增长的效果对新兴经济体较为显著。政府消费水平（GC）对经济增长的促进作用不但不存在，甚至显著为负，可能是因为新兴经济体的政府消费水平过高，不仅没有通过政府消费的乘数效应来促进经济增长，反而对经济增长产生了"挤出效应"，造成经济体整体福利下降。贸易开放水平（IO）虽然不显著，但也显示对一个经济体的经济增长具有正向影响，与期望基本相符。

2. 技术创新对突然中断产出效应的吸收作用

表3-6报告了技术创新吸收突然中断产出效应的结果。

表3-6 技术创新吸收突然中断产出效应的结果

解释变量	定义	被解释变量（Grow）		被解释变量（PGrow）	
		fe	fe_r	fe	fe_r
SS	突然中断	-4.213 *** (-8.52)	-4.213 *** (-4.83)	-4.101 *** (-8.20)	-4.101 *** (-4.56)
Inn	技术创新水平	0.197 *** (3.16)	0.197 ** (2.10)	0.209 *** (3.32)	0.209 ** (2.13)
SS × Inn	交互项	0.618 *** (3.19)	0.618 ** (2.14)	0.550 *** (2.80)	0.550 ** (2.12)
CF	固定资本形成水平	0.294 *** (7.68)	0.294 *** (6.96)	0.293 *** (7.55)	0.294 *** (6.62)
IO	贸易开放水平	0.011 (1.19)	0.011 (0.88)	0.014 (1.39)	0.014 (0.99)
FDI	外商直接投资水平	0.204 *** (2.73)	0.204 * (1.99)	0.215 *** (2.86)	0.0215 ** (2.11)
GC	政府消费支出水平	-0.482 *** (-4.73)	-0.482 *** (-3.13)	-0.481 *** (-4.66)	-0.481 *** (-2.97)
Cons	常数项	2.878 (1.32)	2.878 (0.95)	1.923 (0.87)	1.923 (0.60)
μ_i	个体效应	是	是	是	是
θ_t	时间效应	是	是	是	是
Hausman	豪斯曼检验	0.0000		0.0000	
R^2	拟合优度	0.3275		0.3199	
obs	观测值	588	588	588	588

注：***、** 和 * 分别表示显著水平为1%、5%和10%；括号内数值为与各系数相对应的 t 值；"fe" 为固定效应模型，"fe_r" 为加入了稳健标准误的固定效应模型。

从回归结果看出，突然中断变量（SS）的系数在1%水平上显著为负，技术创新水平系数在1%的水平上显著为正，技术创新水平与突然中断的交互项系数在 1% 的水平上显著为正。在稳健标准误的情况下，仍在 5% 的水平上显著为正，证明假设 H2 是成立的。交互项的系数方向与预期相符，其系数表明在发生突然中断时，每千亿美元 GDP 对应的居民专利申请量增加 1 件，对吸收突然中断产出效应从而促进经济增长的作用达到 0.618 个百分点。这说明，对于新兴经济体而言，在发生突然中断时，技术创新确实可以在一定程度上吸收突然中断对经济增长的负面影响。各控制变量的结果与前文基本一致，不再重复解释。

六、分样本实证结果及分析

为验证假设 H3，需先将全部样本分为低收入样本经济体（LI）和高收入样本经济体（HI）。世界银行按照人均收入水平将各个经济体划分为四个类别，分别是：低收入经济体、中低收入经济体、中高收入经济体和高收入经济体。因为本书使用的样本中不存在低收入经济体，所以将中低收入经济体和中高收入经济体合并为低收入样本经济体，将高收入经济体作为高收入样本经济体，如表 3-7 所示。

表 3-7　　　　　　　　　　　样本经济体分组

样本分组	低收入样本经济体（LI）		高收入样本经济体（HI）
	中低收入经济体	中高收入经济体	高收入经济体
世界银行分类	埃及、巴基斯坦、印度、摩洛哥、印度尼西亚、菲律宾、乌克兰	阿根廷、巴西、保加利亚、中国、哥伦比亚、马来西亚、墨西哥、秘鲁、罗马尼亚、俄罗斯、南非、泰国、土耳其	智利、捷克、爱沙尼亚、匈牙利、韩国、拉脱维亚、立陶宛、波兰、斯诺伐克、以色列

表 3-8 汇报了分组回归的结果，低收入样本经济体和高收入样本经济体在遭遇突然中断时经济增长的表现几乎没有差别。低收入经济体 SS 的系数为 -4.257，高收入经济体 SS 的系数为 -4.292，仅相差 0.035，均在 1% 的水平上显著，可见突然中断对新兴经济体的产出影响整体较为平均。技术创新水平的系数均为正，在 0.2 左右，说明对于新兴经济体而言，不管收入水平高低如何，技术创新对经济增长的促进作用是一致的。但是，技术创新与突然中断交互项的系数差距较大，高收入样本经济体的交互项系数为 1.096，低收入样本经济体的系数仅为 0.395，而且高收入经济体的结果显著性更好，系数的差异

基本符合假设 H3 的预期。这说明技术创新水平更高的经济体有更强劲的经济增长，其应对负向经济冲击的能力也更强。

七、本章小结与政策含义

本章运用 30 个新兴经济体 1996～2018 年的数据，建立固定效应面板模型分析了突然中断的产出效应和技术创新吸收突然中断产出效应的作用，将新兴经济体分为高收入经济体和低收入经济体并进行了分组回归，得出了三个结论。

表 3 - 8　　　　　　　　技术创新吸收突然中断产出效应的分样本回归

解释变量	定义	被解释变量（Grow）			
		LI		HI	
SS	突然中断	-4.257 *** (-6.66)	-4.238 *** (-6.48)	-4.292 *** (-5.53)	-4.018 *** (-5.26)
Inn	技术创新水平		0.192 ** (2.38)		0.220 ** (2.06)
SS × Inn	交互项		0.395 ** (2.42)		1.096 *** (2.92)
CF	固定资本形成水平	0.178 *** (3.66)	0.181 *** (3.69)	0.552 *** (7.31)	0.504 *** (6.69)
IO	贸易开放水平	0.023 (1.56)	0.018 (1.17)	0.022 (1.58)	0.026 * (1.74)
FDI	外商直接投资水平	0.339 *** (2.83)	0.363 *** (2.97)	0.094 (1.06)	0.093 (1.07)
GC	政府消费支出水平	-0.645 *** (-5.12)	-0.620 *** (-4.79)	-0.103 (-0.60)	-0.136 (-0.81)
Cons	常数项	7.122 *** (3.13)	6.602 *** (2.84)	-10.414 ** (-2.11)	-9.766 ** (-1.98)
μ_i	个体效应	是	是	是	是
θ_t	时间效应	是	是	是	是
Hausman	豪斯曼检验	0.0008	0.0076	0.0000	0.0197
R^2	拟合优度	0.2776	0.2921	0.4036	0.4370
obs	观测值	397	389	199	199

注：*** 、** 、* 分别表示显著水平为 1%、5% 和 10%；括号内数值为与各系数相对应的 t 值。

第一，突然中断对经济产出具有显著的负面影响。突然中断通过消费、投资、政府购买以及对外贸易渠道对整体经济造成负面影响，突然中断的发生会导致新兴经济体当年的经济增长下降约 4.2%，产出效应不容忽视。

第二，技术创新可以吸收突然中断的负向产出效应。在发生突然中断时，每千亿美元 GDP 对应的居民专利申请量增加 1 件，对吸收突然中断产出效应从而促进经济增长的作用达到 0.618 个百分点。

第三，技术创新对突然中断产出效应的吸收作用在高收入经济体表现得更好。通过对不同收入水平经济体的分组回归发现，在发生突然中断时，高收入经济体的技术创新对突然中断产出效应的吸收作用要大大高于低收入水平经济体。

2014 年以来，我国国际收支平衡表中金融账户下的各子账户经常出现逆差，而且变化幅度较大，反映出我国国际资本流动形势多变，发生突然中断的可能性一直存在。我国已是全球第二大经济体，宏观经济的稳定对全球亦有举足轻重的意义。突然中断作为一种货币危机，会对一个经济体的经济增长造成负面影响，而技术创新对该负面冲击具有吸收作用。各经济体除采取措施预防突然中断外，还可以通过对技术创新的投入与支持，来维持经济的稳定增长。针对我国资本流动现状以及技术创新热潮的背景，本书提出以下三点建议。

第一，配合资本开放进程设立监督和预警机制，实现动态监管，必要时进行资本管制。不管从国际环境还是我国自身发展需求来看，资本账户的开放进程均不可逆转，然而，资本账户的开放也使得我国更易遭受其他经济体或者国际经济、金融危机的传染，尤其是短期国际流动资金。这些资金主要参与证券市场、外汇市场和房地产市场，给监管带来很大的挑战。这些资金频繁地流入流出，将经济推高、产生泡沫，然后突然大举撤离，给流入国的宏观经济稳定造成极大的负面影响。因此，建立科学合理的资本账户监管和预警机制能够从源头上把控风险。我国应该提前掌握风险敞口，有针对性地制订监管行动计划，分配监管资源，实现动态监管。

第二，加强与主要发达经济体在货币政策方面的交流，维持我国宏观经济稳定。虽然我国暂时还没有发生年度的突然中断，但是从其他新兴经济体发生突然中断的历史经验来看，国际资本流动方向的频繁变动与主要发达经济体推行的货币政策紧密相关。一般来说，当发达经济体酝酿退出量化宽松政策时，新兴经济体会遭遇国际资本的大幅流出。由三元悖论可知，一个经济体不可能同时拥有自由的资本流动、独立的货币政策和固定的汇率。在受到发达经济体货币政策吸引资本回流的情况下，新兴经济体不能坐以待毙，须制定相应的货币政策或提前搭配其他政策以应对这一冲击。

第三，提高技术创新水平，加强科技供给，坚持科技强国的发展目标，推动我国从贸易大国向贸易强国转变。具体来说，我国首先应该优化外贸结构，抓住发达经济体产业转移的机遇，注重涉及高新产业的高质量外资引进，推动提升外贸结构所需的设施建设与完善。在发挥比较优势的基础上，根据我国要素禀赋结构的变化，适时推进产业结构调整，发展资本密集型和技术密集型贸易，成为贸易强国。

第四章　资本流动突然中断的影响
因素与预警机制

构建一套行之有效的预警指标体系有利于决策当局提前做好准备，可以降低危机的可能性与危害性。虽然突然中断不可避免，但鉴于其对经济增长带来的显著破坏作用，仍然有必要对引发突然中断的主要因素及其所起的作用进行深入分析。探寻建立预警机制，提前制定政策措施以降低其负面影响。因此，本章将就突然中断的影响因素进行实证分析，并在此基础上尝试建立预警指标，以期尽早发现可能引发突然中断的信号，为政策制定提供参考。

第一节　资本流动突然中断的影响因素分析

20 世纪 90 年代以来，新兴经济体突然中断频频发生，不少经受突然中断的经济体出现了巨大的产出损失，因此关于突然中断的研究引起了国内外学者的广泛关注。本书将基于国内外学者关于突然中断发生的研究，就引发突然中断的各层次因素进行推导，再对引发突然中断的影响因素进行实证分析，探求各因素在其中所起的作用。

一、引发突然中断的各层次因素推测

关于突然中断的影响因素，学者们的观点主要分为三种：第一种观点认为国内宏观因素是决定一国国际资本流动的主要因素；第二种观点认为一国国际收支账户中的某些因素对突然中断的发生有直接的影响；第三种观点认为突然中断很大程度上与全球经济环境有关，一国的资本流动受外部冲击的影响较大。

（一）国内宏观因素

国内宏观因素对突然中断的影响最初是由国外学者研究分析的。弗兰克尔

和罗斯（Frankel and Rose，1996）研究分析了经济增长速度、实际利率等国内宏观因素与一个国家国际资本之间的关联，考察了这些宏观因素是否会加大突然中断发生的可能性；巴基尔（Bakir，2009）的研究表明，当一国国内财政政策发生变动，则该国发生突然中断的风险会提高；卡尔沃（Calvo，2003）通过研究发现，为了避免突然中断，决策者应着眼于改善财政体制，比如降低财政赤字是非常有效的，但如果依靠提高税收，短期内可能会适得其反；霍尼格（Honig，2008）的研究认为，财政对突然中断的发生有较大的影响，公共债务等因素与突然中断紧密相关。

还有学者研究了一国前期过度的资本流入是否也会导致后期国内发生突然中断的可能性增加。苏拉（Sula，2010）通过实证研究发现资本流动激增会影响突然中断，而且认为造成突然中断的主要原因就是前期国内资本流入过量。阿戈辛和淮依塔（Agosin and Huaita，2012）认为前期的资本流入激增直接导致了突然中断的发生，并且发现资本流入激增持续的时间与突然中断发生的概率成正比。国内学者也就此做出了相关的研究。钱文玉（2016）运用1996～2015年20个新兴经济体总资本流动的季度数据，发现资本流入激增对突然中断有直接影响，前期资本流入的过度增加会增加后期突然中断发生的概率。

博尔多（Bordo，2007）经过研究证明了贸易开放度与突然中断密切相关并且两者是反向关系；而郑璇（2014）通过研究20个新兴经济体1986～2012年的季度数据发现，开放程度越高的经济体越容易受到资本流动异常的冲击，因为新兴经济体受到这种冲击后，其金融系统的脆弱性会进一步加大突然中断的可能。

关益众和刘莉亚（2013）等通过以往文献的分析，选取了一些国内宏观因素来构建突然中断预警体系，证明了选取的因素与突然中断的相关性。金（Kim，2017）的研究表明，最优外汇储备水平是能够降低国家对突然中断导致的脆弱性、能够有效降低突然中断概率和危机的产出成本，从而规避风险。李宇轩（2019）运用中国1998～2018年国际收支平衡表计算了各项投资资本流动等的突然中断，并基于VAR模型脉冲响应分析，发现汇率波动造成了突然中断的增加。

（二）国际收支账户指标对突然中断的影响

有学者研究了发生突然中断的经济体的国际收支账户指标。部分学者提出，一个经济体的财政脆弱性与是否发生突然中断密切相关。卡内、克勒－盖布和万瑟莱特（Caner，Koehler-Geib and Vincelete，2009）发现，一个经济体的外部脆弱性会对是否发生突然中断产生影响，并且一个经济体从危机中复苏所需要的时间在很大程度上受到外部脆弱性的影响，所以本书认为一个经济体对外融资的依赖程度越高，越容易发生突然中断。国际收支账户指标中的经常项目也被认为是影响突然中断的重要因素，因此许多学者研究分析了突然中断与经常项目的关系。埃德华（2007）通过研究发现，突然中断的发生经常伴随着经常账户赤字。一个经济体进行国际投资筹措资金往往会导致经常账户赤字，因此可以认为突然中断与经常账户赤字之间是密切相关的。针对经常项目赤字是否直接影响突然中断的发生，国内学者唐玉兰（2009）也进行了研究，发现当一个国家经济过热导致金融脆弱性上升时，国内风险会不断增加，导致巨额的经常项目赤字的出现，导致国际资本流入外逃从而影响国内投资者的投资意愿，引发资本流入减少甚至大量流出，造成突然中断。还有一些学者对经常项目赤字对突然中断的影响进行了实证检验。张亮（2010）运用90个国家的数据分析了影响突然中断的因素，发现经常项目/国内生产总值的变化会显著影响突然中断的发生。

贸易开放程度对不同发展程度的经济体的影响是不同的。对于制度完善且金融体系比较稳定的发达经济体，贸易开放可以降低经济体对外部市场冲击的弹性，对其自身经济的发展也有正面影响。对于新兴经济体，贸易开放在积极影响其自身经济的同时，可能也对突然中断是否发生有很大影响。国内外许多学者对此进行了研究，发现贸易开放程度越高，经济体受到外部冲击带来的影响越低；也就是说，当其他条件不变时，贸易开放程度越高，突然中断的概率就越低。赵和哈恩（Zhao and Haan，2014）通过模型研究了导致经济体发生货币危机的影响因素，认为贸易开放度相对较低的经济体更容易发生突然中断，也加剧了货币危机出现的可能性。

关于金融开放度的研究，绍和戴维（Chau and Davi，2016）利用递归二元Probit模型，发现全球流动性冲击、东道国生产率冲击和共同贷款人传染效应都会增加突然中断的风险，并认为在金融开放度较低但金融风险较高的国家，突然中断的可能性更大。

（三）外部冲击对突然中断的影响

部分学者认为外部冲击是导致突然中断的重要因素，流入新兴经济体的资本受到外部冲击（如发达经济体的政策变动、国际金融危机等），就会增加新兴经济体突然中断的风险。阿雷拉诺和门多萨（Arellano and Mendoza，2002）分析了突然中断出现时的国际经济环境，发现金融摩擦和发生突然中断有很强的相关性，并通过分析得出一个经济体的经济债务越高，在受到利率等冲击时，消费、投资等行为越容易发生改变，导致突然中断的发生。另外一些学者认为，当全球主要经济体的经济政策发生变动，全球资本流动方向会随之变动，导致一些经济体发生突然中断。雷伊（Rey，2015）通过研究发现，世界主要经济体的货币政策变动会在一定程度上影响全球其他经济体。因此，这些经济体为了稳定其自身经济而实施不同的经济政策，会通过各种渠道来影响其他经济体。阿科米诺蒂和艾肯格林（Accominotti and Eichengreen，2016）分析了两次世界大战之间向欧洲国家提供的国际贷款，结果揭示了全球因素，特别是股票市场波动对解释两次世界大战之间资本激增和突然中断的重要性。

二、突然中断样本的确定

本书首先对突然中断进行界定；其次选择 22 个新兴经济体的数据计算出其发生突然中断的次数和时期并总结突然中断的特征；再次根据以往文献的探究筛选出影响突然中断的因素并分析其影响渠道；最后采用面板数据二元 Probit 模型来进行突然中断影响因素的实证研究，并筛选出有显著影响的因素。

1. 突然中断界定

本章采用圭多蒂（Guidotti，2004）所用的方法，将突然中断界定为：当一国国际资本净流入占 GDP 的比重的减少量在 1 年内超过其样本均值的 1 个标准差以上，同时资本净流入量的下降幅度超过 GDP 的 5%，视为发生了突然中断。根据数据的可得性，本章采用季度数据来进行分析，以便能够反映出各个指标对资本流动突然中断的动态影响。

假设 a 国在第 t 期累计一年资本净流入为 F_{at}，则资本净流入的年度变化量可表示为：

$$\Delta F_{at} = F_{at} - F_{a,t-4} \qquad (4-1)$$

累计一年资本净流入变化量占 GDP 的比重可表示为 $\Delta f_{at} = \Delta F_{at}/GDP_{at}$。若以 μ 和 σ 分别表示均值和标准差，则 $\mu(f_{at})$ 为所有样本时间内资本净流入占 GDP 的比重的平均值，$\sigma(f_{at})$ 为样本时间内资本净流入占 GDP 的比重的标准差。

当下面两个条件满足时，就发生了突然中断：

$$\Delta f_{at} - \mu(\Delta f_{at}) < -\sigma(\Delta f_{at}) \tag{4-2}$$

$$\Delta f_{at} < -0.05 \tag{4-3}$$

本章选取 22 个新兴经济体[①] 1998～2018 年季度数据作为研究对象，样本经济体分布于易发生突然中断的四个地区：欧洲（9 个）、亚洲（5 个）、拉丁美洲（7 个）和非洲（1 个）。各经济体国际资本流动的数据来源于国际货币基金组织《国际收支统计（BOPS）》数据库。其中，资本净流入采用资本与金融账户余额来衡量。

2. 样本数据描述

通过对数据的测算、整理发现，1998～2018 年所有的样本经济体总共发生了 171 次突然中断，具体发生经济体和年份情况如表 4－1 所示。由表 4－1 可发现突然中断的三个特点：第一，突然中断在同一地区和同一个时间段内常常集中发生；第二，样本经济体在样本期间发生了很多次突然中断，甚至某些经济体在世界突然中断高发时期的每个季度均发生了突然中断，发生的频率非常高；第三，某些经济体（如捷克共和国、亚美尼亚等）在连续几年同样的季度均会发生逆转。

表 4－1　　　　　　　　　　　突然中断年份及次数统计

经济体	发生时间	次数（次）
亚美尼亚	1998Q4，　2003Q1，　2007Q1，　2008Q4，　2009Q4，　2010Q4，2012Q4，2013Q4，2015Q4	9
菲律宾	2000Q1，2003Q1，2004Q2，2007Q3，2008Q2，2008Q3，2009Q2，2011Q2，2012Q1，2013Q3，2014Q1	11

① 这 22 个经济体分别是亚美尼亚、巴西、保加利亚、智利、哥伦比亚、哥斯达黎加、克罗地亚、捷克共和国、多米尼加共和国、格鲁吉亚、匈牙利、以色列、马来西亚、墨西哥、巴拉圭、菲律宾、波兰、罗马尼亚、斯洛伐克共和国、俄罗斯、南非、乌克兰。

续表

经济体	发生时间	次数（次）
格鲁吉亚	1998Q2，　2005Q4，　2007Q4，　2008Q3，　2009Q1，　2011Q4，2013Q4，2014Q4，2015Q4，2016Q4，2017Q4，2018Q4	12
马来西亚	1999Q4，2008Q3，2008Q4，2009Q2，2010Q1，2011Q4，2013Q3	7
以色列	1999Q1，　2001Q4，　2006Q2，　2006Q4，　2007Q3，　2008Q4，2010Q3，2012Q1，2015Q2，2017Q2，2018Q1	11
俄罗斯	2005Q3，2008Q4，2009Q4，2013Q3，2014Q4，2015Q3，2017Q3	7
罗马尼亚	1998Q4，　2000Q4，　2006Q2，　2009Q1，　2009Q4，　2014Q2，2015Q2，2016Q2	8
克罗地亚	2003Q4，　2007Q4，　2008Q1，　2008Q3，　2008Q4，　2009Q3，2011Q4，　2012Q4，　2013Q4，　2015Q3，　2015Q4，　2016Q1，2017Q4，2018Q4	14
匈牙利	2008Q1，　2008Q3，　2009Q1，　2009Q4，　2013Q4，　2014Q1，2015Q1，2016Q1，2017Q3	9
斯洛伐克共和国	1999Q4，　2000Q4，　2003Q4，　2004Q2，　2007Q2，　2008Q3，2008Q4，2015Q3，2018Q1，2018Q3	10
捷克共和国	2004Q2，　2005Q2，　2007Q2，　2008Q2，　2008Q4，　2009Q2，2011Q2，2012Q2，2013Q4，2014Q2，2015Q3，2016Q2	12
保加利亚	2002Q1，　2005Q1，　2007Q1，　2008Q4，　2009Q2，　2010Q4，2011Q4，2013Q3，2017Q4	9
乌克兰	2003Q2，　2007Q4，　2008Q3，　2008Q4，　2009Q3，　2011Q4，2014Q3，2016Q1，2016Q3，2017Q3	10
波兰	2005Q1，2006Q4，2010Q3，2013Q4，2015Q4，	5
巴拉圭	2001Q3，　2003Q1，　2005Q4，　2008Q2，　2009Q4，　2011Q2，2012Q2，2013Q4，2015Q3，2017Q2，2018Q2	11
巴西	2008Q2，2008Q4，2009Q1，2012Q1，2016Q2	5
智利	1998Q3，　2001Q3，　2003Q2，　2008Q2，　2008Q4，　2009Q3，2010Q2，2011Q4，2015Q2，2018Q4	10
哥伦比亚	2008Q1，2013Q3，2018Q1	3
哥斯达黎加	2000Q4，　2002Q1，　2004Q2，　2005Q4，　2008Q2，　2008Q3，2009Q4，2013Q4	8
多米尼加共和国	2015Q2，2016Q2，2017Q3	3
墨西哥	2007Q2，2016Q3	2
南非	1999Q2，2001Q2，2015Q3	3

注：Q1 = 第一季度，Q2 = 第二季度，Q3 = 第三季度，Q4 = 第四季度。

为了进一步分析表4-1所示的突然中断情况，本章根据表4-1绘制了柱状图来显示1998~2018年各个季度三个样本地区出现突然中断的情况，如图4-1所示。

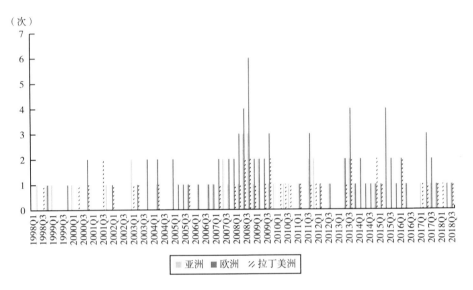

图4-1　1998~2018年突然中断发生的统计

注：由于非洲只有一个经济体发生了突然中断，所以没有在图中表示。Q＝季度。

3. 样本规律分析

根据图4-1所反映的突然中断的情况，突然中断在2008年第一季度至2009年前后进入高发时段，这个时段对应着2008年全球金融危机，这说明突然中断与金融危机的关联性较高。在2007年后的大部分时间段内，欧洲地区较其他几个地区发生突然中断的次数更多，且在2008年第三、第四季度发生的次数最多，此后此地区突然中断发生的频率都比较高。同时，欧洲和亚洲同一时间段内发生逆转的经济体较多，如2009年和2013年前后，这说明突然中断会在一个地区集中发生。此外，绝大多数的突然中断会在相邻的季度持续发生，如2008年和2013年前后的欧洲和亚洲，这说明突然中断具有一定的持续性。

三、突然中断影响因素的实证分析

本书利用发生过突然中断的新兴经济体数据来分析评估，然后根据影响因素来构建预警指标体系，并使用中国的数据来考察其适用性。

1. 模型介绍

根据数据特性，本章采用面板数据二元 Probit 模型来进行突然中断影响因素的实证分析。Probit 模型是二元选择模型，设二元变量 $y^* = x\beta + \mu$，其中 x 是二元变量 y^* 的解释变量，β 是估计系数向量，μ 是独立同分布中的随机误差项。如果将事件的结果设为 y，则 y 是一个二元的虚拟变量：

$$y = \begin{cases} 1, & y^* \in c \\ 0, & y^* \notin c \end{cases} \tag{4-4}$$

其中，c 是因变量的发生条件。设 μ 的分布函数为 F(x)，可以得到 y 的条件概率：

$$P(y = 0 \mid x) = F(c - x\beta) \tag{4-5}$$

$$P(y = 1 \mid x) = 1 - F(c - x\beta) \tag{4-6}$$

当 $F(c) = (1/\sqrt{2\pi}) \int_{-\infty}^{c} \exp(-z^2/2) \mathrm{d}z$ 时，通过极大似然估计可以得到未知参数 β 的估计值。

2. 变量选取与说明

本章根据对现有文献的研究，从国内宏观经济金融指标、国际收支账户特征以及外部冲击三个方面来选取可能引致突然中断发生的相关变量。

（1）国内宏观经济金融指标。

GDP 增长率，用实际 GDP 增长率来衡量。一方面，GDP 增长率在一定程度上能够反映一个国家的增长水平，国内外投资者会将 GDP 作为对该国的考量标准之一。钱文玉（2016）认为国内经济增长率良好，表示本国抵御风险的能力较强，并且较高的国内经济增长率有助于投资者获得较高的投资回报。另一方面，国内经济增长速度上升会引来更多的资本流入，从而出现资本流入激增的情况，但也增加了后期发生突然中断的概率。

实际利率，用(1 + 名义存款利率)/(1 + 通胀率) - 1 来衡量。国内的实际利率较高，一方面有利于国际逐利资本的流入，另一方面会留住国内资本防止其外逃，因此，实际利率越高，突然中断发生的概率就越小。

实际有效汇率（基于消费者价格指数）的变化与投资者对该国的投资意愿有很强的相关性。当一国货币汇率上升时，货币升值会给流入资本带来可观的汇兑收益，资本流入会增加；反之，资本流出会增加。因此，本章将一国货币扣除了物价变动的实际有效汇率纳入选择范围。李宇轩（2019）通过脉冲响应分析证明了汇率波动会提高各类型资本流动突然中断发生的可能性。

通货膨胀率，用消费价格指数通胀率来衡量。一个国家发生通货膨胀，意味着该国的物价水平上升，该国货币的购买力随之下降，一些投资者可能会考虑转移所有资本，从而导致该国资本大量流出。

政府消费支出，用政府消费支出/国内生产总值来衡量。一方面，政府消费支出可以反映出国家经济政策的制定是否适用于本国经济，一个国家政府消费支出过高非常容易导致资本大规模的外逃；另一方面，政府的支出有利于规避突然中断的发生，因为绝大多数新兴经济体开放程度低，在受到冲击时不会任由市场自行调整，而是会通过政府的作用来调节并降低冲击带来的负面效应（张克菲，2016）。

（2）国际收支账户变量。

经常账户余额，用经常账户余额/国内生产总值来衡量。很多研究突然中断的学者都发现，经常账户余额对突然中断具有显著影响，经常账户的基本余额能反映一国国际收支的长期趋势，在经常账户赤字不断增加而政府的清偿能力不足时，在外部冲击下更易发生突然中断。

国际储备，用国际储备（黄金除外）/国内生产总值来衡量。一般来说，一个国家国际储备越充足，则该国币值就越稳定。国际储备也是投资者考虑的重要指标之一。若一个国家的国际储备发生变动，那么投资者可能会转移部分资产，从而增加发生突然中断的风险（关益众、刘莉亚等，2013）。

资本流入激增，大量的资本流入会影响国内的经济，破坏金融系统的稳定性，也可能在随后引发突然中断。资本流入激增对突然中断具有直接影响；一些文献也发现，在突然中断的发生前期，部分国家会出现资本流入激增的情况。因此，本章认为资本流入激增对突然中断是有直接影响的。本章以各国国际收支平衡表中金融账户下的直接投资、证券投资和其他投资的负债数据之和为基础构建资本流入激增的指标。借鉴苏拉（Sula，2006）的方法，构建资本流入激增的虚拟变量指标：

$$SG = \begin{cases} 1, & \text{如果} \dfrac{K_{t-k} - K_t}{GDP_{t-k}} < -0.05, \text{且} \dfrac{K_t}{GDP_t} > 0.03 \\ 0, & \text{其他} \end{cases} \qquad (4-7)$$

其中，K_{t-k} 为第 t－3 期的资本流入值，K_t 为第 t 期的资本流入值，GDP_{t-k} 为第 t－k 期的 GDP。时间间隔参考了苏拉（Sula，2010）及韩剑等（2015）的方法，取值为 3 个季度。若只采用 1 个季度的资本流入差额，可能导致只记录到资本流入激增的开始发生的时间，从而忽略了流入激增的结束时间。

贸易开放度，用进出口总额/国内生产总值的增长率来衡量。博尔多（Bordo，2009）发现，贸易开放降低了突然中断的可能性，这表明，在一个国家开放贸易时，能够迅速适应经常账户失衡比应对外部冲击的威胁更为重要。一个国家出口市场的疲软有时是资本流动突然中断的导火索，因此一个贸易开放度高的国家更容易受到冲击。资本突然中断通常会导致贸易信贷损失，尤其是进口信贷，但有时对出口信贷也会造成损失。如果贸易在经济中所占份额更大，资本突然中断造成的贸易萎缩将更严重（Cavallo，2007）。

证券投资流动，用证券投资流动/国内生产总值来衡量。相对于直接投资的稳定性，证券投资的流动性较大，会对一国金融体系的稳定性产生影响，加大突然中断的概率（Agosin and Huaita，2009）。

金融开放度，用国际资本总流量（资本和金融账户余额）/国内生产总值的增长率来衡量。一般认为，金融开放度较高的国家的资本流动易变性更大；发生资本流动突然中断的可能性越大（郑璇，2014），郑璇在之后的研究中发现，随着新兴经济体在金融开放程度的增加，资本的大规模异常流动的冲击会因为新兴经济体的金融脆弱性而放大。

（3）外部冲击的衡量指标。

标准普尔 500 指数（S&P 指数），是根据美国 500 家上市公司的股票指数采用算法计算出来的，可以很大程度地综合反映全球证券市场的动态。这种反映全球证券市场动态的指数会在一定程度上影响投资者的预期，从而影响资本流动的变化。

VIX 市场波动指数（Volatility Index），又被称为"恐惧指数"，是芝加哥商品交易所的期权交易波动率指数，主要用来衡量标准普尔 500 指数期权的隐含波动率。如果市场波动过大，投资者可能会担心风险而放弃交易，从而降低国际投资，引发国际资本流动的变化（Rey，2015）。

国际利率水平，用英国、美国和日本货币市场利率的平均值来衡量。当国际利率水平高于一个国家的利率水平时，受利益驱使的投资者就会转移自己的资本，使资本能够在高利率水平的国家或地区获得更多收益，从而造成资本流动的波动。

全球流动性水平，用国际货币供应量（英国 M4、美国 M2 与日本 M2 的总和）增长率来衡量。全球流动性水平会直接影响国际资本流动，全球流动性水平又受到几个发达经济体经济政策的影响。以往很多国家发生突然中断，如阿根廷金融危机等就是由发达经济体政策改变导致的，因此将全球流动性水平纳入实证研究范围之内（钱文玉，2016）。

全部变量选取及测度方法如表 4 - 2 所示。

表 4 - 2　　　　　　　　　　变量选取及说明

类别	变量名称	变量	变量定义	来源
国内宏观因素	GDP 增长率	GDPG	实际 GDP 增长率	IFS
	实际利率	RIR	（1 + 名义存款利率）/（1 + 通胀率）- 1	IFS
	实际有效汇率	ER	实际有效汇率	IFS
	通货膨胀率	CPIGR	消费价格指数通胀率	IFS
	政府消费支出	GOVC	政府消费支出/GDP	IFS
国际收支账户因素	经常账户余额	CA	经常账户余额/GDP	IFS
	国际储备	IR	国际储备（黄金除外）/GDP	IFS
	资本流入激增	SG		IFS
	贸易开放度	TRADY	进出口总额/GDP 的增长率	IFS
	证券投资流动	PO	证券投资流动/GDP	IFS
	金融开放度	FG	国际资本总流量（资本和金融账户余额）/GDP 的增长率	IFS
外部因素	S&P 指数	SP	标准普尔指数	WIND
	VIX 指数	VIX	标准普尔 500 波动率指数	WIND
	国际流动性水平	GLR	国际货币供应量（英国 M4、美国 M2 与日本 M2 的总和）增长率	IFS
	国际利率水平	GR	英国、美国和日本货币市场利率的平均值	IFS

根据以上变量的定义，本章从国际货币基金组织的 IFS 数据库和 Wind 数据库选取数据，根据表 4 - 2 中关于变量的描述对其进行处理。

3. 实证结果

（1）主要变量的描述性统计如表 4-3 所示。

表 4-3 主要变量的描述性统计

变量	观测值	平均值	标准差	最小值	最大值
CPIGR	1 847	6.055	8.326	-3.903	116.8
GDPG	1 677	3.772	4.551	-22.30	30.81
ER	1 848	93.01	12.97	45.38	140.3
GOVC	1 711	0.160	0.0472	0.0425	0.285
TRADY	1 688	0.00769	0.116	-0.397	1.018
GLR	1 672	0.0109	0.0253	-0.113	0.0967
VIX	1 848	20.31	4.557	10.31	30.58
GR	1 848	2.196	1.610	0.186	4.457
SP	1 848	1467	504.9	847.1	2850
FG	1 688	-1.059	34.84	-1263	425.6
PO	1 704	0.00157	0.398	-8.940	5.449
CA	1 706	-0.0745	0.403	-5.312	0.481
IR	1 848	1.954	3.933	-9.168	29.60
SG	1 721	0.0872	0.282	0	1

（2）单位根检验。在做面板 Probit 模型估计之前，先对存在季节性变动和趋势性变动的解释变量数据进行季节性调整和趋势分解，采用 Census X12 季节调整方法去除季节变动要素，然后用 HP 滤波法分解提取出经济变量的趋势要素。对各个变量的数据进行面板单位根检验，采用 IPS 检验数据的平稳性，检验结果如表 4-4 所示。

表 4-4 IPS 单位根检验结果

解释变量	IPS	解释变量	IPS
GDPG	-13.2691 (0.0000)	CA	-27.3637 (0.0000)
RIR	-38.8537 (0.0000)	TRADY	-42.3618 (0.0001)
ER	-1.4658 (0.0714)	SP	-38.5098 (0.0000)

续表

解释变量	IPS	解释变量	IPS
CPIPC	−10. 9224 （0. 0000）	VIX	−38. 5098 （0. 0000）
IR	−27. 5792 （0. 0000）	GLR	−27. 2299 （0. 0000）
GOVC	−26. 6280 （0. 0000）	dGR	−23. 7716 （0. 0000）
FG	−36. 4447 （0. 0000）	PO	−46. 5735 （0. 0000）

注：括号内的统计值为 P 值。

经过 IPS 单位根检验可知，13 个解释变量均拒绝存在单位根的零假设，解释变量 GR 取一阶差分后序列平稳。

（3）估计结果。参照关益众、刘莉亚和程天笑（2013）的方法，使用单变量面板数据 Probit 模型来验证突然中断的各个影响因素统计上的显著性，选择 8 个季度的预警窗口。对于某一时刻 t，若随后 8 个季度发生"突然中断"，则"突然中断"哑变量 ZB =1，否则 ZB =0。随后进行 Hausman 检验，检验结果显示本节的模型适合做随机效应检验，具体结果如表 4 – 5 所示。

表 4 – 5　　　　　　　　面板 Probit 模型的估计结果

解释变量	回归结果	解释变量	回归结果
GDPG	0. 0171 * （0. 059）	CA	−1. 0942 *** （0. 001）
RIR	0. 0021 （0. 625）	TRADY	−0. 1054 ** （0. 029）
ER	−0. 0175 *** （0. 000）	SP	−0. 0001 （0. 35）
CPIGR	0. 0137 ** （0. 034）	VIX	−0. 0328 ** （0. 047）
IR	0. 0490 ** （0. 027）	GLR	0. 8889 （0. 575）
GOVC	−1. 0942 （0. 452）	dGR	0. 1003 （0. 458）

解释变量	回归结果	解释变量	回归结果
FG	0.0053 * (0.07)	PO	0.1861 (0.226)
SG	0.3593 *** (0.008)		

注：括号内为 P 值；＊＊＊、＊＊、＊分别表示检验统计量在1%、5%和10%水平上显著。

从表4－5可见，政府消费支出、实际利率、国际利率水平、证券投资流动、S&P指数和国际流动性水平这六个变量对突然中断回归的显著性较低。对于政府消费支出，实证结果表明政府消费支出并不会对突然中断产生显著影响。有学者认为政府消费支出显示了一个国家的政策合理性，而政策的合理性在一定程度上会影响突然中断的发生。本节实证研究结果不显著的原因可能是突然中断与传统的货币危机有明显区别，突然中断是因为国际资本的流动导致了国际融资能力的波动，所以政府支出对其影响不显著。虽然已有文献提出国际利率水平会在一定程度上影响国际资本流动，但以上实证结果显示国际利率水平对突然中断的影响为正但不显著。这说明当国际市场的利率水平较高时，投资者为了追逐利益会迅速将资产撤出新兴经济体而投向国际市场，从而使新兴经济体资本大幅流出，增加突然中断的可能性；但是当国际市场利率水平上升时，新兴经济体也会在一定范围内上调本国的利率以保证资本不会大量流出。因此，国际市场利率水平的变化对突然中断可能不会产生非常显著的影响。

相对而言，可以认为GDP增长率、国际储备和贸易开放度等九个指标的预测能力显著，实际有效汇率、经常账户余额、贸易开放度和VIX指数这四个指标对国家突然中断的发生具有反向的作用，当它们的数值下降时，发生突然中断的可能性会增大。实际有效汇率在1%的水平上显著影响突然中断且符号为负，表明实际汇率是影响突然中断的重要因素之一。如果投资者预估一国货币会贬值，投资者会转移资产来规避损失；若投资者预测货币会升值，投资者更倾向于持有这个国家的资产，因此汇率降低后会有大量资本流出。对于金融开放度这个指标，开放度越高的国家越容易受到资本流动异常的冲击，对于拥有完善的金融系统和内部经济稳定的发达国家来说，这个冲击是利大于弊的，但是金融系统普遍不够完善的新兴经济体是无法完全吸收这种冲击的，国家金融系统的脆弱性会进一步增大，加大了突然中断的可能。

当GDP增长率、国际储备、金融开放度、通货膨胀率以及资本流入增加时，发生突然中断的可能性会上升。GDP增长率的回归系数为正，表明经济增长与突然中断之间呈正向变动关系，这一关系表面上似乎不合理，但从突然中断发生的可能性分析则是合理的。经济增长率高的经济体投资收益率高，更容易吸引国际资本流入，大量国际资本流入也为后期的资本流动逆转提供了可能。相反，如果一个国家的经济增长一直很慢，本国的资本积累有限，很难吸引大量国际资本流入，从源头上降低了发生突然中断的可能性。国际储备的回归系数在5%的水平上显著为正，大量的国际储备增加了本币的流动性，也就增加了国内通货膨胀压力，从而增加了突然中断的可能性。金融开放度系数在10%的水平上显著为正，一个国家的开放度越高，该国的资本流动就越活跃，会增加突然中断的发生概率。当一个国家的通货膨胀率升高时，国内的生产成本也会上升，导致出口产品价格上升，从而使出口产品的销量大幅下降，形成贸易逆差，同时，本币的实际购买力因通货膨胀而下降。对于投资者来说，这两方面都是一种潜在压力，会造成资本外逃，导致突然中断。当一个国家发生资本流入激增，这部分资本的流入一定会对国内的经济增长、金融稳定造成冲击，并且在一定程度上会增加国内发生危机的概率。假如此时出现国内宏观经济指标恶化、政府对外偿债能力不足等情况，外国投资的资本流入可能减少，已经进入的资本可能会选择转移流出，造成资本流入突然中断。

以上分析表明主要的9个变量的实证结果符合经济意义，所以下一节将根据这9个影响因素来构建中国突然中断的预警指标体系。

第二节　中国突然中断风险的预警机制构建

国内对突然中断的研究大多都是以影响因素为主要对象，利用显著因素构建预警指标体系的较少，因此建立一套适合我国突然中断风险预警指标体系对于投资者和政策制定者都有着重要的意义。

通过对新兴经济体发生中断的影响因素的分析，本书得到了9个对突然中断影响显著的因素。本节我们将利用以上影响突然中断的显著因素来构建中国突然中断风险指数。首先，利用 1982～2018 年我国资本与金融项目差额来分析资本流动概况以及影响当前差额的主要因素；其次，运用 KLR 信号法来构建综合预警指标；最后，代入我国 2005～2018 年的季度数据对我国的资本流动进行分析。这样一套行之有效的预警指标体系有利于我国政府相关部门做好防范工作，从而降低突然中断发生的可能性，减少突然中断发生后对国内稳定带来的危害。

一、中国的国际资本流动

1. 中国的国际资本流动概况

改革开放以来，随着我国开放程度的不断增加和国际地位的不断提升，大量国际资本开始通过各种渠道涌入中国，这些国际资本成为中国经济发展的助力，有效地促进了中国经济的结构性调整。在国际收支平衡表中，国际资本的流动可以通过"非储备性质的金融账户"差额反映。图 4 - 2 描绘了 1982～2019 年中国国际收支平衡表中非储备性质的金融账户差额。可以看出，在2008 年之前，我国的跨境资本流动波动较小；1992 年以后，非储备性质的金融账户基本呈顺差状态，即我国是国际资本流入国。2008 年金融危机后，中国的国际资本流动的波动幅度显著加大，并且在 2012 年出现了少见的逆差。

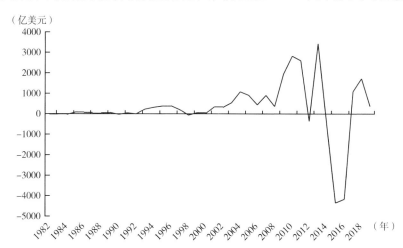

图 4 - 2　1982～2019 年中国非储备性质的金融账户差额

资料来源：国家外汇管理局，《中国国际收支平衡表（BPM6）》，2020 年 3 月 27 日。

这一时期我国与其他新兴经济体的情况类似，发达经济体量化宽松政策退出导致的全球性资本回流，以及发达经济体的主权债务问题恶化都对流向中国的国际资本造成了影响。2015 年我国的非储备性质的金融账户又一次出现了逆差，而且超过了 2012 年的逆差总量。这一时期出现此现象，一方面是因为 2014 年底美国宣布退出量化宽松货币政策，资本回流对我国的金融账户产生了一定影响；另一方面的原因可能是 2015 年"811 汇改"后，央行宣布调整人民币汇率中间价的报价机制，人民币汇率贬值，使得部分资本流出。2017 年我国已经加强了对资本流动的管理，非储备性质的金融账户差额慢慢回升。

2. 样本数据的选取

本章根据数据的可得性，收集了发生过突然中断的 22 个新兴经济体 1998～2018 年的相关指标数据。根据现有文献的研究分析选择了 15 个指标，按照这些指标对突然中断的发生产生影响的显著程度进行筛选。再分析这些因素对中国的可参考性，筛选出 9 个指标代入中国相关年间的数据以构建中国突然中断的风险测度指数，测度中国 13 年来突然中断风险的波动情况。

根据中国数据的可得性，本节选取了中国 2005～2018 年间的季度数据进行分析。根据上面的实证分析，显著影响因素有 GDP 增长率、通货膨胀率、国际储备、经常账户余额、金融开放度、实际有效汇率、资本流入激增、VIX 市场波动指数以及国际流动性水平。数据的选取以及具体的描述如表 4－6 所示。

表 4－6　　　　　　　　　　　变量的描述性统计

变量	观测	平均值	标准差	最小值	最大值
CPIGR	54	0.642	0.967	－0.931	3.634
CA	55	0.119	0.0980	－0.0215	0.347
IR	55	1.428	0.275	0.839	1.919
GDPG	55	3.591	14.57	－25.46	26.67
ER	55	107.5	14.23	83.41	131.1
TRADY	55	－0.389	14.09	－36.61	46.66
SG	55	0.0182	0.135	0	1
FG	55	0.239	2.603	－6.630	15.27
VIX	38	17.401	5.004	10.307	30.584

二、中国突然中断风险测度指数的构建

1. KLR 信号法

KLR 信号法是由卡明斯基、利松多和赖因哈特（Kaminsky，Lizondo and Reinhart，1997）于 1997 年创建的，并经卡明斯基于 1999 年进一步完善，是当今最受重视的预测宏观风险的方法之一。其核心思想是：选择一系列指标并根据其历史数据确定阈值，当某个指标的阈值在某个时点或某段时间被突破，就意味着该指标发出了一个危机信号；危机信号发出越多，表示某一个国家在未来 24 个月内爆发危机的可能性越大。阈值是使"干扰—信号比率"最小化的指标取值。也就是说，KLR 模型根据各指标的历史数据确定阈值，当预警指标值超过阈值时，认为该指标发出预警信号；预警指标阵发出的预警信号越多，未来发生"突然中断"的可能性越大。具体的机制说明如表 4-7 所示。

表 4-7　　　　　预警指标信号与预警窗口期内发生"突然中断"的关系

发出预警信号的情况	8 个季度内发生"突然中断"	8 个季度内未发生"突然中断"
发出预警信号	A	B
未发出预警信号	C	D

第一类错误 = C/（A + C），即发生了"突然中断"但预警指标没有报出的比例；第二类错误 = B/（B + D），即"突然中断"没有发生但预警指标错报的比例。最优的阈值应同时最小化两类误差，即噪音信号比 = 第二类错误/（1 - 第一类错误）= ［B/（B + D）］/［A/（A + C）］。噪音信号比取值在 ［0，1］ 区间，是判断各个指标预警能力的指标，一般认为该比率越小，该指标预警的准确性越高。

为了对指标发出危机信号进行综合考虑，卡明斯基等设计了 4 个复合指标。其中，最简单且经常使用的是第一个复合指标，它将各个预警指标发出的信号数进行简单加总。假设共有 n 个预警指标，第 i 个指标在第 t 期发出信号与否用 S_{it} 表示，则复合指标可表示为：

$$P_t = \sum S_{it}$$

其中，$S_{it} = \begin{cases} 1, & t \text{ 时刻的指标值超过阈值} \\ 0, & \text{其他} \end{cases}$

本章基于对单项预警指标的分析，以各指标最优噪音信号比的倒数为权重来构建一个综合指标。

2. 单项指标的预警能力分析

本章参照关益众、刘莉亚和程天笑（2013）的方法，根据 Probit 模型的回归结果，在各指标分布的尾端搜索最优阈值。若某个指标的回归系数为正，则搜索区间为其样本分布 [70，100] 的百分位数；反之，则为 [0，30] 的百分位数。各指标的预警能力分析如表 4 - 8 所示。

表 4 - 8　　　　　　　　　各指标的预警能力分析

预警指标	阈值	噪音信号比 $\dfrac{B/（B+D）}{A/（A+C）}$	条件概率 $\dfrac{A}{A+B}$
GDPG	13.22	0.275	0.735
VIX	1468	0.959	0.415
FG	1.754	0.761	0.443
CPIGR	38.20	0.207	0.75
IR	46.11	0.280	0.731
TRADY	- 1.716	0.285	0.727
CA	- 1.954	0.184	0.588
ER	49.53	0.304	0.714
SG	1.000	0.246	0.756

从表 4 - 8 可以发现：第一，单项指标中国内宏观经济金融指标的噪音信号比较低，说明其预警能力相对较强，如通货膨胀率、实际 GDP 增长率等，可以认为相对于其他因素，国内的宏观环境发生变化会显著增加突然中断发生的概率。第二，VIX 市场波动指数在预警方面表现较差，其噪音信号比高达0.959。从各个因素的噪音信号比还可发现，经常账户余额明显低于贸易开放度和金融开放度，这里充分证明了已有文献的研究结果：经常账户项目与突然中断密切相关。

3. 综合指标的预警能力分析

突然中断的发生是国内外各种因素共同作用的结果，因此单项指标的预警能力是有限的。根据对文献的研究，当多个影响指标开始恶化，突然中断发生的可能性就会明显提高。因此，在单项指标的基础上利用复合的方法把各指标综合起来，预警能力及预警的准确性会大幅提高。

综合指标的构建方式有多种，本书以各指标最优噪音信号比的倒数为权重构造综合指标 CI_t：

$$CI_t = \sum_j \frac{1}{nsr^{*j}} S_t^j, \quad S_t^j = \begin{cases} 1, & t \text{ 时刻的指标值超过阈值} \\ 0, & \text{其他} \end{cases} \quad (4-8)$$

其中，nsr^{*j} 为指标 j 的最优噪音信号比，S_t^j 反映指标 j 在 t 时刻是否发出信号。可以看出，t 时刻发出信号的指标越多，综合指标的数值越高。

三、中国突然中断风险的阶段性分析

在对样本数据进行实证分析的基础上，根据实证得出的综合指标，绘出中国 2005～2018 年突然中断风险测度指数的季度图，如图 4-3 所示。

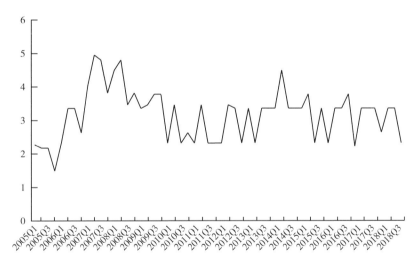

图 4-3　中国的突然中断风险测度指数

注：Q = 季度。

1. 2007～2008 年中国的突然中断风险分析

全球金融危机的负面影响涉及世界各个国家。我国作为全球最大的新兴经济体，虽然相比其他新兴经济体受到的影响小，但危机在一定程度上影响了我

国的经济稳定性。从这一阶段开始，国际资本波动十分剧烈，同时流入我国的资本随之波动，导致我国突然中断风险在这一时期急速升高。从图4-3中可以看出，突然中断风险测度指数从2006年第二季度就开始有了明显上升的趋势，到2006年第四季度有了一点回落。正好预测了从2007年第一季度开始，国际资本受到金融危机的影响大量撤离，一直到2007年第三季度前后，突然中断现象才有一点点的好转。2006年第四季度后突然中断风险测度指数再一次上升，到2007年第二季度达到顶峰，此时正好对应着2008年危机后国际资本流动的波动性增强，我国的突然中断风险迅速上升。危机发生之后，我国实施了积极的应对措施，市场重新恢复信心，国际资本外流的压力大大减轻。经过此次金融危机，中国应对类似资本流动异常的能力有所增强，在之后的国际资本异常流动时我国适当降低了危机时突然中断的风险。

2. 2009～2012年中国的突然中断风险分析

金融危机过后，全球金融环境比较稳定。相对于其他新兴经济体，我国国内的情况有所好转，因此投资者对我国的投资意愿也不断增强，大规模的国际资本为了获利相继涌入我国，这一阶段我国的突然中断风险指数较金融危机时期大幅降低。从2009年第二季度开始，流入我国的资本逐渐增加并且短期资本的流出幅度不断减少，再度表明在金融危机中我国受危机波及较小，相对于其他新兴经济体表现出较强的复苏能力。但从指数上看，2008年第二季度，我国的突然中断风险又有上升的趋势，并从2009年开始一直呈现强烈波动的趋势，正好对应着危机后我国资本流动的大致情况。这可能是因为在2011年底，主要的几个发达经济体相继退出量化宽松政策，同时欧元区信贷危机也在这一时期爆发，导致全球的资本流动波动性增加。全球资本的剧烈波动使得投资者产生了恐慌心理，投资者减少了在我国的投资意愿。2010年的指数波动小且相对前一年的指数有所下降，表明我国及时对资本流动开始进行管制且成效显著。

3. 2013～2014年中国的突然中断风险分析

根据海关总署的统计，从2013年前两个季度的数据可知，我国的消费、投资和出口等国内因素形势均不乐观，2013年5月外贸出口1827亿美元，增速比4月急剧回落13个百分点，创下2012年7月以来新低，因此这一时期主要是国内的宏观因素导致了2011～2012年的突然中断风险指数呈现波动的趋势。在 2012 第一季度，我国的突然中断风险指数开始逐渐上升并在 2012 年第二季度形成小高峰，这是因为 2014 年中国投资呈下滑趋势，外部需求不足、成本推动型通货膨胀压力上升、外债持续增长等因素在一定程度上增加了中国可能发生突然中断的风险。同时，整个时期突然中断风险指数波动范围收窄但是波动频率较高，根据国内的数据，导致这一现象的原因是这一时期有一定的外部冲击，而且国内宏观环境相对不稳定。

4. 2015～2016 年中国的突然中断风险分析

我国作为世界第二大经济体，与美国之间的联系紧密。2014 年底美国宣布退出量化宽松货币政策，导致资本流动，对我国的跨境资本流动产生了一定影响。美联储从 2013 年底开始不断从国际市场上吸收过剩的流动性，使得当时的金融市场不断紧缩，美元升值的同时人民币逐步贬值。在如此强大的外部冲击下，发生了资本流动的逆转现象。从 2013 年第二季度开始突然中断风险指数开始上升对应了这一政策，在 2014 年第二季度达到近期的最高峰。我国也相应采取了一些措施，使得风险指数在第三季度就开始放缓。类似的外部因素对我国产生的影响没有危机时的严重，我国的应对能力也逐渐加强。

在 2015 年的汇改中，央行宣布调整人民币汇率中间价的报价机制，人民币汇率走势突变，持续了十年的人民币单边走强的行情由此终结，人民币汇率显著降低。我国汇率风险不断增加，企业的债务融资成本随之提高，导致在境内发展的企业减小海外发债规模，接着赎回已发行债券，使得我国的资本大规模流出。此时正好对应突然中断风险指数在 2014 年第一季度的小高峰，并在往后的一段时间内不停地波动，在 2015 年的第一季度又出现了一个小高峰。这段时期的波动一方面是由于人民币汇率双向波动推动境外融资减少、跨境资本外流；另一方面是因为全球国际资本流动处于周期性的低潮期，我国出现了国际资本外流。从 2015 年第二季度开始，突然中断风险指数又开始下降，虽有一定程度的上下波动，但是波动幅度并不大；此时人民币汇率开始缓慢回升，并且我国已经开始严格管理和控制国内的非理性对外投资，拉动直接投资回归顺差状态。从数据中看出这段时间国内宏观因素较稳定，国外的冲击对我国的资本流动的影响也下降了，我国应对外部因素的能力进一步提升。

5. 2017～2019 年中国的突然中断风险分析

2018 年初，受全球经济大环境的不利影响，我国经济发展下行压力增加，人民币汇率的波动持续不断，并且从 2018 年第一季度开始走下坡路，人民币兑美元汇率由 6.3 跌至 11 月的 6.97，下降幅度达 10% 以上。2018 年的情况与 2015 年的"8.11 汇改"相比，同是人民币贬值，幅度没有之前的大并且跨境资本流动的波动也较小。2016 年第三季度突然中断风险指数的微小升高可能正对应着 2018 年国内外的不利环境。在经济金融全球化的大背景下，不论是发达经济体还是发展中经济体，所有资本都快速游走于不同经济周期经济体，各经济体都因此或多或少受到冲击。尤其是对于金融体系比较脆弱的新兴经济体而言，国内的宏观因素对资本流动的影响比较显著，其所受的冲击更为频繁。2017～2019 年我国的突然中断风险指数一直在小范围内上下波动，没有出现较大的高峰，也没有一直处于平稳状态。我国面对不利因素干扰表现出越来越强的韧性，能够及时消化贬值压力，减缓市场波动；我国国内资本市场逐渐强大，对外资的吸引力也不断增加；国家加强了对国际资本的管控力度，避免了境内资本大幅流出。

四、本章小结与政策含义

（一）本章小结

本章收集了 1998～2018 年 22 个新兴经济体的季度数据。通过建立面板 Probit 模型，分析了国内宏观经济金融指标、国际收支账户和外部冲击等三大因素对突发中断产生的影响；分析了三大因素中的 15 个指标，从中筛选出对突然中断影响显著的因素；收集影响显著的 9 个因素的中国国内数据，通过 KLR 信号法确定权重，从而构建中国突然中断的风险测度指数，预测中国近 13 年来突然中断风险的波动情况。

由此，本章得出以下结论。

第一，实证研究表明新兴经济体国家国际储备、通货膨胀率和贸易开放度等 9 个指标具有显著的预测能力。其中，实际有效汇率、经常账户余额、贸易开放度和 VIX 指数这 4 个指标对国家突然中断的发生具有反向的作用，当它们的数值上升时，发生突然中断的可能性会减小。而当 GDP 增长率、国际储备、金融开放度和通货膨胀率上升以及资本流入激增时，突然中断的发生概率也会提高。

第二，与其他新兴经济体类似，中国的突然中断风险的阶段性特征也非常明显。在金融危机爆发时期，流入中国的国际资本会通过各种渠道流出中国市场，表明中国易受外部冲击而进入高压状态，突然中断风险会迅速上升。这一阶段的国际资本流动呈现出波动大且范围广的特点。随着中国综合实力的不断提高和经济体制的不断改革，中国能够有效降低在全球危机面前突然中断的风险。

第三，用 KLR 信号法构建的中国突然中断风险预警指标体系的预警能力较好。单项指标中国内宏观因素的预警能力较强，在全部因素中成为主要的预测指标；在单项指标噪音信号比的基础上构建的综合预警指标综合了国内外的各个因素，因此其预测更加准确。通过我国 2005～2018 年突然中断风险指数就可以看出，本章建立的预警指标体系能够很好地预测我国资本流动情况。

（二）政策建议

随着我国开放程度的不断提高、全球经济环境稳定性的逐渐下降，我国面临的国际资本流动冲击也在不断增加。本章根据上一小节得到的我国突然中断风险指数，再结合当前国内外大环境，提出了以下建议。

（1）加强对国际收支账户和外汇账户的监测。与其他新兴经济体类似，我国易受到外部冲击的影响，且相比其他因素，严重的外部冲击会使我国的突然中断风险指数迅速上升。2008 年的金融危机使得我国的风险指数从 2007 年开始迅速飙升，达到整个研究时期的最高峰。其他的外部冲击还包括发达经济体宏观经济政策转向。例如，发达国家退出量化宽松政策，对全球流动性产生了重大影响。因此，在当前复杂的全球经济环境下，中国必须加强对国际收支账户和外汇账户的监测，同时跟踪和监测国际资本的流动。不仅要从资金来源的角度分析资本的总流入和总流出，还要从资金利用的角度监控不同种类的投资资本流向。监测范围包括各类资金的波动性、可变性和可逆性。当今国际热钱受到了一些国家的关注，流动方向和流动速度，以一些国内资本外逃的隐蔽渠道，都要进行监控。要不断提升我国的监管能力和一些监管技术，并且监管机制要做到公开透明。此外，对预警系统的研究应该更加深入，合适的预警指标能够有效地分析出突然中断的情况。我国要继续保持与国际监管机构的合作，共同协调国际资本的流动方向和波动情况，减少其对包括我国在内的新兴经济体的影响。

（2）维持经济稳定，控制好通货膨胀。从我国的数据以及突然中断风险指数整体趋势来看，在我国宏观经济因素中，汇率变动和通货膨胀程度是主要的预测指标。从 2013 年开始，我国的经济增长速度减缓，人民币汇率逐步下降，同时内、外部需求不足，通货膨胀压力增大，这些经济因素在一定程度上阻碍了外资流入的同时推动了内资外流。2018 年初，国内经济下行压力大，人民币开始贬值，资本流动呈现出不断波动的趋势。国内宏观因素在三大因素中是比较可控的，因此我国不仅要继续保持经济不断增长，刺激投资和消费，增强国际投资者的投资意愿，吸引国际市场上的优良资本；还要运用汇率、利率和公开市场操作等手段降低我国的通胀压力，稳定好我国的进出口贸易并控制好贸易开放度，以应对后期可能增加的突然中断风险。

（三）研究展望

一国资本流动往往受多方面因素影响。虽然以往的研究已经涉及了突然中断的方方面面，但关于突然中断的影响因素的深入分析方法还需进一步优化。关于突然中断的风险测度指数构建的研究还不够丰富，使用的方法比较单一，因此应该在研究影响因素的同时更加深入地研究对预警指标体系的构建，丰富与此相关的内容。各个新兴经济体的资本流动情况以及宏观政策的走向有所不同，我国到目前为止还没有出现大规模的突然中断，所以目前针对我国突然中断的研究大多是根据新兴经济体的数据来筛选显著影响因素的。本章也是运用这种方法来构建中国的突然中断风险指数来研究突然中断。本章利用的 KLR 信号法存在一定的主观性和一些局限性。比如，我国的经济体制以及国内发展程度等与其他新兴经济体有差异，只运用其他新兴经济体突然中断的数据来作为评定我国突然中断的风险的基础，会产生偏差。因此，在未来一段时间还需要根据我国国内的具体情况，利用其他更合适有效的方法来对我国可能出现的突然中断做出进一步的研究。

当前全球的经济金融都逐渐一体化，各国金融网络的建设不断完善，因此对跨境资本流动的研究不能仅仅停留在本国，还需注意各国政策的协调配合，尤其是各新兴经济体之间的合作，以减少政策执行和监管的成本。从以上分析可以看出，跨境资本流动的变动也伴随着外部环境的变化。比如国际金融危机，使得整个新兴经济体的资本外流严重，给经济体内经济造成了严重的影响；再比如核心经济体内部经济政策的调整通过全球金融网络对新兴经济体产生溢出效应，因此应该多关注核心经济体的政策变动，必要时进行一定的资本流动管理。在此过程中，各经济体应积极与国际货币基金组织、世界银行等国际金融机构合作，发挥协调和监督作用，完善金融网络体系，构建全球金融监管框架，加强对跨境资本流动等全球金融资源配置的协调和监管，促进全球金融稳定。

第五章　资本流动的新动向：对外直接投资的发展

20 世纪 70 年代以后，对外直接投资（OFDI）作为国际资本流动的一种重要方式迅速发展起来，对世界经济的繁荣也起到了重要的推动作用。对外直接投资是指母国企业在东道国通过现金、实物和无形资产等方式进行的投资活动，重点在于控制东道国企业的经营管理权。OFDI 的目的在于通过母国企业对东道国企业的投资而实现利益。近年来我国的 OFDI 在数量上和质量上都有了很大进步，对我国的影响也日益加深。因此，研究 OFDI 理论，尤其是发展中国家的 OFDI 理论，对提高我国经济增长质量具有重要意义。本章将主要介绍世界和我国对外直接投资的发展，为后续研究对外直接投资的经济、金融影响提供基础。

第一节　对外直接投资的动因

从 20 世纪 70 年代开始一直到 20 世纪末，全球对外直接投资高速发展，规模迅速扩大。根据联合国贸易和发展会议（UNCTAD）的数据，到 2000 年时，全球 OFDI 流量达到第一个高峰 11637.31 亿美元。2000 年后全球对外直接投资波动较大，但仍在 2007 年创下了第二个高峰 21683.49 亿美元。2007 年后受金融危机的影响，全球经济低迷，全球对外直接投资流量萎缩。2017 年底美国实行税制改革，美国的跨国公司将累积的对外投资收益大规模汇回国内，并减少对外直接投资，导致全球对外直接投资进一步下降。然而，整体上全球对外直接投资的规模仍然很大，且呈现出一些新变化，如发展中国家对外直接投资在全球的比重越来越大，尤其是 2018 年，流量占比达 44.94%。

随着"一带一路"倡议的提出和"引进来""走出去"战略的实施，我国的 OFDI 在数量上发展迅速；在新发展理念的指导下，我国 OFDI 在质量上也有了进一步提升。联合国贸易和发展会议数据库的数据显示，截至 2018 年底，我国的对外直接投资存量达 19388.7 亿美元，位列全球第三。我国 OFDI 存量已经占全球 OFDI 存量的 6.4%，相较于 2010 年的 1.87%，有了很大的提升。然而，美国在 2017 年底实行税制改革，降低国内企业和个人的所得税率，意在促使产业向国内聚合。政策一经实施，便使得美国跨国企业的国外收益大规模回流。改革降低了美国的 OFDI，造成的负面影响经过传导也使得全球外国直接投资降低。2018 年，全球 FDI 流量继续下滑，减少了 13%，降至 1.3 万亿美元，连续三年呈下降趋势。中国和美国分别是全球最大的发展中国家和发达国家，两国政策制定的不同导致各自 2018 年 OFDI 的发展大相径庭。两种策略不仅为自身发展谋取新突破提供了可能，也为类似国情的国家提供了借鉴和参考。

一、对外直接投资的不同动机及作用

由于国家的发展阶段不同和企业的经营阶段不同，其 OFDI 的动机也是不同的。邓宁（Dunning，1993）对 OFDI 的动机做了归纳，将 OFDI 划分为四种类型：市场寻求型、自然资源寻求型、效率寻求型和战略资产寻求型。

1. 市场寻求型

企业为了扩大规模和获取更多利润会寻求开拓国外市场，通过 OFDI 的方式向东道国直接提供产品和服务，这便是市场寻求型 OFDI。它对经济增长质量的作用表现在：第一，市场寻求型 OFDI 可以规避东道国的贸易壁垒，通过争夺和占领国际市场，推动母国的商品输出，让母国商品在东道国市场打开局面，从而带动母国的经济增长。第二，市场寻求型 OFDI 面临的世界市场竞争更加激烈，这种竞争会反向传导回国内，加速整个行业的竞争，同时会带动上下游的竞争。企业为了在竞争中生存，不得不进行技术创新，从而带动整个行业的创新。第三，在激烈竞争中，落后的企业会被头部企业并购重组，低效率资源得到整合，生产经营效率得以提高，产业结构会进一步提升和优化。第四，企业开拓了国际市场后，在给国内的同业和上下游企业引入竞争的同时，也为它们带来了国际市场的需求，促进了出口，带动了经济质和量的增长。

2. 资源寻求型

对于以自然资源为主要投入的企业来说，要想在行业中获得优势，丰富而低廉的自然资源是其经营不可或缺的条件。为了获得充足稳定的资源供应，企业会进行自然资源寻求型 OFDI，由此展开与国外的联系。资源寻求型 OFDI 对经济增长质量的作用主要表现在：第一，当企业的资源投入需要通过进口获得时，会受到汇率波动和国外供给方的制约，价格不稳定，不利于控制成本。在自然资源丰富的国家进行 OFDI，可以建立稳定的资源供应渠道、降低成本，在行业中获得比较优势，提升行业的竞争水平，从而优化和提高行业效率。第二，整个行业形成良性循环，带动母国经济稳定增长，增强母国的经济实力。第三，资源寻求型 OFDI 在东道国建立资源开采和提炼的配套产业，能够减少矿石、金属等原材料在从东道国向母国运输加工过程中产生的环境污染，有利于改善母国的自然环境。第四，在东道国建立资源型企业，可以带动母国挖掘、采矿等附属产业的出口。进出口互相促进，可以同时增加母国和东道国的产出和国民收入，促进双方的经济增长。

3. 效率寻求型

随着国家整体经济发展实力的增强、国民素质的提升，国内的劳动力成本会随之提高，使劳动密集型企业的利润减少。为了维持较高的利润水平，可以将生产基地向经济发展相对落后的国家转移，利用东道国的廉价劳动力进行生产。效率寻求型 OFDI 对经济增长质量的影响主要通过以下三种途径：第一，借助东道国较低的生产要素成本，通过 OFDI 将本国丧失竞争能力的传统工业部门、普通技术产品、劳动密集型产业迁到相对落后的国家，可以有效降低企业的生产成本，提升利润率；企业还可以转向更有优势的高效率生产，从而提升要素生产率，拉动国内的经济增长。第二，效率寻求型 OFDI 在向东道国转移"边际产业"的同时，既转移了本国的过剩产能，也使母国企业获得了更高的利润，利润的提升又可以为企业扩大生产规模、引入新技术提供物质基础。企业的升级为同行业引入竞争，可以带动整个行业的技术升级。第三，效率寻求型 OFDI 在生产要素价格更低的国家进行生产后，能以更低的价格向国际市场提供同等品质的商品，能够更好地满足母国对该产品的进口需求，促进母国进口贸易的增长。

4. 战略资产寻求型

企业在成长过程中可能会面临知识、技术和人才的短缺，在行业竞争中处于相对劣势地位，而靠自己进行研发又面临过高的成本和不确定性问题。针对这种不利局面，可以向外进行战略资产寻求型投资。战略资产寻求型 OFDI 对经济增长质量的影响表现在五个方面：第一，如果技术短缺是母国整个行业面临的共同问题，通过战略资产寻求型 OFDI，如兼并或收购该领域先进企业，通过东道国企业的技术研发获得战略资产，再经逆向技术溢出效应使母国获得技术提升，可以提升母国企业甚至整个行业的竞争力，从而带动母国经济增长。第二，对拥有先进技术的东道国企业进行兼并或收购，可以节约由原东道国企业承担的初期研发成本，节省下来的初期资金可以继续进行新的研发，进一步增强母国企业的创新能力。第三，战略资产意味着在某些流程或投入上的更高效率，因此，获得战略资产的企业能够凭借这种资产提高自身的生产效率。单个企业效率的提高很可能带来整个行业的竞争程度的提高，行业内其他企业也必须改善自身效率，从而提升整个行业的效能。第四，如果东道国的战略资产是绿色生产技术和环境治理方法，那么通过 OFDI 将其引入国内，可能会显著改善母国的生态自然环境。第五，能够进行战略资产寻求型投资的企业通常在全球范围内引人注目，这种形式的 OFDI 可以提高企业知名度。更高的知名度和美誉度有利于赢得国际国内市场，增加消费者对该企业产品的需求，有利于促进国内消费和企业出口，带动国内经济增长。

通过上述四方面的分析可以看出，不同动机的 OFDI 在促进母国经济增长、助推母国产业结构升级、增加逆向技术溢出、帮助母国改善生态环境、提升国民生活质量等方面都可以产生积极作用，从而提高母国整体的经济增长质量。

二、对外直接投资对母国经济增长影响的争论

已有文献就 OFDI 对母国的经济影响有不同的看法。最初的研究是就 OFDI 的动机和如何进行 OFDI 展开的。海默（Hymer，1960）从厂商垄断竞争原理出发，假设市场是不完全竞争的，企业能够依赖自身的技术、资金、规模经济、管理和销售渠道等优势进行 OFDI，该理论被称为"垄断优势理论"。弗农（Vernon，1966）从"生命周期"角度分析企业的对外直接投资，他认为跨国

企业可以根据自身产品所处的创新、成熟、标准化三个市场周期来进行 OFDI。巴克莱和卡森（Buckley and Cason，1976）基于市场信息的不完全性，认为企业要将中间产品市场交易纳入公司内部经营，可以通过减少交易成本来提高利润，由此形成的内部市场能够更加高效，从而取代外部市场，最终提出了"内部化理论"。小岛清（Kiyoshi Kojima，1978）运用比较优势原理，提出了 OFDI 的"比较优势理论"。邓宁（Dunning，1977）根据跨国公司 OFDI 应具备垄断优势、内部化优势、区位优势，这三个方面的优势决定了 OFDI 的动因、投资决策和投资方向，提出了"国际生产折中理论"。

随着发达国家 OFDI 的迅速发展，OFDI 对母国的积极影响逐步体现，发展中国家也展开了 OFDI 的理论和实践探索。学者们针对发展中国家 OFDI 的特点，提出了许多新的理论和观点。威尔斯（Wells，1983）的"小规模技术理论"指出，在小市场生产技术、民族产品、低价产品三方面中发展中国家也可以具有优势，因为这些产品对技术、生产规模的要求并不高，发展中国家可以凭借这种优势进行 OFDI。拉奥（Lall，1983）提出了"技术地方化理论"，认为发展中国家通过 OFDI，利用外国先进技术产生逆向技术溢出效应，然后再根据情况进行改进和创新，为企业自身所用，从而带来竞争优势。坎特威尔（Cantwell，1980）提出了"技术创新产业升级理论"，认为 OFDI 可以提高发展中国家企业的技术创新能力，不仅对发展中国家进行 OFDI 动机进行了合理解释，也提出发展中国家可以通过技术积累来提高竞争能力，为 OFDI 区位选择提供了新的思路。

从实证研究方面看，对外直接投资对母国既有正向的推动作用，也有反向的抑制作用。

OFDI 对母国产业结构的影响。从正向作用看，希利（Hiley，1999）研究日本在 1970～1990 年对东盟的 OFDI，发现日本向东盟转移国内的比较劣势产业，可以促进母国的产业结构升级。李逢春（2012）对中国 2003～2010 年省际产业结构和 OFDI 数据进行研究发现，高水平的 OFDI 可以促进产业结构较快升级。从反向作用看，戴维和休斯顿（Davis and Huston，1992）提出，制造业的 OFDI 会导致母国的空心化，从而造成就业人数和工资水平的下降，不利于母国的产业结构升级。

OFDI 对母国逆向技术溢出效应的影响。从正向作用看，万恩（Van，

2001）研究发现，如果东道国具有相对研发优势，则进行战略资产型 OFDI 会对母国产生较强的逆向技术溢出效应。赵伟（2006）等利用我国 1985~2004 年的几个发达东道国 OFDI 存量数据进行微观实证，发现 OFDI 对母国具有逆向技术溢出效应。叶建平等（2014）利用我国 2003~2011 年的省级面板数据进行实证研究，证实了我国的 OFDI 具有显著的逆向技术溢出效应和动态特征，另外还具有较强的区域异质性。从反向作用看，邓宁（Dunning，1993）认为 OFDI 对母国的技术进步影响并不明显。比策和凯莱凯什（Bitzer and Kerekes，2008）通过对 17 个 OECD 国家制造部门的 OFDI 状况进行研究，发现 OFDI 并不具有显著的逆向技术溢出效应，同时，对非七国集团进行 OFDI 还会对母国产生反向技术效应。

OFDI 对母国经济增长的影响。从正向作用看，肖黎明（2009）选取中国 1980~2007 年的 GDP 和 OFDI 进行实证研究，发现在长期情形中，中国企业的 OFDI 可以促进中国的经济增长。冯彩和蔡则祥（2012）使用中国 2003~2010 年的省级数据，发现全国、东部和中部的 OFDI 和经济增长存在长期均衡。从反向作用看，布洛姆斯特伦（Blomstrom，1997）通过对美国的经济研究发现，OFDI 会造成美国失业率增高，不利于美国的经济增长。

OFDI 对母国经济增长质量的影响。目前关于 OFDI 对经济增长质量影响的研究还比较少。孔群喜等（2019）利用中国省级面板数据，在考察 OFDI 对经济增长质量的影响效应时选取地区和企业两个层面，发现 OFDI 能够在整体上对经济增长质量起促进作用；分样本讨论，进行 OFDI 的企业会比未进行 OFDI 的企业具有更显著的正向效应。汪丽娟（2019）选取中国省级面板数据，利用主成分分析法，从分区域、分渠道和分时间三个方面讨论 OFDI 对经济增长质量及其分类指标的影响并得出结论：OFDI 对经济增长质量具有促进作用，但存在明显的地区差异性；金融危机发生前后 OFDI 对经济增长质量的提升都有正向作用。

总体来看，OFDI 对母国产业结构升级、逆向技术溢出、经济数量增长会产生正向或负向效应，而且研究已经相对成熟，但是研究 OFDI 对母国的综合效应，如经济增长质量的影响却较少。因此，本书将首先介绍全球对外直接投资发展状况和中国对外直接投资发展状况，为第六章和第七章研究对外直接投资的影响做铺垫。

第二节　全球对外直接投资发展状况

随着经济全球化的发展，20 世纪 70 年代初 OFDI 开始频繁活跃于国际资本流动中。随后，全球 OFDI 快速发展，呈现持续扩张的趋势。从图 5-1 中的存量曲线可以看出，全球 OFDI 规模整体上在不断扩张，截至 2018 年底，全球 OFDI 规模达 30.94 万亿美元；但从流量曲线来看，全球 OFDI 在 20 世纪 80 年代前期增长趋势相对较平稳，80 年代后期呈波动式增长。为了深入地分析全球 OFDI 的发展变化的阶段性特征，本书基于 OFDI 的流量数据，将其发展过程分为以下四个阶段：1970~1985 年的高速增长阶段；1986~2000 年的超高速增长阶段；2001~2007 年的第二次高峰阶段；2008~2018 年的金融危机后的新发展阶段。为了更加全面地了解全球 OFDI 在各个阶段的发展情况和特点，本书将从存量和流量两个角度进行分析。

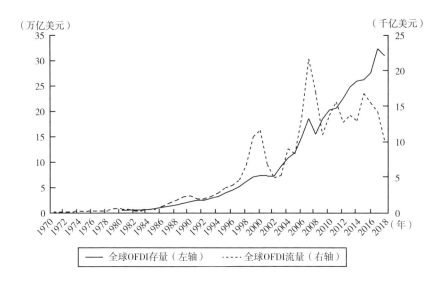

图 5-1　1970~2018 年全球 OFDI 发展状况

注：图中显示的是全球对外直接投资存量和流量的变化，左刻度反映的是存量数据，右刻度反映的是流量数据。

资料来源：UNCTAD，Beyond 20/20 WDS，https：//unctad.org。

一、1970~1985 年的高速增长阶段

1970~1985 年全球 OFDI 整体上呈现高速增长的趋势，且由发达经济体主导。这一阶段呈高速增长趋势的原因有以下几个：一是经过第二次世界大战后的休养生息，日本和西欧的经济快速发展，其 OFDI 规模迅速扩张，且美国的 OFDI 也保持快速增长；二是 20 世纪 70 年代初区域经济集团化的迅速发展促进了各国的 OFDI；三是发达经济体为了绕开贸易壁垒、扩大市场份额，大力推动跨国公司进行对外投资。下面从全球 OFDI 的数量、结构、流向和投资的产业结构四个方面来详细分析这一阶段的特点。

从数量上来看，全球 OFDI 流量从 1970 年的 141.41 亿美元增长到 1985 年的 621.04 亿美元，年均增长率达 14.31%（见表 5 - 1）。其中，1978 年和 1979 年石油输出国的石油开发吸引了大量国际资本，从而引起全球 OFDI 的大幅增长，到 1979 年达到了这一阶段的峰值 627.52 亿美元，两年的平均增长率达 48.33%，此后，OFDI 活动有所放缓。从结构上来看，截至 1985 年底，发达经济体 OFDI 存量在全球中占比达 90.77%，其中美国、西欧和日本的 OFDI 占全球的 80.16%；发展中经济体① OFDI 存量在全球中的占比仅为 9.23%（见图 5 - 2），但发展中经济体的对外投资流量在全球中的占比从 1970 年的 0.29% 上升到 1985 年的 6%（见图 5 - 3），说明这一阶段的全球 OFDI 由发达经济体主导，且主要集中在美国、西欧、日本三大经济体，但发展中经济体的对外投资规模在不断扩张。从流向上来看，截至 1985 年底，全球 OFDI 存量流向发达经济体的占比达 62.46%，流向发展中经济体的占比为 37.46%（见图 5 - 4），说明这一阶段的 OFDI 主要是发达经济体之间相互投资。从投资的产业结构来看，发达经济体投放于制造业的 OFDI 存量从 1970 年的 45.2% 下降到 1985 年的 38.7%，投放于服务业的 OFDI 存量从 1970 年的 31.4% 上升到 1985 年的 42.8%，说明这一阶段全球 OFDI 从以制造业投资为主转向集中投资制造业和服务业。

---

① 联合国贸易和发展会议在统计对外直接投资数据时将经济体分为发达经济体、发展中经济体和转型经济体。本书为了方便比较，将转型经济体纳入发展中经济体。

表 5 - 1　　　　　　　　1970 ~ 2018 年全球 OFDI 流量增长率

1970 ~ 1985 年		1986 ~ 2000 年		2001 ~ 2007 年		2008 ~ 2018 年	
年份	增长率（%）	年份	增长率（%）	年份	增长率（%）	年份	增长率（%）
1971	2.06	1986	55.83	2001	-41.27	2008	-21.55
1972	8.98	1987	46.73	2002	-27.31	2009	-35.42
1973	64.88	1988	28.16	2003	6.59	2010	25.01
1974	-5.82	1989	26.88	2004	71.05	2011	13.93
1975	16.63	1990	5.61	2005	-8.05	2012	-18.34
1976	-0.44	1991	-18.46	2006	62.24	2013	7.76
1977	1.15	1992	2.43	2007	60.45	2014	-5.66
1978	37.04	1993	15.99			2015	29.55
1979	59.62	1994	20.74			2016	-7.87
1980	-17.00	1995	25.06			2017	-8.04
1981	0.14	1996	9.92			2018	-28.85
1982	-47.68	1997	18.90				
1983	38.15	1998	45.74				
1984	33.97	1999	58.23				
1985	22.95	2000	8.24				
平均	14.31	平均	23.33	平均	17.67	平均	-4.50

资料来源：根据联合国贸易和发展会议（UNCTAD）的数据整理所得。

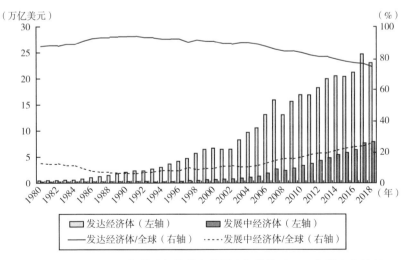

图 5 - 2　1980 ~ 2018 年发达经济体和发展中经济体 OFDI 存量变化情况

资料来源：UNCTAD，Beyond 20/20 WDS，https：//unctad.org。

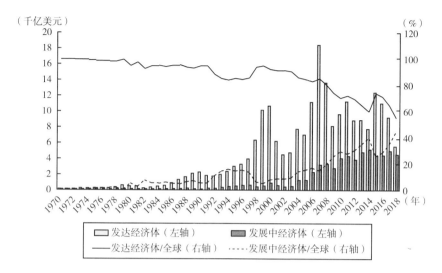

图 5 – 3　1970 ~ 2018 年发达经济体和发展中经济体 OFDI 流量变化情况

资料来源：UNCTAD，Beyond 20/20 WDS，https：//unctad. org。

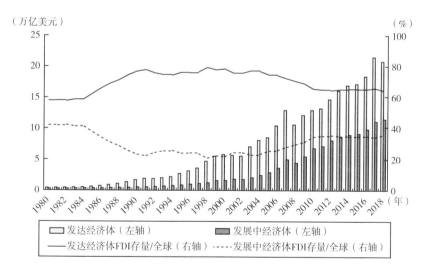

图 5 – 4　1980 ~ 2018 年全球 FDI 流入量存量变化情况

资料来源：UNCTAD，Beyond 20/20 WDS，https：//unctad. org。

表 5 - 2　　1970 ~ 1990 年发达国家 OFDI 存量的产业分布情况　　单位:%

产业	1970 年	1975 年	1980 年	1985 年	1990 年
第一产业	23.4	27.3	18.5	18.5	11.2
第二产业	45.2	45.0	43.8	38.7	38.7
第三产业	31.4	27.7	37.7	42.8	50.1

资料来源：联合国贸易和发展会议,《1993 年世界投资报告》。

二、1986 ~ 2000 年的超高速增长阶段

1986 ~ 2000 年全球 OFDI 整体上呈现超高速增长趋势, 但仍由发达经济体主导。这一阶段出现超高速增长主要是因为越来越多的经济体重视 OFDI。随着对外投资理论的发展和跨国公司的迅速发展, OFDI 和跨国公司在国际经济中所发挥的作用越来越突出。跨国公司通过 OFDI 的方式, 利用世界市场来分担其不断增加的成本和风险, 从而吸引了越来越多的经济体扩大 OFDI。另外, 各经济体 OFDI 政策趋向自由化, 美国、西欧等发达经济体进一步扩大 OFDI, 发展中经济体也纷纷出台对外投资政策并积极参与 OFDI。

从量上来看, 这一阶段全球 OFDI 存量从 1986 年的 11551.81 亿美元扩大到 2000 年的 74087.82 亿美元, 升幅达 5.41 倍; 流量从 1986 年的 967.77 亿美元扩大到 2000 年的 11637.31 亿美元 (见图 5 - 1), 升幅达 11 倍, 年均增长率达 23.33%。这一阶段全球 OFDI 只在 1991 年出现过下降, 主要是日本和西欧的对外投资大幅下降导致的。从结构上来看, 截至 2000 年底, 发达经济体 OFDI 存量在全球中占比达 90.42%, 发展中经济体 OFDI 存量在全球中的占比仅为 9.58% (见图 5 - 2)。从存量上来看, 全球 OFDI 仍以发达经济体为主; 从流量上来看, 发展中经济体 OFDI 在全球中的占比在 1992 ~ 1997 年迅速上升, 均超过了 10%, 最高达 16%, 但随后几年开始下降, 到 2000 年占比仅为 7.9% (见图 5 - 3)。这主要是因为 1992 ~ 1997 年主要发达经济体的经济增长缓慢、金融系统脆弱性增强, 导致发达经济体的跨国并购大幅减少, 但发展中经济体 OFDI 保持高速增长; 随后几年因为受亚洲金融危机的影响, 发展中经济体的 OFDI 增长速度放缓, 发达经济体 OFDI 却大幅上扬, 并在 2000 年创下 10717.86 亿美元的新纪录。这种不同步使得发展中经济体 OFDI 占比大幅上扬后又快速下降。总体来看, 全球 OFDI 结构上呈现以发达经济体为主、发展中

经济体强劲增长的特点。从流向上来看，截至 2000 年底，全球 OFDI 存量流向发达经济体的占比达 78.34%，并且 2000 年流入美国、欧盟和日本的 OFDI 占全球的 71%，这三大经济体的 OFDI 占全球的 82%，说明在这一阶段 OFDI 主要是美国、欧盟和日本之间的相互投资，但日本对外投资规模过大导致国内产业空洞并引起了资产价格泡沫的破裂，导致其对外投资大幅萎缩。从投资的产业结构来看，截至 2000 年底，全球 OFDI 中，服务业获得的投资占比超过一半，说明 OFDI 的产业结构进一步向服务业偏移，服务业成为吸收全球 OFDI 的首要部门，这主要得益于服务业更灵活和信息技术等新服务的出现。

三、2001～2007 年的第二次高峰阶段

2001～2007 年全球 OFDI 呈现明显的波动式高速增长趋势，且发展中经济体地位稳步上升。这一阶段全球 OFDI 在经过前两年的大幅下滑后迅速回升，到 2007 年出现了第二次发展高峰，这主要是受全球经济变化的影响。整体上发达经济体和发展中经济体的 OFDI 都保持高速增长，但增速不如上一阶段，且发达经济体的平均增速要低于发展中经济体。下面具体分析这一阶段所呈现的特点。

从量上来看，全球 OFDI 存量从 2001 年的 7.28 万亿美元增长到 2007 年的 18.63 万亿美元，流量从 2001 年的 6835.12 亿美元上升到 2007 年的 21683.49 亿美元，年均增长率达 17.67%。其中，2001 年和 2002 年的 OFDI 流量大幅下降，年均跌幅达 34.29%，但从 2003 年开始回升，最高增长率达 71.05%。前两年的大幅下降主要是全球经济的衰退导致的，尤其是全球三大经济体的经济萧条和其股票市场的大幅下跌，使得跨国并购大幅减少。2003 年止跌回升是因为全球经济开始复苏，尤其是 2004 年表现出强劲的复苏趋势，世界经济增长率达 4.1%，使得跨国并购迅速增加，2007 年的跨国并购金额比 2000 年增长了 21%，极大地推动了 OFDI 总量的增长。从结构上来看，2007 年底，全球的 OFDI 存量中发展中经济体占比达到 14.48%，较 2000 年增加了 4.9%。这一阶段流量占全球的比重也不断上升，2007 年达 14.96%，最高达 17.07%，说明在这一阶段，发展中经济体的 OFDI 增速一直高于发达经济体，发展中经济体开始在全球 OFDI 中发挥越来越重要的作用。从流向上来看，截至 2007 年底，全球 OFDI 存量流向发展中经济体的占比达 27.79%，比 2000 年增加了

6. 13%，增长较慢，主要是因为存量大。但从流量数据来看，这一阶段全球
OFDI流向发展中经济体的占比最高达42%，最低为29.02%，相比2000年的
17. 52%增加较多，相比前两个阶段增长较平稳。这说明虽然发达经济体的相
互投资比重仍较大，但发展中经济体的吸引力越来越大，其在全球OFDI中的
地位稳步上升，这主要得益于发展中经济体政策环境的改善和投资利润率的提
升。从投资的产业结构来看，这一阶段全球OFDI仍主要投放于服务业，服务
业的投放比重超过60%，制造业的比重不足1/3；但2007年制造业的跨境并
购大幅增加，该行业的跨境并购交易增长了86%，而服务业仅增长了36%。
在这一阶段，主权财富基金开始参与OFDI。相比传统的官方储备，主权财富
基金抗风险能力更强、预期收益更高，并因其投资于银行业可以稳定金融市场
而大受欢迎。

四、2008～2018年金融危机后的新发展阶段

2008～2018年全球OFDI存量呈现出缓慢增长的趋势，但流量呈现出明显
的波动式下降趋势，同时发展中经济体的地位迅速上升。2007年次贷危机在
美国爆发，这一年全球OFDI并没有减少，但随着金融危机蔓延至全球，OFDI
开始迅速萎缩。金融危机结束后全球经济复苏缓慢，使得对外投资回升缓慢且
波动大。2018年受美国税制改革的影响，全球OFDI大幅萎缩，跌破次贷危机
期间的最低点。下面具体分析这一阶段所呈现的特点。

从量上来看，全球OFDI存量从2008年的15.5万亿美元增长到2018年的
30.97万亿美元，翻了一番，相比前三个阶段，存量增速明显下降，呈现出缓
慢增长的趋势；流量从2008年的17010.01亿美元下降到2018年的10141.73
亿美元，年均增长率为－4.50%。从图5－1的存量曲线可以看出，这一次阶
段出现了两次明显的下跌，即2008年和2018年；从流量曲线看，有两个下跌
阶段，即2008～2009年和2016～2018年。2008～2009年的下跌主要是受金融
危机的影响，次贷危机迅速蔓延至全球，导致全球经济陷入衰退，各国纷纷缩
小OFDI的规模。2016～2018年的持续下跌有两个原因：一是全球经济复苏缓
慢，次贷危机的后遗症还未消除，经济增长缓慢，贸易动力薄弱；二是2017
年底美国实行税制改革后，美国公司的税负压力大幅下降，使得美国的跨国公
司将累积的对外投资收益大规模汇回国内，同时减少新增投资。因此，结合存

量和流量来看，这一阶段全球 OFDI 的增速明显放缓。从结构上来看，发展中经济体 OFDI 存量在全球中的占比从 2008 年的 15.65% 上升到 2018 年的 25.59%，流量在全球中的占比从 2008 年的 19.66% 上升到 2018 年的 44.94%。无论是存量占比还是流量占比都大幅上升，创下了 1970 年以来的最高纪录。进一步分析发现，两个下跌阶段都主要是发达经济体引起的，2008~2009 年发达经济体的年均增速为 -33.09%，发展中经济体为 -6.23%；2016~2018 年发达经济体的年均增速为 -22.35%，发展中经济体为 1.62%。这说明发展中经济体 OFDI 在全球中的占比大幅上升，一方面是因为发达经济体 OFDI 的大幅下降，另一方面是因为发展中经济体的发展潜力大幅激发。从流向上来看，截至 2018 年底，全球 OFDI 存量流向发展中经济体的占比达 35.58%，比 2007 年上升了 7.79 个百分点；2018 年全球 OFDI 流量流向发展中经济体的占比达 57.07%（见图 5-5），比 2007 年上升了 24.84 个百分点，创下了 1970 年以来的最高纪录。说明这一阶段全球 OFDI 形势发生了巨大变化，由过去主要是发达经济体内部相互投资转向发达经济体和发展中经济体之间相互投资占主流。从投资的产业结构来看，虽然金融危机导致流向服务业的 OFDI 大幅减少，但全球 OFDI 的主要投放对象仍是服务业，截至 2015 年底，投放于服务业的 OFDI 存量接近全球的 2/3。

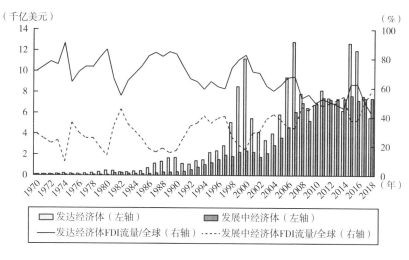

图 5-5　1970~2018 年全球 FDI 流入量流量变化情况

资料来源：联合国贸易和发展会议（UNCTAD）。

五、全球 OFDI 的发展趋势

受全球经济环境的影响，每个阶段的 OFDI 都呈现出不同的特点，但 1970～2018 年全球 OFDI 还是呈现出比较明显的发展趋势，大致可以总结为以下几点。

第一，整体上全球 OFDI 的体量很大，保持持续增长的势头，但增速在持续放缓。随着 OFDI 规模的不断扩大，其在国际经济活动的作用越来越突出，加上经济全球化深入以及越来越多经济体实行开放政策、扩大开放力度，全球 OFDI 将继续保持增长，但全球经济环境复杂性增强以及全球经济复苏缓慢势必给全球 OFDI 带来负面影响。因此，在各种力量的冲击下，全球 OFDI 在流量上表现出剧烈波动，在存量上表现出平稳增长。

第二，整体上全球 OFDI 进入了结构调整阶段，从以发达经济体主导向发达经济体和发展中经济体共同主导调整。从存量角度来看，全球 OFDI 依然是发达经济体占主导地位，但发展中经济体在 OFDI 中的地位在稳步提升；从流量角度来看，全球 OFDI 已经由发达经济体和发展中经济体共同主导。存量具有时点的特征，能反映整体的变化，但会受到以前情况的影响；流量具有时期的特征，能及时反映近期的变化，但不能反映整体的变化。因此，从存量和流量反映的变化来看，全球 OFDI 进入了结构调整阶段，由原先的发达国家主导向发达经济体和发展中经济体共同主导调整。

第三，直接投资趋向于服务业。1970～1985 年全球 OFDI 的主要投资产业仍是制造业，但随着服务业的发展，被服务业门槛低、流动性强等特点所吸引，全球 OFDI 开始加大对服务业的投放力度。信息技术等新服务的出现进一步吸引了全球 OFDI。因此，服务业代替制造业，成为全球 OFDI 的主要产业。

第三节　中国对外直接投资发展状况

中国的 OFDI 起步于 1979 年，在起步后很长一段时间发展缓慢；直到 21 世纪初，中国 OFDI 才真正快速发展起来。截至 2018 年底，中国的 OFDI 存量达 19388.7 亿美元，位列全球第三。图 5－6 反映的是 1979～2018 年中国 OFDI

流量的变化情况。从图 5 - 6 可以明显地看出，从 2001 年开始中国 OFDI 流量呈现出明显的快速增长的趋势，直到 2017 年才有所下降。为了深入分析中国 OFDI 的发展状况，本书根据其发展速度和趋势将整个发展过程划分为三个阶段：1979～1985 年的初步探索阶段、1986～2000 年的调整过渡阶段和 2001～2018 年的高速发展阶段。

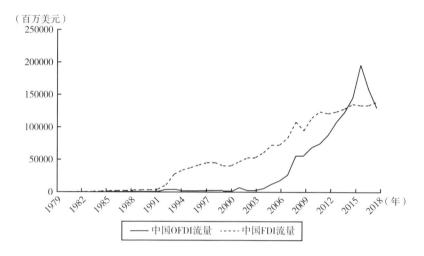

图 5 - 6　1979～2018 年中国 OFDI 和 FDI 流量变化情况

资料来源：联合国贸易和发展会议（UNCTAD）。

一、1979～1985 年的初步探索阶段

1979～1985 年中国 OFDI 的初步探索阶段具有投资规模小、投资领域狭窄的特点。从量上来看，1985 年中国 OFDI 流量为 6.29 亿美元，存量为 9.0 亿美元，虽然流量的年均增长率达 174.95%，但总体规模非常小。与之对应的外国直接投资则要大得多，1985 年中国吸收的外国直接投资存量达 60.6 亿美元，呈现出资本净流入的态势。从投资的领域来看，这一阶段中国 OFDI 主要的投资领域是服务业、加工生产和承包建筑工程等，投资领域相对狭窄。造成这种现象的主要原因有两个：其一，虽然中国开始探索对外投资，但缺乏对外投资的经验，并且有关对外投资的管理还在摸索当中，企业对外投资风险较大，缺乏对外投资的动力；其二，为了防范资本流出带来的危害，在初步探索阶段中国对对外投资的限制太多，企业对外投资的难度大。不过，经过这一阶

段的探索，中国逐渐摸索出对外投资管理制度的雏形，为未来扩大对外投资积累了经验。

二、1986～2000 年的调整过渡阶段

1986～2000 年中国 OFDI 流量呈现倒 U 型的发展趋势，投资规模仍较小，但投资领域不断延伸。从量上来看，中国 OFDI 流量从 1986 年的 4.5 亿美元上升到 1993 年的 44 亿美元，随后大幅萎缩，至 2000 年中国 OFDI 流量仅为 9.16 亿美元，整个阶段的年均增长率为 19.81%，呈明显的倒 U 型发展趋势。1986～1993 年中国 OFDI 管理基本实行规范化，加上出台的相关支持政策的推动，中国对外投资加快发展，并在 1992～1993 年出现了一次小高潮，随后中国经济进入结构调整阶段。为了治理经济过热，中国实行紧缩的财政政策，对 OFDI 的审批变得严格，OFDI 大幅萎缩。截至 2000 年，中国 OFDI 存量为 277.68 亿美元，吸收外国直接投资存量达 1933.48 亿美元（见图 5－7），呈现出资本大幅净流入的态势，这主要是因为中国外资政策倾向于吸引外资，对外投资存在诸多限制，从而使得这一阶段外国直接投资持续增长，规模远远大于 OFDI。从投资的领域来看，这一阶段中国 OFDI 延伸到资源开发、制造加工和交通运输领域，投资领域有所扩大。

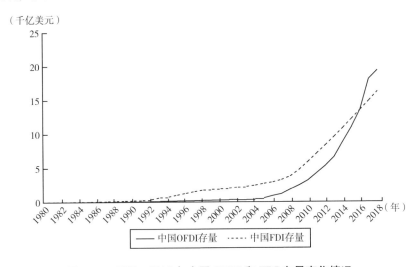

图 5－7　1980～2018 年中国 OFDI 和 FDI 存量变化情况

资料来源：联合国贸易和发展会议（UNCTAD）。

三、2001～2018 年的高速发展阶段

2001～2018 年中国 OFDI 呈现出高速发展的趋势，具有投资规模大、投资区域分布广泛和投资领域广泛等特点。从量上来看，中国 OFDI 流量从 2001 年的 68.85 亿美元增长到 2016 年的最高点 1961.49 亿美元，随后两年有所下滑，到 2018 年为 1298.3 亿美元，整个阶段的年均增速达 62.45%。2001～2016 年推动中国 OFDI 高速发展的动力有以下三个：一是 2001 年中国加入 WTO 后中国向国际市场的开放力度大幅加大；二是 2001 年"走出去"战略被写入《国民经济和社会发展第十个五年规划纲要》，大力推动中国开放型经济的发展，积极促进中国的资本"走出去"；三是 2013 年中国提出"一带一路"倡议，中国大幅增加对"一带一路"沿线国家的对外投资，带动了整个中国 OFDI 的快速增长。2017 年和 2018 年中国 OFDI 连续下滑主要是受全球经济低迷和中国收紧对外投资监管政策的影响。2016～2018 年受全球经济增长缓慢的影响，全球 OFDI 连续三年下滑，且存量萎缩，中国也未能独善其身。同时，为了防范对外投资风险和规范企业对外投资行为，中国限制了对房地产、娱乐等行业的投资，收紧了监管政策，导致了中国 OFDI 的下滑。2015～2017 年中国 OFDI 流量均大于外国直接投资。根据商务部、国家统计局和国家外汇管理局发布的《2018 年度中国对外直接投资统计公报》，截至 2018 年，中国 OFDI 存量达 19388.7 亿美元，大于外国直接投资存量 16277.19 亿美元，呈现出资本净流出的态势，这说明中国的外资政策从倾向于吸引外资向大力发展 OFDI 转变。从投资的区域来看，截至 2018 年底，中国 OFDI 分布在全球 188 个国家和地区，投资区域广泛，但大部分对外投资分布在发展中国家和地区，主要集中于亚洲和拉丁美洲，投资于亚洲和拉丁美洲的 OFDI 在中国 OFDI 总量中的比重超过 80%，投资于欧美等发达国家和地区的资本也在不断增加。从投资的领域来看，中国 OFDI 的领域囊括了国民经济所有类别，但对房地产和娱乐业的投资过热。2016 年中国对外投资政策调整后，对房地产和娱乐业的对外投资大幅减少，主要投资于零售业、制造业、金融业以及租赁和商务服务业，对高技术产业的投资也在不断增加。2018 年流向零售业的对外投资达 122.4 亿美元，流向制造业的对外投资达 191.1 亿美元，流向金融业的对外投资达 217.2 亿美元，流向租赁和商务服务业的对外投资达 507.8 亿美元，流向软件和信息技术服务业以及科学研究和技术服务业的对外投资为 93.3 亿美

元。租赁和商务服务业投资额最大，说明中国的 OFDI 也是服务业占主导地位，与全球 OFDI 的发展趋势一致。

四、中国 OFDI 的发展趋势

从上述分析可以看出，中国 OFDI 在前两个阶段发展缓慢，在第三个阶段才开始真正发展起来。不过，整体上中国 OFDI 还是呈现出比较明显的发展趋势，大致可以总结为以下几点。

第一，OFDI 的规模发展迅速，但未来增速会放缓。前两个发展阶段中国 OFDI 流量最高值仅为 44 亿美元；第三个发展阶段在各国因素的推动下，中国 OFDI 迅速发展，流量最高值达 1961.49 亿美元，甚至在 2007~2009 年全球性金融危机期间，中国 OFDI 也保持高速增长，这三年的年均增长率达 54.12%。但是，因为国际和自身的原因，中国 OFDI 的未来增速可能会减缓。从大环境来看，全球经济低迷还将持续，而且中国的 OFDI 在快速增长过程中存在着区域分布、产业分布不平衡等问题。未来中国的 OFDI 将更加稳健，不断优化对外投资的结构，因此增速将不会像过去那么高。

第二，中国 OFDI 分布的区域广泛但各区域之间不平衡。目前，中国 OFDI 主要集中于亚洲和拉丁美洲等发展中国家和地区，对欧美等发达国家和地区的投资比重虽然在不断上升，但仍较小。对发展中国家和地区的投资虽然能够优化国内的产业结构，但已有研究表明，发展中国家和地区对技术领先国家和地区直接投资所获得的逆向技术溢出会显著促进其技术进步，而对中等发达国家和地区或发展中国家和地区的直接投资并不会促进其技术进步（付海燕，2014）。因此，为了追求均衡发展，未来中国 OFDI 有必要根据发展目标对区域分布进行调整。

第三，中国 OFDI 的行业广泛，但对高新技术产业的投资较少。目前，中国 OFDI 主要流向零售业、制造业、金融业以及租赁和商务服务业，对高新技术产业的投资较少。自 2018 年中美贸易战以来，一些战略性高新技术产业或产品的重要地位凸显，同时也暴露了中国在这些领域发展的短板。因此，随着整个国家对高新技术产业重要作用的认识的提升，在国内大力发展高新技术产业的同时，未来中国的 OFDI 也应该结合国家发展战略，从维护国民经济和产业安全的高度出发，对 OFDI 的投向进行调整，将对高新技术产业的直接投资作为一种战略性安排。

第六章　对外直接投资对经济增长质量的影响

随着中国经济实力的增强和资源禀赋的变化，从 21 世纪初期开始，中国政府开始推行"走出去"的发展战略，中国逐渐成为一个资本输出国，OFDI 成为资本输出的主要方式。

随着发展理念的进步，考察政策的标准变得越来越丰富。在经济增长问题上，政策制定者们的目标已经从单纯的数量增长发展成为对包含多重目标的经济质量的追求。本章将基于"创新、协调、绿色、开放、共享"的高质量发展新理念，建立一个综合衡量经济增长质量的指数，并实证研究 OFDI 对母国经济增长质量的影响。

第一节　经济增长质量指数的构建

因为使用单一指标来衡量经济增长质量是不全面的，本书将使用多个指标构建一个评价体系来对经济增长质量进行评判。在经济发展史上，单一的追求经济增长数量的评价方法忽视社会发展，造成了不平等加剧、资源浪费、环境恶化等一系列社会问题，最终损害了经济的长期稳定发展。但是，如果只强调社会的可持续发展，而忽略经济增长，也偏离了经济发展的主线，属于本末倒置。联合国在 2015 年的"可持续发展峰会"上通过了《2030 年可持续发展议程》。该议程一共涵盖了 17 项可持续发展目标（Sustainable Development Goals，SDGs），并提出了三项共同目标：消除极端贫困、战胜不公平和不公正、保护环境遏制气候变化。这个议程的颁布标志着在衡量公共政策时，社会目标和经济目标同等重要。此后，世界各国都将可持续发展目标纳入自己的发展规划中。

2015 年 10 月，党的十八届五中全会提出中国的经济已由高速增长阶段转向高质量发展阶段，并首次明确了此后的中国经济社会发展需要落实"创新、协调、绿色、开放、共享"（杨明伟，2016）的新发展理念。中国共产党提出的新发展理念与联合国提出的可持续发展目标是一致的，都是在追求经济增长数量的同时追求增长过程中的社会发展质量。鉴于此，本书在综合考虑联合国的可持续发展目标和中国的新发展理念的基础上，从经济增长和社会发展等多方面，选取对应的指标对经济增长质量进行综合衡量与评价。

一、经济增长质量的评价指标体系

本书对经济增长质量的考察包含两方面的标准：经济增长的自身规律和经济发展的社会后果。参考随洪光（2014）、李晓西（2014）、蒙特福特（Montfort，2014）和詹新宇（2016）的做法，本书从经济增长的效率、数量、创新性、协调性、绿色性、开放性和共享性等七个维度来综合地衡量经济增长质量①，并选取对应指标构建一个综合性指数来衡量经济增长质量。各指标的构成及数据来源如表6-1所示。

表6-1　　　　　　　　　　　　　经济增长质量指数

一级指标	二级指标	指标正逆性	数据来源
效率	全要素生产率	+	本书测算
数量	人均GDP	+	WBI
创新	研发支出/GDP	+	WBI
	专利/万人	+	WBI
协调	第三产业/第二产业	+	WBI
绿色	二氧化碳排放	−	WBI
	清洁能源/总使用量	+	WBI
开放	进出口贸易额/GDP	+	WBI
共享	预期寿命	+	WBI
	政府教育支出/GDP	+	WBI

第一个衡量维度是经济增长的效率。在采用综合性指数考察一国的经济增长质量状况之前，很多研究使用全要素生产率（Total Factor Productivity，TFP）

---

① 世界银行数据库，https：//data. worldbank. org. cn/。

来衡量经济增长质量，因为 TFP 能够反映当投入的生产要素不变时所增加的产出，综合地反映了生产要素利用效率的提高。本书使用来源于宾夕法尼亚大学世界表（Penn World Table，PWT）[①] 的数据计算 TFP，并采用林志帆和龙晓旋（2015）的方法，将以各国 2011 年为基准的时间序列数据（TFP at constant national prices，rtfpna）和每年以美国为基准的横截面数据（TFP level at current PPPs，ctfp）相乘，得到 TFP 的面板数据：

$$TFP_{i,t} = rtfpna_{i,t} \times ctfp_{i,t} \qquad (6-1)$$

第二个衡量维度是经济增长的数量。GDP 被认为是评价一个国家经济状况的最佳指标，能够体现该国的总体实力，然而它是一个总量上的概念，并不能具体准确地反映个人的经济产出。人均 GDP 作为发展经济学中衡量经济发展状况的指标，体现的是发展水平和发展程度，且人均 GDP 本身具有社会公平和平等的含义。蒙特福特（Montfort et al.，2014）用人均 GDP 代替 GDP，来衡量经济发展的强度，因为人均 GDP 更符合扶贫增长的理念，扶贫增长是增长质量理念的基础。陈诗一等（2018）选取人均 GDP 来度量城市经济发展的质量，研究雾霾污染和政府治理对经济高质量发展的影响。因此，本书采用人均 GDP 作为衡量经济增长的数量标准。

第三个衡量维度是经济的创新程度。本书使用创新投入和创新产出两个方面的指标来衡量。刘思明等（2019）认为创新是国家经济持续发展的核心动力，在构建评价国家创新驱动力测度指标时，将科技创新和制度创新都纳入了考察范围，在科技创新方面选取了科研支出占 GDP 的比重、每位研究人员的专利数量等指标作为评价标准。沙文兵（2012）在研究中国 OFDI 对国内创新产出的影响时，认为新产品销售收入虽然能较客观地体现创新产出的市场价值，但缺乏统一的新产品划分标准。而专利授权数量是在数据可得性情况下能直观反映国家或地区创新水平的最佳指标。本书认为在衡量创新性时，应该把创新的投入和产出一并考虑进来，这样做不仅更加全面，而且能体现出创新投资的效率。最终把研发支出占 GDP 的比重作为创新投入指标，把专利数量作为创新产出指标。由于衡量的是各国家和地区层面的数据，考虑到各国和地区人口数量上的差异，将专利数除以人口，以每万人持有的专利数作为创新产出指标。

---

① 宾夕法尼亚大学世界表，https：//www.rug.nl/ggdc/productivity/pwt/。

第四个衡量维度是经济增长的协调性。协调有城乡协调、区域协调和产业结构的协调，但是从国家和地区层面来讲，最重要的是产业结构的协调，产业结构的协调又体现在产业结构的升级。目前衡量产业结构升级的方法较多，如三次产业结构比例、技术密集型产业的集约程度和"霍夫曼比例"。第一产业向第二产业转换，随后第二产业向第三产业转换，是产业结构升级较为明显的特征。本书选择的是跨国面板，由于数据的可得性，选用技术密集型产业的集约程度和"霍夫曼比例"来衡量产业结构升级难度较大，因而选用三次产业结构比例法来衡量。在此方法中，吴敬琏（2008）认为产业结构升级和经济服务化的标志是第三产业的增长率高于第二产业，因而本书以第三产业和第二产业产值之比来衡量产业结构升级，记为 Z：

$$Z = Y3/Y2 \tag{6-2}$$

第五个衡量维度是经济增长的绿色性。以前为了追求 GDP 增速，人们并不重视在发展过程中对环境的保护，而如今更加注重生态环境保护，推动经济高质量发展。本书采取方大春（2019）的做法，将单位 GDP 的碳排放量作为衡量绿色性的标准之一，以此考察对环境的负向作用，并考虑到能源的开发保护，将清洁能源占能源总使用量的百分比作为资源保护指标。

第六个衡量维度是经济的开放性。国际贸易是获取国外优质产品、增加国内就业的一个重要渠道。通过进口，可以获得国外的优质煤、石油、矿石等原材料，为国内的生产提供保障；向国外出口产品，开拓国际市场，使国内的生产能力提高，随之而来的就是更多的就业岗位。贸易开放还可以提高一国的国际地位。基于此，本书参考李旭辉（2018）和詹新宇（2018）的方法，将进出口贸易额占 GDP 的百分比作为衡量开放程度的标准。

第七个衡量维度是经济增长的共享性。国际上普遍流行的是采用人类发展指数（HDI）作为衡量共享性的标准。该指标以"预期寿命、教育水平和生活质量"为基础，构建了一个综合指数。本书以人类发展指数为基础，并结合金（Kim，2019）的做法，把预期寿命和政府教育支出占 GDP 的百分比作为评价共享性的衡量标准。

二、经济增长质量的测度方法选择

选用多个指标对经济增长质量进行综合评价，在对维度和具体基础指标进行选取之后，要选择合适的指数合成方法，目前文献常采用主观赋权法（相对指数法等）和客观赋权法（熵值法、主成分分析法等）。

主观赋权法是在选取了评价指标后，主观地对其赋予权重，使用主观权重加权计算。认为相对重要的就赋予较多的权重，这样可以突出想要重点考察的指标，使评价体系比较有指向性，但是容易在没有排除两个指标相关性的情况下就进行赋权，最终会使得某个国家在这两个指标中获得了更多的分值，造成评价不够客观。

客观赋权法是在选取了评价指标后，运用数学原理对指标进行运算，最终得出一个客观权重，运用客观权重进行加权计算，得出每个个体的指数。其中，熵值法依据熵值的大小来分配各权重，熵值较大的反映的信息量较多。虽然赋权客观，但熵值在反映相关指标关系时不能给出合理的经济解释。主成分分析法通过降维思想，选取主成分，能够很好地解决指标之间的相关性问题，同时又能赋予客观的权重，在评价时采用较多。

由于选取的指标较多，指标之间难免存在多重共线性，而且各个指标之间的权重很难确认。主成分分析法可以根据数据的相关性对数据进行降维，找出数据之间的共性，并能够客观地赋予权重，因而本书采取主成分分析法进行指数的合成。

依据联合国贸易和发展会议数据库和世界银行数据库提供的数据，基于经济体的代表性和影响力以及数据的完整性和可得性，最终选取了包括中国在内的 62 个样本经济体，如表 6 - 2 所示。从样本经济体的 OFDI 存量状况来看，这些经济体在样本时期占全球 OFDI 总存量的 90% 以上；从样本经济体的发展状况来看，全部样本涵盖了发达经济体和发展中经济体[1]，在样本选取上具有广泛的代表性。样本的选取时间为 2008 年金融危机前后的 1995～2018 年，便于分析全球金融危机前后的发展状况。

本书首先构建一个能衡量 62 个样本经济体 1995～2018 年经济增长质量的指数，然后利用该指数和各经济体的 OFDI 数据构建面板模型，分析 OFDI 对母国或地区经济增长质量的影响。

---

① 此处划分发达经济体和发展中经济体的主要依据是联合国开发计划署人类发展指数较高的经济体和世界银行高收入经济体。

表 6 - 2 样本经济体

类别	样本经济体	样本量
发达经济体	澳大利亚、奥地利、比利时、加拿大、瑞士、捷克、德国、丹麦、西班牙、芬兰、法国、中国香港、英国、希腊、爱尔兰、意大利、日本、韩国、荷兰、挪威、新西兰、葡萄牙、新加坡、斯洛伐克、斯洛文尼亚、瑞典、美国	27
发展中经济体	阿根廷、保加利亚、巴西、智利、中国、哥伦比亚、埃及、克罗地亚、匈牙利、印度尼西亚、印度、伊朗、牙买加、哈萨克斯坦、斯里兰卡、摩洛哥、墨西哥、蒙古、马来西亚、巴基斯坦、秘鲁、菲律宾、波兰、罗马尼亚、俄罗斯、沙特阿拉伯、泰国、突尼斯、土耳其、乌克兰、乌拉圭、委内瑞拉、越南、南非、赞比亚	35

资料来源：依据联合国开发计划署人类发展指数较高的经济体和世界银行高收入经济体划分整理得到。

三、指标处理和指数合成方法

对于指标的处理方法，由于选取的指标单位各不相同，正负向指向也不相同，所以要进行标准化处理，这样得出的数据是没有量纲的，可以进行指数合成。具体而言，采用 Min-Max 标准化法对数据进行处理，正向指标的处理方法如式（6-3）所示，负向指标的处理方法如式（6-4）所示。

$$Y_{i,j}^* = \frac{Y_{i,j} - Min(X_{i,j})}{Max(X_{i,j}) - Min(X_{i,j})} \tag{6-3}$$

$$Y_{i,j}^* = \frac{Max(X_{i,j}) - Y_{i,j}}{Max(X_{i,j}) - Min(X_{i,j})} \tag{6-4}$$

对于指标的合成方法，常见的有主成分分析法、熵值法、加权因子法和主观赋权法等。由于选取的指标较多，指标之间难免存在多重共线性，而且各个指标之间的权重很难确认。主成分分析法（PCA）可以对数据进行降维，找出数据之间的共性，并能够客观地赋予权重，因而本书采取主成分分析法进行指数的合成。在运用主成分分析法合成指数之后，用式（6-3）再做一次标准化处理，使得评价分数位于 0~100 分之间，便于进行评价分析。

第二节　经济增长质量的测度结果和对比分析

一、七个单项指数的测度结果

根据前面介绍的指数构建方法，对于只有一个考察因素的单项指数，只需进行标准化处理即可；对于含有两个考察因素的单项指数，标准化之后使用主成分分析法合成，由于只有两个因素，所以在合成过程中将转换后的所有贡献进行赋权加总。在合成七个单项指数后，再考虑主成分的贡献程度来进行主成分选取。可以计算得出 62 个样本经济体 1995～2018 年的经济增长的效率指数、数量指数、创新性指数、协调性指数、绿色性指数、开放性指数、共享性指数以及由七个单项指数合成的经济增长质量指数。对于每个经济体的各个维度指数和综合指数，由于数据量较大，正文只给出部分年度的数据方便进行对比分析。在进行比较时，将发达经济体和发展中经济体的均值以及中国的单项和综合指数做成折线图，以满足分析需要。

（一）效率

在表 6 - 3 中，从 2018 年样本经济体经济增长的效率方面的排名来看，发达经济体和发展中经济体的指数呈现交错分布状态，发达经济体中排名第 1 的为爱尔兰，发展中经济体中排名第 1 的为土耳其。

表 6 - 3　　　　　　　　样本经济体经济增长的效率指数变化

经济体	2018 年	2008 年	1998 年	经济体	2018 年	2008 年	1998 年
爱尔兰	85.90	66.68	67.50	赞比亚	42.31	43.86	38.97
土耳其	71.54	67.87	65.34	斯洛伐克	41.08	41.09	22.72
埃及	70.09	62.99	73.21	智利	40.98	39.93	44.05
挪威	65.71	94.75	62.59	沙特阿拉伯	39.34	59.71	70.23
德国	65.25	60.35	54.05	克罗地亚	39.33	42.42	34.93
美国	64.20	60.67	55.40	阿根廷	38.60	48.00	42.73
荷兰	60.73	72.68	64.22	马来西亚	37.01	37.00	15.60
法国	59.74	65.19	68.51	新加坡	36.79	38.77	38.98
丹麦	58.09	57.81	57.43	墨西哥	36.29	45.77	49.61
瑞士	57.92	57.98	48.82	捷克	36.03	31.02	19.02
波兰	56.06	44.44	29.32	斯洛文尼亚	36.01	43.31	34.06
罗马尼亚	56.05	44.53	15.39	韩国	35.41	34.59	22.10
比利时	54.94	60.65	63.26	突尼斯	33.23	44.47	45.37
澳大利亚	54.58	52.81	54.43	匈牙利	30.53	37.50	30.98
加拿大	53.53	54.74	52.20	菲律宾	30.32	21.33	16.93

续表

经济体	2018 年	2008 年	1998 年	经济体	2018 年	2008 年	1998 年
哈萨克斯坦	52.82	22.98	0.90	葡萄牙	30.13	44.32	50.31
西班牙	52.36	57.14	70.37	俄罗斯	29.90	27.16	7.27
新西兰	51.45	50.52	49.25	哥伦比亚	29.61	31.22	27.97
伊朗	50.67	47.69	26.43	秘鲁	28.58	25.68	16.04
瑞典	50.23	54.60	40.63	泰国	27.72	20.01	6.61
芬兰	50.11	59.58	49.65	摩洛哥	27.31	32.41	42.46
奥地利	49.44	56.64	50.25	希腊	26.46	47.01	42.44
英国	48.72	55.76	47.95	印度尼西亚	26.27	17.79	10.43
保加利亚	46.54	45.53	48.47	印度	25.08	18.40	19.79
中国香港	46.27	42.62	48.33	南非	24.70	43.79	39.19
日本	46.14	41.12	41.95	乌克兰	24.41	20.58	1.97
意大利	44.84	53.91	66.20	蒙古	23.68	7.68	9.10
斯里兰卡	43.47	33.63	33.18	巴西	18.87	30.47	40.42
乌拉圭	42.51	35.77	40.01	中国	18.13	16.33	7.00
巴基斯坦	42.31	43.86	38.97	牙买加	13.03	15.02	25.19
越南	42.31	43.86	38.97	委内瑞拉	1.84	43.46	20.77

资料来源：作者测算整理得到。

从 2018 年经济增长的效率指数分值来看，爱尔兰以 85.90 分处于第 1 名，土耳其 71.54 分排名第 2，委内瑞拉则以 1.84 分排名倒数第 1，牙买加以 13.03 分排名倒数第 2。前 34 名的得分均在 40 分以上，占总样本的 55%，分值处于 20~40 分的占总样本的 39%，分值处于 0~20 分的占总样本的 6%。

从与 2008 年的分值对比来看，有 50% 的样本经济体的分值得到了提升。从排名变化来看，有 58% 的样本经济体的排名有了提升，有 37% 的样本经济体的指数排名出现了下降。从排名的波动状况来看，40% 的经济体排名波动在 -3 ~ +3 之间，没有发生过大的变化。排名增幅较大的经济体为哈萨克斯坦、斯里兰卡、波兰、乌拉圭和罗马尼亚，排名分别上升了 38 名、19 名、18 名、16 名和 15 名。排名降幅较大的经济体中，希腊下降了 29 名，委内瑞拉下降了 27 名，沙特阿拉伯、乌克兰分别下降了 25 名。

从图 6-1 来看，发达经济体的均值要显著高于发展中经济体和中国。发达经济体在2008年以前小幅增长而后下降，2008年以后则在50分上下徘徊；中国在2008年以前一直上涨，2008年以后稳定在20分左右；发展中经济体亦是如此。由此可以看出，2008年以后各个经济体的全要素生产率都处于稳定状态，没有出现大幅增长或者下跌，但是发达经济体、发展中经济体和中国之间仍存在十分明显的差距。

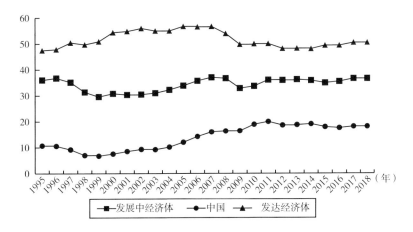

图6-1　1995~2018年分样本效率趋势

资料来源：作者测算整理得到。

（二）数量

从2018年样本经济体的数量方面的排名来看（见表6-4），发达经济体的指数基本都高于发展中经济体，排名前26的经济体全部为发达经济体。发展中经济体中排名第1的为沙特阿拉伯，但在所有样本经济体中仅排在第27位；斯洛伐克在发达经济体中排名最后，位列第28位，但在所有样本经济体中仍处于中上游水平。

表6-4　　　　　　　　样本经济体经济增长的数量指数变化

经济体	2018年	2008年	1998年	经济体	2018年	2008年	1998年
挪威	100.00	98.67	85.27	智利	15.90	13.08	9.42
瑞士	85.94	82.20	70.21	土耳其	15.83	10.95	8.37
爱尔兰	83.39	55.32	40.21	乌拉圭	15.34	11.09	9.68

经济体	2018 年	2008 年	1998 年	经济体	2018 年	2008 年	1998 年
丹麦	69.17	65.49	56.90	马来西亚	12.61	9.04	6.31
新加坡	63.03	46.60	32.28	俄罗斯	12.18	11.48	5.38
瑞典	62.67	57.11	44.12	罗马尼亚	11.97	9.11	4.59
澳大利亚	61.49	56.02	44.78	哈萨克斯坦	11.57	8.87	3.66
荷兰	59.50	56.99	46.38	巴西	11.41	11.07	8.81
美国	59.02	53.27	45.20	墨西哥	10.73	9.84	9.02
加拿大	55.53	52.37	39.47	阿根廷	10.34	10.51	8.95
奥地利	54.03	51.88	42.43	保加利亚	8.82	6.92	3.82
日本	52.83	48.73	44.48	中国	7.84	3.51	1.04
芬兰	52.64	53.40	39.54	委内瑞拉	7.78	15.67	13.27
德国	51.25	45.38	38.98	哥伦比亚	7.77	6.05	4.93
比利时	50.91	48.06	39.84	南非	7.49	7.49	5.62
法国	47.09	44.67	38.79	伊朗	6.96	6.27	4.42
英国	46.71	44.20	36.06	秘鲁	6.42	4.52	2.87
中国香港	41.75	33.85	22.58	泰国	6.32	4.61	2.90
新西兰	40.89	36.48	29.28	牙买加	4.67	4.87	4.45
意大利	38.09	40.52	37.03	突尼斯	4.17	3.70	2.38
西班牙	35.38	34.42	27.84	印度	4.05	2.52	1.64
斯洛文尼亚	28.62	27.16	17.97	蒙古	3.96	2.21	1.07
韩国	28.61	22.10	13.19	斯里兰卡	3.66	2.14	1.19
葡萄牙	25.59	24.35	21.42	摩洛哥	3.03	2.30	1.51
希腊	25.11	32.01	23.30	乌克兰	2.76	2.99	1.21
捷克	24.89	21.79	14.61	菲律宾	2.67	1.57	1.07
沙特阿拉伯	22.12	21.04	19.97	埃及	2.54	2.09	1.36
斯洛伐克	21.88	17.69	10.52	印度尼西亚	1.66	0.67	0.19
波兰	17.57	12.26	7.79	越南	1.51	0.67	0.13
匈牙利	17.56	14.56	9.93	赞比亚	1.19	0.79	0.37
克罗地亚	16.73	15.98	10.36	巴基斯坦	0.67	0.44	0.24

资料来源：作者测算整理得到。

　　从 2018 年经济增长的数量指数分值来看，挪威以 100 分处于第 1 名，瑞士以 85.94 分排名第 2，巴基斯坦以 0.67 分排名倒数第 1，赞比亚以 1.19 分排名倒数第 2。前 19 名的分值均在 40 分以上，占总样本的 30%，分值处于 10 ~ 40 分的占总样本的 35%，分值处于 0 ~ 10 分的占总样本的 35%。

从与 2008 年的分值对比来看，有 88% 的样本经济体的分值得到了提升。从排名变化来看，有 35% 的样本经济体的排名保持在原位，有 40% 的样本经济体的指数排名出现了下降。从排名的波动状况来看，70% 的经济体排名波动在 − 2 ~ + 2 之间，没有发生过大的变化。排名增幅较大的经济体为新加坡、中国、马来西亚，排名分别上升了 9 名、8 名、6 名。而排名降幅较大的经济体中，委内瑞拉下降了 14 名，芬兰下降了 5 名，乌克兰下降了 4 名。可以看出，排名变化幅度较大的多为发展中经济体，发展中经济体的人均 GDP 增长强劲，但是经济增长波动较大。

从图 6 − 2 来看，发达经济体的均值要显著高于发展中经济体和中国，相对其他单项指数而言，数量指数差距最大。中国的数量指数一直保持逐年增长的稳定态势，发展中经济体的数量指数一直略微高于中国。由于中国一直保持着较高的 GDP 增长速度，随着时间的推移，中国和发展中经济体的差距会逐步缩小。

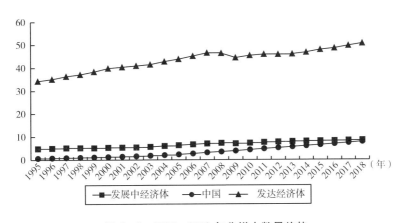

图 6 − 2　1995 ~ 2018 年分样本数量趋势

资料来源：作者测算整理得到。

（三）创新

从样本经济体 2018 年创新性指数的排名来看（见表 6 − 5），发达经济体的指数基本都高于发展中经济体，排名前 22 的经济体除了中国以外，其余全部为发达经济体。发展中经济体中排名第 1 的为中国,在所有样本经济体中仅排在第 8 位;虽然斯洛伐克在发达经济体中排名最后,但在所有样本经济体中位列第 34 位,处于中游水平。

表 6 – 5 样本经济体经济增长创新性指数变化

经济体	2018 年	2008 年	1998 年	经济体	2018 年	2008 年	1998 年
韩国	100.00	74.95	41.51	爱尔兰	12.44	16.52	14.48
日本	67.24	77.27	75.50	斯洛伐克	10.89	5.83	9.53
美国	45.76	43.73	36.52	克罗地亚	10.61	11.46	10.69
德国	43.94	39.34	34.33	沙特阿拉伯	9.99	0.58	0.70
瑞士	41.86	34.95	32.95	中国香港	9.96	8.77	5.26
瑞典	41.56	45.14	46.81	南非	9.75	10.64	8.42
奥地利	40.50	34.24	23.93	保加利亚	9.38	5.69	6.25
中国	39.76	19.10	7.71	泰国	9.32	2.52	2.97
丹麦	39.65	36.95	27.83	摩洛哥	8.42	7.17	3.20
芬兰	36.14	46.66	39.80	印度尼西亚	7.40	10.22	8.36
比利时	31.75	23.36	22.39	突尼斯	7.22	7.56	6.38
新加坡	30.23	33.19	21.54	埃及	7.21	3.20	2.38
法国	28.84	27.54	27.83	罗马尼亚	6.68	7.17	6.57
挪威	27.80	21.77	22.86	阿根廷	6.34	5.76	5.12
荷兰	25.29	21.44	22.99	越南	6.23	2.21	2.20
澳大利亚	24.18	30.21	19.24	乌克兰	5.91	10.79	14.09
斯洛文尼亚	23.53	21.26	17.45	墨西哥	5.84	5.56	3.55
英国	22.48	23.06	23.24	伊朗	5.05	10.69	5.92
捷克	21.96	15.53	13.36	乌拉圭	4.84	4.55	2.31
加拿大	20.32	24.07	21.99	智利	4.52	4.81	3.78
意大利	18.12	15.78	13.42	赞比亚	3.22	3.23	0.00
新西兰	17.48	19.02	15.84	哥伦比亚	2.93	2.32	3.21
马来西亚	17.37	9.65	4.74	印度	2.81	0.94	0.74
葡萄牙	16.50	17.47	7.42	巴基斯坦	2.73	5.22	1.22
匈牙利	16.49	12.46	8.65	哈萨克斯坦	2.13	3.88	3.74
俄罗斯	15.51	15.09	12.80	蒙古	1.89	4.32	2.82
巴西	15.18	13.54	11.93	菲律宾	1.63	1.31	1.58

续表

经济体	2018 年	2008 年	1998 年	经济体	2018 年	2008 年	1998 年
西班牙	14.62	16.59	10.78	斯里兰卡	1.44	1.43	2.13
希腊	13.98	8.56	7.00	秘鲁	1.39	0.92	1.14
波兰	13.78	7.95	8.63	委内瑞拉	1.38	2.76	2.28
土耳其	12.53	8.55	4.24	牙买加	0.78	0.73	0.56

资料来源：作者测算整理得到。

从 2018 年创新性指数的分值来看，韩国的创新驱动战略使得韩国以 100 分的绝对优势处于第 1 名，日本则以 67.24 分排名第 2，牙买加以 0.78 分排名倒数第 1，委内瑞拉以 1.38 分排名倒数第 2。除韩国分数较高外，其他经济体的创新分数都比较低，说明在创新方面其他经济体与韩国存在较大差距。

从与 2008 年的分值对比来看，有 62% 的样本经济体的分值得到了提升。从与 2008 年的排名变化来看，38% 的样本经济体的指数排名得到了提升，52% 的样本经济体的指数排名出现了下降。从排名的波动状况来看，40% 的创新性指数排名波动在 −2 ～ +2 之间，没有发生过大的变化。排名增幅较大的经济体为沙特阿拉伯、泰国、中国、马来西亚、越南，排名分别上升了 27 名、15 名、11 名、11 名、10 名。而排名降幅较大的经济体中，伊朗和乌克兰降幅最大，分别下降了 18 名和 17 名，爱尔兰和巴基斯坦则都下降了 9 名。可以看出，在增幅和降幅中，发展中经济体均占较大的比例，发展中经济体的排名容易产生较大变化，说明发展中经济体具有较大的发展潜力，同时也面临较大的下滑风险。

从图 6-3 来看，最为显著的特点是中国的创新性指数增长速度要远远超过发达经济体和发展中经济体。1995 年与发展中经济体基本相等，2013 年已经赶上发达经济体，2014 ～ 2018 年一直高于发达经济体，并且超越的幅度不断扩大。相对于中国的高增速，发达经济体和发展中经济体表现为缓慢的增长，并且在 2018 年都出现了轻微的下跌。

（四）协调

从 2018 年样本经济体协调方面的排名来看（见表 6-6），发达经济体和发展中经济体的协调性指数交替分布，总排名第 1 的为中国香港，发展中经济

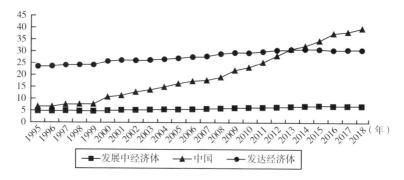

图 6 – 3　1995 ~ 2018 年分样本创新趋势

资料来源：作者测算整理得到。

体中排名第 1 的为巴西，在所有经济体中排在第 8 位，爱尔兰在发达经济体中排名最后，在所有样本经济体中位列第 51 位。从 2018 年分值来看，中国香港以 100 分的绝对优势处于第 1 名，希腊则以 34.56 排名第 2，而沙特阿拉伯则以 3.64 排名倒数第 1，印度的分数为 5.22，排名倒数第 2。前 17 名的分值均在 20 分以上，占总样本的 27%，分值处于 10 ~ 20 分的占总样本的 50%。

表 6 – 6　　　　　　　　　样本经济体经济增长协调性指数变化

经济体	2018 年	2008 年	1998 年	经济体	2018 年	2008 年	1998 年
中国香港	100.00	91.44	48.58	哥伦比亚	14.64	10.35	13.02
希腊	34.56	33.86	26.43	斯洛文尼亚	14.13	13.08	11.63
法国	31.11	26.92	22.05	波兰	13.97	13.46	11.77
英国	30.07	24.95	19.77	斯里兰卡	13.92	10.61	9.93
荷兰	28.71	22.20	20.67	日本	13.76	13.90	10.49
美国	28.40	23.41	20.66	摩洛哥	13.72	13.04	12.82
比利时	26.76	22.37	17.12	罗马尼亚	13.12	7.74	8.53
巴西	26.57	19.06	20.29	斯洛伐克	12.68	10.60	14.53
葡萄牙	26.05	23.88	16.73	智利	12.51	9.63	11.33
新西兰	24.32	21.11	18.74	土耳其	12.37	14.73	9.63
西班牙	24.26	16.06	14.12	印度尼西亚	12.35	8.63	9.33
克罗地亚	23.62	18.60	16.38	墨西哥	11.84	9.44	9.75
丹麦	22.95	20.88	20.84	挪威	11.41	7.07	14.83
牙买加	22.48	24.03	18.40	捷克	11.29	10.04	9.17

续表

经济体	2018 年	2008 年	1998 年	经济体	2018 年	2008 年	1998 年
意大利	22.26	19.23	17.03	俄罗斯	11.12	11.87	9.51
瑞典	20.76	18.41	16.10	秘鲁	10.67	7.80	12.52
巴基斯坦	20.17	15.00	13.73	菲律宾	10.62	8.39	7.25
阿根廷	18.74	14.74	14.87	哈萨克斯坦	9.93	6.35	11.82
保加利亚	18.51	16.52	18.25	韩国	9.47	10.88	9.24
澳大利亚	18.42	16.79	16.77	爱尔兰	8.78	16.98	11.58
芬兰	17.98	13.17	12.26	赞比亚	8.73	9.95	11.57
瑞士	17.91	16.26	16.02	泰国	8.31	5.77	7.21
新加坡	17.87	16.57	11.78	伊朗	8.06	3.61	8.98
加拿大	17.83	13.19	15.34	委内瑞拉	7.76	3.07	6.28
突尼斯	17.76	10.47	14.31	埃及	7.62	6.78	10.52
乌克兰	17.09	12.35	10.05	越南	7.35	4.88	5.86
乌拉圭	17.05	18.03	17.97	马来西亚	6.79	3.80	3.66
奥地利	16.96	15.68	14.14	蒙古	6.00	8.25	10.89
匈牙利	16.67	16.36	13.49	中国	5.85	3.21	2.47
南非	16.56	14.07	12.93	印度	5.22	2.26	2.48
德国	15.35	15.92	14.46	沙特阿拉伯	3.64	0.00	4.80

资料来源：作者测算整理得到。

从与 2008 年的排名变化来看，有 43% 的样本经济体的指数排名得到了提升，有 42% 的样本经济体的指数排名出现了下降。从排名的波动状况来看，40% 的经济体指数排名波动在 -2 ~ +2 之间，没有发生过大的变化。排名增幅较大的是突尼斯、罗马尼亚、西班牙、芬兰、乌克兰、哥伦比亚，其中突尼斯排名上升了 16 名，罗马尼亚上升了 13 名，西班牙和芬兰都上升了 12 名，乌克兰和哥伦比亚上升了 10 名。而排名降幅较大的经济体中，爱尔兰下降了 34 名，土耳其下降了 13 名，韩国、乌拉圭、蒙古分别下降了 12 名、11 名、10 名。

从与 2008 年的指数值对比变化来看，有 82% 的经济体的指数值得到了提升，指数增长前五的经济体分别为中国香港、西班牙、巴西、突尼斯、荷兰。有 18% 的指数值出现了下降，其中指数值下降幅度最大的经济体分别为爱尔兰、土耳其、蒙古、牙买加和韩国。

从分样本协调趋势（见图6－4）来看，发达经济体、发展中经济体和中国都在 2008 年出现了一个明显的波动，可能的原因是在受到全球金融危机的影响后，协调性指标又呈现平稳上升的趋势。

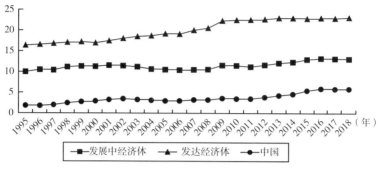

图 6－4　1995～2018 年分样本协调趋势

资料来源：作者测算整理得到。

（五）绿色

从 2018 年样本经济体绿色方面的排名来看（见表6－7），发达经济体和发展中经济体的绿色性指数交替分布，总排名第 1 的为法国。法国一直致力于《巴黎协定》的贯彻落实，制定了多项应对气候变化的政策，因而绿色性指数方面排名领先。发展中经济体中排名第 1 的为乌拉圭，在所有样本经济体中排在第 10 位。韩国在发达经济体中排名最后，在所有经济体中位列第 38 位。

表 6－7　　　　　　　　样本经济体经济增长绿色性指数变化

经济体	2018 年	2008 年	1998 年	经济体	2018 年	2008 年	1998 年
法国	99.86	98.28	96.73	新加坡	84.79	85.21	80.44
瑞典	98.82	99.03	98.84	斯里兰卡	84.52	84.59	84.63
瑞士	98.41	97.93	96.90	智利	83.81	83.47	81.66
挪威	95.12	94.26	96.69	秘鲁	83.76	85.24	84.42
芬兰	91.77	90.29	88.55	土耳其	83.71	82.09	82.08
斯洛文尼亚	91.03	88.63	86.14	澳大利亚	83.59	81.91	80.81
西班牙	90.67	88.06	88.10	韩国	83.50	83.53	80.37
斯洛伐克	89.88	87.34	79.05	委内瑞拉	82.11	82.01	79.25

经济体	2018 年	2008 年	1998 年	经济体	2018 年	2008 年	1998 年
丹麦	89.84	87.22	84.98	墨西哥	81.49	80.23	80.27
乌拉圭	89.81	86.48	89.43	菲律宾	81.01	81.01	77.47
奥地利	89.09	88.05	87.37	阿根廷	80.95	80.88	81.65
英国	89.07	86.52	86.51	保加利亚	79.67	75.06	65.86
比利时	89.05	89.90	88.16	印度	79.02	76.60	78.83
新西兰	88.21	87.56	86.84	波兰	78.29	74.73	66.89
德国	88.19	87.92	86.42	摩洛哥	78.05	76.55	77.55
加拿大	88.02	86.93	84.27	牙买加	77.83	74.20	72.71
赞比亚	87.72	88.26	85.67	突尼斯	76.75	76.64	74.95
匈牙利	87.66	84.95	80.73	巴基斯坦	73.61	70.65	71.31
意大利	87.22	85.35	84.84	马来西亚	73.53	71.95	72.66
巴西	87.21	88.39	87.97	泰国	72.43	73.00	72.33
爱尔兰	87.16	85.40	83.26	埃及	72.21	69.13	69.07
葡萄牙	86.81	85.38	84.19	俄罗斯	70.73	69.10	53.67
哥伦比亚	86.34	86.44	83.81	沙特阿拉伯	70.23	71.90	77.51
克罗地亚	86.08	83.53	81.36	印度尼西亚	68.34	67.33	65.01
荷兰	85.66	85.19	83.83	越南	67.53	67.01	72.08
美国	85.41	84.15	81.99	南非	65.73	62.49	59.44
日本	85.37	88.58	89.39	中国	65.34	59.59	54.43
中国香港	85.06	84.62	83.00	伊朗	62.05	64.96	67.96
罗马尼亚	85.05	80.81	71.79	哈萨克斯坦	61.87	54.72	46.06
希腊	84.85	83.40	81.56	乌克兰	61.04	53.19	15.29
捷克	84.82	82.06	73.93	蒙古	52.26	53.58	46.89

资料来源：作者测算整理得到。

从 2018 年分值来看，法国以 99.86 分处于第 1 名，瑞典 98.82 分排名第 2，而蒙古则以 52.26 分排名倒数第 1，乌克兰以 61.04 分排名倒数第 2。所有经济体分值都在 50 分以上，意味着对比以前年份有了很大的提升，说明环境资源保护已经引起了各国在经济发展过程中的足够重视。

从与 2008 年的排名对比变化来看，有 45% 的样本经济体的指数排名得到了提升，有 35% 的样本经济体的指数排名出现了下降。从排名的波动状况来看，60% 的经济体绿色性指数排名波动在 -2 ~ +2 之间，没有发生过大的变化。排名增幅较大的罗马尼亚、乌拉圭、匈牙利、克罗地亚，排名分别上升了12 名、9 名、9 名、8 名。

从与 2008 年的数值对比变化来看，有 74% 的经济体的指数值得到了提升，指数值增长前五的经济体分别为乌克兰、哈萨克斯坦、中国、保加利亚、罗马尼亚。有 26% 的指数值出现了下降，其中指数值下降幅度最大的经济体分别为日本、伊朗、沙特阿拉伯、秘鲁。

从排名的地区分布来看，欧洲发达经济体在绿色性指数方面排名较好，在2018 年的排名中，前 10 名除了乌拉圭为美洲经济体外，其余全是欧洲经济体，并且全部为发达经济体，由此可以看出欧洲经济体在控制碳排放，保护环境等方面实施了相当多的措施；对比而言，亚洲经济体表现最差，排名后几位的经济体，在碳排放和清洁能源使用方面做得不够到位，需要加强环境保护措施的颁布与实施。

从分样本绿色性趋势来看（见图 6 - 5），发达经济体和发展中经济体基本未表现出较大的波动，而中国则处于波动上升趋势中，2014 年之后才比较稳定。

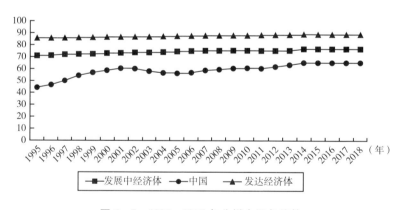

图 6 - 5　1995 ~ 2018 年分样本绿色趋势

资料来源：作者测算整理得到。

（六）开放

从 2018 年样本经济体开放性指数的排名来看（见表 6 - 8），发达经济体和发展中经济体排名交叉分布，发达经济体（地区）中排名第 1 的是中国香港。中国香港作为中国的自由贸易港，关税低、外汇进出方便，因而进出口贸易额巨大。发展中经济体中排名第 1 的为越南，在所有样本经济体中排在第 4 位。

表 6 - 8　　　　　　　　样本经济体经济增长开放性指数变化

经济体	2018 年	2008 年	1998 年	经济体	2018 年	2008 年	1998 年
中国香港	84.52	84.55	48.13	赞比亚	14.06	10.26	9.51
新加坡	72.73	98.76	69.43	希腊	13.32	10.23	6.24
爱尔兰	45.87	33.72	33.34	挪威	12.98	13.88	13.21
越南	45.12	32.48	19.06	西班牙	12.15	9.45	8.67
斯洛伐克	40.87	34.30	20.24	委内瑞拉	12.06	8.48	6.55
匈牙利	35.10	33.39	21.50	沙特阿拉伯	11.93	18.85	9.47
比利时	35.05	34.07	25.55	加拿大	11.85	12.07	14.69
斯洛文尼亚	34.39	27.89	18.98	法国	11.20	9.78	7.93
荷兰	33.26	27.03	22.70	哈萨克斯坦	11.05	18.42	11.61
捷克	31.56	25.45	16.17	英国	10.81	9.48	7.80
保加利亚	27.08	25.58	14.49	意大利	10.49	9.10	6.90
马来西亚	26.90	37.71	45.40	土耳其	10.43	8.03	5.77
泰国	25.22	29.23	19.81	南非	10.27	13.40	7.79
蒙古	25.12	24.72	21.48	智利	9.81	15.26	9.06
瑞士	24.45	23.22	17.15	新西兰	9.55	11.41	9.90
突尼斯	22.32	23.12	15.07	斯里兰卡	8.73	11.18	14.72
奥地利	21.58	20.24	14.35	俄罗斯	8.40	8.84	9.40
波兰	21.57	15.25	9.61	秘鲁	7.79	10.02	4.06
丹麦	20.98	20.89	13.04	伊朗	7.76	7.63	3.18
克罗地亚	20.20	15.79	11.72	埃及	7.64	13.13	6.16
乌克兰	19.53	19.04	16.49	印度尼西亚	6.50	8.84	1.89
瑞典	17.20	18.13	13.87	澳大利亚	6.45	6.38	5.72
牙买加	17.19	22.94	16.12	印度	6.41	10.05	18.86
德国	17.10	15.43	8.42	乌拉圭	5.70	11.61	4.69
摩洛哥	16.95	16.40	8.23	中国	5.30	9.83	3.93

经济体	2018 年	2008 年	1998 年	经济体	2018 年	2008 年	1998 年
葡萄牙	16.70	13.22	11.29	哥伦比亚	4.95	5.53	4.75
罗马尼亚	16.60	11.60	8.95	日本	4.92	4.39	0.84
韩国	15.78	19.74	12.73	阿根廷	3.53	5.80	1.81
墨西哥	15.18	9.87	8.28	巴西	3.15	2.72	0.19
芬兰	14.57	16.52	12.02	巴基斯坦	3.02	4.67	4.30
菲律宾	14.15	14.20	19.44	美国	2.79	3.34	1.68

资料来源：作者测算整理得到。

从 2018 年的分值来看，中国香港以 84.52 分的优势处于第 1，新加坡则以 72.73 分排名第 2。美国由于税制改革，贸易额有了较大幅度的缩水，对比美国世界第一的 GDP 总量，贸易额占 GDP 的比重会显得很低，使得美国以 2.79 分排名倒数第 1，巴基斯坦以 3.02 分排名倒数第 2。前 19 名的分值均在 20 分以上，占总样本的 31%，分值处于 10～20 分的占总样本的 37%。

从与 2008 年的排名对比变化来看，有 53% 的样本经济体的指数排名得到了提升，有 40% 的样本经济体的指数排名出现了下降。从排名的波动状况来看，40% 的经济体指数排名波动在 -2～+2 之间，没有发生过大的变化。排名增幅较大的委内瑞拉、墨西哥、西班牙、波兰，排名分别上升了 17 名、16 名、14 名、12 名。

从分样本开放趋势来看（见图 6-6），发达经济体、发展经济体和中国在 1997 年和 2008 年有一个较为明显的下降，可能的原因是 1997 年的亚洲金融危机和 2008 年的美国金融危机，各国都受到了严重影响。为了缓解金融危机的冲击，各国不得不收紧贸易政策，稳住国内的经济局势。

根据分样本趋势并分析两次下降的原因，可以看出进出口贸易额易受到国际局势的冲击，当受到从国外传来的金融危机的冲击时，贸易额会有严重的下滑，因此维护国际经济形势的稳定至关重要，需要各国的共同努力，为经济全球化和贸易一体化贡献自身的力量。

（七）共享

从 2018 年样本经济体共享方面的排名来看（见表 6-9），排名靠前的大多数为发达经济体，发展中经济体中排名第一的为突尼斯，在所有经济体中排在第 26 位，而斯洛伐克在发达经济体中排名最后，位列第 35 位。

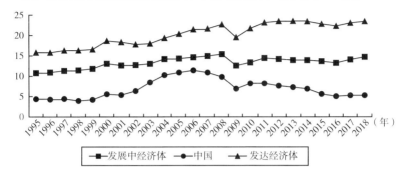

图 6 - 6　1995 ~ 2018 年分样本开放趋势

资料来源：作者测算整理得到。

表 6 - 9　　　　　　　　样本经济体经济增长共享性指数变化

经济体	2018 年	2008 年	1998 年	经济体	2018 年	2008 年	1998 年
挪威	100.00	91.53	90.80	克罗地亚	79.72	74.77	65.80
瑞典	99.58	92.96	92.16	摩洛哥	78.95	73.81	61.41
丹麦	97.23	91.45	89.02	斯洛伐克	78.69	69.64	67.39
芬兰	96.14	87.88	84.11	乌拉圭	78.58	72.93	64.23
比利时	94.23	87.03	74.99	越南	78.37	74.37	70.28
新西兰	93.78	88.25	86.84	土耳其	77.39	66.65	53.76
瑞士	93.50	89.30	83.94	哥伦比亚	77.30	71.54	66.11
法国	92.53	89.82	85.35	委内瑞拉	76.67	78.35	64.15
韩国	91.98	82.81	69.98	马来西亚	76.30	70.00	70.50
澳大利亚	91.96	87.28	83.17	墨西哥	76.29	75.29	66.86
加拿大	91.28	85.83	84.78	匈牙利	76.19	72.82	64.35
奥地利	90.69	87.55	84.94	泰国	75.82	66.80	64.72
荷兰	90.33	86.56	79.97	沙特阿拉伯	75.78	73.18	81.34
英国	90.02	84.67	77.23	中国	75.43	66.95	57.46
西班牙	89.90	86.32	80.50	牙买加	75.01	77.99	72.32
中国香港	89.18	84.31	79.55	秘鲁	74.29	65.49	59.73
意大利	89.02	86.60	81.71	伊朗	73.78	67.62	60.68
日本	88.56	86.11	81.37	保加利亚	71.79	68.60	59.66
斯洛文尼亚	87.80	83.59	76.36	斯里兰卡	71.02	65.59	58.04

续表

经济体	2018 年	2008 年	1998 年	经济体	2018 年	2008 年	1998 年
葡萄牙	87.59	81.64	77.39	罗马尼亚	69.37	67.39	58.62
德国	87.07	83.06	78.62	乌克兰	69.03	66.93	60.07
智利	86.79	77.98	71.23	俄罗斯	65.43	57.95	51.91
爱尔兰	85.28	87.51	75.40	埃及	64.28	60.85	60.48
希腊	84.82	81.87	73.75	哈萨克斯坦	63.74	50.63	51.17
新加坡	84.82	79.35	74.19	印度	62.88	54.73	42.78
突尼斯	83.95	79.54	75.97	蒙古	61.00	57.83	50.97
美国	82.71	83.24	80.27	印度尼西亚	59.51	50.59	43.44
捷克	81.96	75.05	69.51	菲律宾	58.86	56.08	58.40
巴西	80.93	72.36	63.30	南非	56.24	35.06	44.71
波兰	80.68	76.79	71.28	巴基斯坦	51.09	46.44	41.84
阿根廷	80.39	74.88	68.45	赞比亚	37.68	16.43	0.86

资料来源：作者测算整理得到。

从 2018 年分值来看，挪威以 100 分处于第 1 名，瑞典则以 99.58 分排名第 2，与人类发展指数排名基本相符。与其他经济体相比，西欧发达经济体为了提升国民素质，投入了大量教育资源，医疗体系建设颇多，人均寿命较高，因而共享性指数中西欧经济体排名普遍靠前。而位于非洲中部的赞比亚在 2014 年才刚刚成为发展中经济体，在教育、医疗等基础设施建设方面都很不完善，以 37.68 分排名倒数第 1，巴基斯坦为 51.09 分，排名倒数第 2。92% 的经济体分值在 60 分以上。

从与 2008 年的排名对比变化来看，有 47% 的样本经济体的指数排名得到了提升，有 40% 的样本经济体的指数排名出现了下降。从排名的波动状况来看，47% 的经济体指数排名没有发生大的变化。排名增幅较大的经济体为韩国、土耳其、巴西、斯洛伐克，排名分别上升了 13 名、13 名、11 名、9 名。而排名降幅较大的经济体中，牙买加下降了 18 名，爱尔兰下降了 14 名，委内瑞拉下降了 12 名，墨西哥下降 10 名。

从与 2008 年的指数值对比变化来看，有 93% 的经济体的指数值得到了提升，说明各经济体在改善其居民生活质量方面都做出了一定的贡献，其中指数增长前五的经济体分别为赞比亚、南非、哈萨克斯坦、土耳其、韩国。仅有牙买加、爱尔兰、委内瑞拉、美国出现了下降。

可以看出，排名靠前的几乎都是发达经济体，发展中经济体则排在后面。为了弥补指数的差距，各发展中经济体需要加强在教育和医疗方面的关注。

从分样本共享性趋势来看（见图6-7），发达经济体、发展中经济体和中国都表现出平稳上升的趋势，其中中国的上升势头最强，在2012年之后已经超过发展中经济体平均水平。

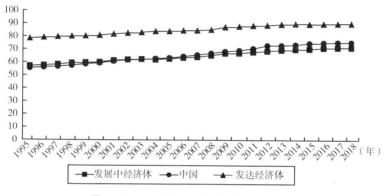

图6-7 1995~2018年分样本共享趋势

资料来源：作者测算整理得到。

二、经济增长质量指数的合成过程和测度结果

（一）经济增长质量指数的合成过程

在合成七个单项指数之后，继续运用主成分分析法进行经济增长质量指数的合成。为了展现各单项指数与各主成分之间的关系，在此给出经济增长质量指数详细的检验和合成过程。在进行主成分分析之前，要对数据是否适用该方法来进行检验。由于主成分分析法的核心思想是将数据进行降维，从而对数据进行简化，提高效率，而较强的相关性是降维的关键，因此需要对选取的数据进行相关性检验。本书采用KMO（Kaiser – Meyer – Olkin）以及Bartlett球形检验（Bartlett Test of Sphericity）对数据进行检验。

KMO检验通过对数据的简单相关系数平方和与偏相关系数平方和的大小来检验相关性。当数据之间的偏相关系数平方和低于简单相关系数平方和时，数据的偏相关系数越小，计算得出的KMO值越趋近于1，证明这些数据适合用主成分分析法合成指数。通常情况下，当 KMO 的值在 0.7 以上时就说明数据比较适合采用主成分分析法。

Bartlett 球形检验以数据的相关矩阵为单位矩阵作为原假设，如果检验结果拒绝原假设，则说明选取数据的相关矩阵不是单位阵，选取的数据具有相关性，可以进行主成分分析。通常情况下，当检验结果的显著性水平在 0.05 以下就认为选取的数据适合采用主成分分析法。

由表 6 – 10 的检验结果可知，KMO 的值为 0.7701，大于 0.7，说明选取的七个单项指数存在较强的相关性，同时 Bartlett 球形检验的显著性水平为 0.000，也拒绝了模型的原假设，同样认为七个单项指数存在较强的相关性，因而可以进行经济增长质量指数的主成分提取。

表 6 – 10　　　　　　　　　　KMO 和 Bartlett 球形检验结果

KMO		0.7701
Bartlett 球形检验	近似卡方	4160.35
	自由度	21
	显著性	0.000

注：估计工具采用 SPSS25。

根据斯格里准则（Scree test），图 6 – 8 显示，第三主成分处的斜率要显著

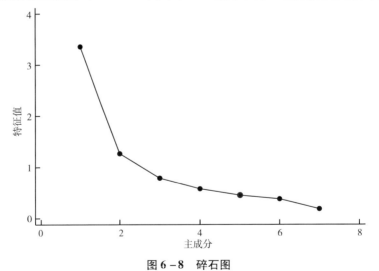

图 6 – 8　碎石图

注：估计工具采用 SPSS25。

低于第二主成分处的斜率，而且第一主成分和第二主成分的特征值都大于1，选取第一和第二主成分即可；但是，根据表6-11，如果只选取前两个主成分，累计贡献率只有66.024%，若选取前三个主成分，累计贡献率可以达到77.279%，能多反映超过10%的信息。为了尽可能多地反映选取指标的信息，本书选取前三个主成分进行经济增长质量指数的合成。

表6-11　　　　　　　　　　　　　　总方差解释

成分	初始特征值			提取载荷平方和		
	总计	方差百分比（%）	累积（%）	总计	方差百分比（%）	累积（%）
1	3.355	47.934	47.934	3.355	47.934	47.934
2	1.266	18.090	66.024	1.266	18.090	66.024
3	0.788	11.256	77.279	0.788	11.256	77.279
4	0.577	8.247	85.527			
5	0.450	6.434	91.960			
6	0.379	5.408	97.369			
7	0.184	2.631	100			

注：估计工具采用SPSS25。

在主成分分析法中，共同度越高，说明经济增长质量指数对选取的七个单项指数的解释力就越强，也可以说明选取的七个单项指数的合理性，如表6-12所示。

表6-12　　　　　　　　　　　　　　共同度

指数	初始	提取
效率	1.000	0.762
数量	1.000	0.848
创新	1.000	0.871
协调	1.000	0.709
绿色	1.000	0.692
开放	1.000	0.799
共享	1.000	0.728

注：估计工具采用SPSS25。

根据选取的第一主成分、第二主成分、第三主成分进行计算，可以得到主成分荷载阵，如表6-13所示。从表中可以看出每个主成分对七个单项指数的影响程度，数值越大可以认为对应主成分反映对应指标的信息量越大。但是这只是矩阵运算过程中出现的结果，当结合实际解释时，会出现主成分对应指标区别并不大的情况，因此本书不再解释各个主成分代表的经济含义，仅作为合成指数的一个步骤。

表 6 - 13　　　　　　　　　　　　　　成分矩阵

指数	成分		
	1	2	3
效率	0.707	- 0.203	- 0.470
数量	0.909	- 0.111	0.099
创新	0.680	- 0.284	0.572
协调	0.499	0.644	- 0.213
绿色	0.753	- 0.134	- 0.329
开放	0.245	0.836	0.202
共享	0.832	0.015	0.189

注：估计工具采用 SPSS25。

根据成分矩阵可以得出主成分得分系数矩阵，进一步得出主成分得分模型，即第一主成分、第二主成分和第三主成分。各成分的得分系数矩阵如表 6 - 14 所示。

表 6 - 14　　　　　　　　　　　　成分得分系数矩阵

指数	成分		
	1	2	3
效率	0.211	- 0.160	- 0.596
数量	0.271	- 0.087	0.126
创新	0.203	- 0.224	0.726
协调	0.149	0.509	- 0.270
绿色	0.224	- 0.106	- 0.417
开放	0.073	0.660	0.256
共享	0.248	0.012	0.240

注：估计工具采用 SPSS25。

在本模型中，七个单项指数即为 7 个变量，依次表示为 B1，B2，…，B7。由主成分得分系数矩阵和变量观测值得出主成分得分模型：

$$Y1 = 0.211 \times B1 + 0.271 \times B2 + 0.203 \times B3 + 0.149 \times B4 + 0.224 \times B5$$
$$+ 0.073 \times B6 + 0.248 \times B7 \qquad\qquad (6-5)$$

$$Y2 = -0.160 \times B1 - 0.087 \times B2 - 0.224 \times B3 + 0.509 \times B4 - 0.106 \times B5$$
$$+ 0.660 \times B6 + 0.012 \times B7 \qquad\qquad (6-6)$$

$$Y3 = -0.596 \times B1 + 0.126 \times B2 + 0.726 \times B3 - 0.270 \times B4 - 0.417 \times B5$$
$$+ 0.256 \times B6 + 0.240 \times B7 \qquad\qquad (6-7)$$

以主成分的贡献率为权重进行加权平均：

$$Y = (0.47934 \times Y1 + 0.18090 \times Y2 + 0.11256 \times Y3)/0.77279 \qquad (6-8)$$

（二）经济增长质量指数的测度结果

在得出 Y 之后，按照公式（6-3）进行标准化处理，使所有分值位于 0 ～ 100 之间，最终得分结果如表 6-15 所示。从样本经济体 2018 年经济增长质量指数的排名来看，发达经济体的指数全部高于发展中经济体。发展中经济体中排名第 1 的为匈牙利，在所有经济体中仅排在第 28 位。捷克虽然在发达经济体中排名最后，位列第 27 位，但排名在所有样本中仍具优势。

从 2018 年经济增长质量指数的分值来看，中国香港以 99.38 分的绝对优势处于第 1 名，瑞士以 71.14 分排名第 2，而赞比亚则以 14.70 分排名倒数第 1，蒙古以 14.83 分排名倒数第 2。

从与 2008 年的分值对比来看，有 94% 的样本经济体的分值得到了提升。从与 2008 年的排名对比变化来看，有 35% 的样本经济体的指数排名得到了提升，34% 的样本经济体的指数排名出现了下降。

从排名的波动状况来看，73% 的经济体指数排名波动在 -2 ～ +2 之间，没有发生过大的变化。排名增幅较大的经济体为中国、越南、土耳、韩国和罗马尼亚，排名分别上升了 8 名、7 名、7 名、6 名、6 名。而排名降幅较大的经济体中，牙买加降幅最大，下降了 12 名，委内瑞拉和日本分别下降了 8 名和 7 名。可以看出，发展中经济体的排名容易出现较大变化，说明发展中经济体具有较大的发展潜力，同时也面临较大的下滑风险，各经济体需要根据自身情况保证经济增长质量的提升。

表 6 – 15　　　　　　　　　　样本经济体经济增长质量指数变化

经济体	2018 年	2008 年	1998 年	经济体	2018 年	2008 年	1998 年
中国香港	99.38	91.96	59.13	保加利亚	35.40	30.64	22.79
瑞士	71.14	66.11	58.21	巴西	35.02	30.13	27.00
新加坡	70.08	73.39	53.83	突尼斯	33.98	31.04	28.10
丹麦	67.32	62.53	54.67	智利	33.14	30.11	25.72
挪威	66.57	63.45	60.73	越南	33.09	25.78	21.25
瑞典	66.36	63.83	57.53	马来西亚	32.55	29.58	28.12
比利时	65.85	59.54	48.87	乌拉圭	32.52	30.48	25.77
荷兰	64.83	58.76	51.67	罗马尼亚	31.44	24.48	14.95
爱尔兰	63.82	56.84	46.59	阿根廷	30.04	28.23	24.11
韩国	61.69	52.70	33.37	墨西哥	29.37	26.92	23.57
法国	61.13	57.54	52.43	摩洛哥	28.84	26.47	20.00
奥地利	58.97	55.52	46.84	牙买加	27.98	30.76	25.20
美国	58.32	54.29	47.17	泰国	27.90	22.43	17.64
芬兰	58.26	57.78	48.74	哥伦比亚	26.70	22.99	21.12
德国	57.55	53.00	45.22	沙特阿拉伯	26.15	25.89	29.75
日本	57.26	58.25	53.20	中国	26.13	16.10	5.38
英国	54.50	50.13	42.66	斯里兰卡	25.37	21.69	20.02
澳大利亚	52.05	49.69	42.94	秘鲁	23.65	19.86	16.57
加拿大	51.91	48.54	45.77	俄罗斯	23.17	20.28	10.13
新西兰	50.64	47.37	42.90	乌克兰	22.96	19.36	5.42
斯洛文尼亚	50.23	45.81	35.74	委内瑞拉	21.65	25.60	18.07
西班牙	48.93	43.90	39.56	埃及	21.62	19.30	19.25
意大利	47.23	45.26	41.98	伊朗	20.94	18.76	14.13
葡萄牙	45.51	42.83	35.21	哈萨克斯坦	19.86	11.58	6.45
希腊	45.42	45.15	35.22	菲律宾	19.45	16.42	17.02
斯洛伐克	44.35	35.86	28.03	南非	18.83	13.48	12.29
捷克	43.77	35.74	25.61	巴基斯坦	16.82	13.84	10.31
匈牙利	42.28	39.02	27.92	印度尼西亚	15.98	11.72	5.69
克罗地亚	40.54	35.40	27.72	印度	15.80	11.06	10.41
波兰	38.41	30.39	22.09	蒙古	14.83	13.43	9.31
土耳其	35.46	29.42	20.64	赞比亚	14.70	7.38	0.77

资料来源：作者测算整理得到。

　　从图6-9可以看出，发达经济体和发展中经济体的经济增长质量均呈现出稳定的上升趋势。但是在2009年，三者均出现了小幅度的下降，可能的原因是国际金融危机带来的滞后效应，可见经济波动对经济增长质量的影响十分显著。发达经济体和发展中经济体的均值在2018年也出现了下降，可以看出全球经济总体处于放缓状态。

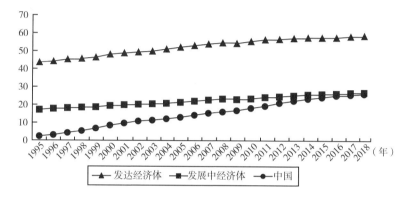

图6-9　1995～2018年分样本经济增长质量趋势

资料来源：作者测算整理得到。

　　总体来看，发达经济体的经济增长质量最高，而且远远高于发展中经济体和中国。发展中经济体的指数均值在1995～2015年均高于中国，2016～2018年中国已经逐步赶上发展中经济体均值。出现这样的增长，与中国深化供给侧改革取得的成果密不可分。

三、中国的经济增长质量的具体状况

　　中国的经济增长质量指数和各单项指数如图6-10所示。可以看出，总指数随着各个单项指数的上升而上升。在增长趋势上，开放性指数在样本期内呈现出先增长后下降然后再增长的趋势，其余指数在样本期内均呈现出上涨趋势，其中创新性增长幅度最大，协调性和数量增长幅度最小。在初始值上，除共享性从样本期开始的1995年就处于较高水平外，其余各指数均处于低位状态，相差不大；但在样本期结束的2018年，创新性增长最多，绿色性居中，与数量、协调性和开放性已经拉开了一定的差距。

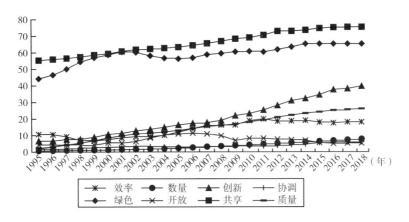

图 6 – 10　1995～2018 年中国经济增长质量趋势

资料来源：作者测算整理得到。

第三节　OFDI 对经济增长质量的影响

一、模型构建

本书的主要目的是考察 OFDI 对经济增长质量的影响，基本的检验模型设定如下：

$$Index_{it} = \beta_0 + \beta_1 OFDI_{it} + \beta_2 Fin_{it} + \beta_3 Gov_{it} + \beta_4 Inf_{it} + \varepsilon_{it} \qquad (6-9)$$

其中，$Index_{it}$ 为经济体 i 在第 t 年的经济增长质量指数；$OFDI_{it}$ 为经济体 i 在第 t 年的对外直接投资存量占当年 GDP 的比例；Fin_{it} 为经济体 i 在第 t 年的金融发展水平；Gov_{it} 为经济体 i 在第 t 年的政府规模；Inf_{it} 为经济体 i 在第 t 年的基础设施水平；ε_{it} 为随机扰动项。

由于经济增长质量指数是基于经济增长等概念设定的，因而同样具有连续性的特征，所以当期经济增长质量水平也会受到前期经济增长质量的影响，在考虑解释变量时需要考虑经济增长质量的滞后项。模型也不应该采用静态面板，需要进行动态面板回归。加入滞后项的模型修改如下：

$$Index_{it} = \beta_0 + \beta_1 Index_{it-i} + \beta_2 OFDI_{it} + \beta_3 Fin_{it} + \beta_4 Gov_{it} + \beta_5 Inf_{it} + \varepsilon_{it}$$

$$(6-10)$$

由于模型包含了滞后项的动态面板，为了解决面板数据中经常存在的内生性等问题，本书选择系统 GMM 方法进行实证分析。该方法不仅适用于动态面板模型，也能够较好地解决内生性问题。

二、变量说明

本书采用的数据来自世界银行数据库（WBI）、联合国贸易和发展会议（UNCTAD）[①]、参照其他作者计算或在本书进行测算，具体统计如表 6 – 16 所示。

表 6 – 16　　　　　　　　　　　　主要变量及数据来源

变量类别	变量名称	变量定义	数据来源
被解释变量	Index	经济增长质量	作者测算
解释变量	OFDI	对外直接投资存量	UNCTAD
控制变量	$Index_{t-1}$	经济增长质量一阶滞后	作者测算
	Fin	金融发展水平	WBI
	Gov	政府规模	WBI
	Inf	基础设施水平	WBI

（1）被解释变量：经济增长质量指数构建如表 6 – 16 所示。本书从经济增长的效率、数量、创新性、协调性、绿色性、开放性和共享性共七个单项选取了十个基础指标来评价经济增长质量。对于各个基础指标，先通过 Min-Max 标准化方法进行无量纲处理，然后按照主成分分析法（PCA）获得。

（2）核心解释变量：对外直接投资存量，数据来自联合国贸易和发展会议（UNCTAD）数据库，流量数据容易受经济体政策和经济形势影响而产生较大波动，且 OFDI 是一个长期过程，所以本书选取对外直接投资存量占 GDP 的比例来表示。

（3）控制变量：本书增加了控制变量，参考随洪光（2014）的做法，选取金融发展水平、政府规模和基础设施水平作为控制变量。其中，金融发展水平用私营部门的国内信贷占 GDP 的百分比来衡量；政府规模用政府最终消费

---

① 联合国贸易和发展会议数据库，https：//unctad. org/en/Pages/DIAE/World%20Investment%20Report/Annex-Tables. aspx。

支出占 GDP 的比例来衡量；基础设施用每百人拥有的移动电话数据来衡量。数据来源于 WBI。

三、描述性统计

从经济增长质量的测度结果分析得出，由于处于不同的发展阶段，发达经济体和发展中经济体的经济增长质量具有显著差异性，因此，分析不同发展阶段经济体的 OFDI 对经济增长质量的影响，更具现实意义。表 6 – 17 展示的是全部样本的解释变量的描述性统计结果。

表 6 – 17 解释变量的描述性统计

类别	变量	样本数	均值	标准差	最小值	最大值
全样本	$Index_{t-1}$	1488	35.22997	17.9615	0	100
	OFDI	1488	0.272765	0.576254	– 0.02252	5.307498
	Fin	1353	74.43028	50.72051	0.18587	233.211
	Infra	1486	74.69197	51.23807	0	259.4262
	Gov	1459	16.2781	4.714977	4.850793	30.00348
发达经济体	$Index_{t-1}$	648	52.35275	11.55456	25.61343	100
	OFDI	648	0.545747	0.787719	0	5.307498
	Fin	547	112.9824	44.30853	0.18587	233.211
	Infra	648	88.77579	44.82269	0.229096	259.4262
	Gov	645	18.66373	4.182118	8.026945	27.93502
发展中经济体	$Index_{t-1}$	840	22.02096	8.228069	0	42.27674
	OFDI	840	0.062178	0.089908	– 0.02252	0.792412
	Fin	806	48.2665	35.96846	1.385387	166.5041
	Infra	838	63.80137	53.2216	0	191.0315
	Gov	814	14.38777	4.233298	4.850793	30.00348

注：估计工具采用 Stata 15.0。

绘制出全样本中 OFDI 规模和经济增长质量的散点图，直观分析两者之间的关系，如图 6 – 11 所示。可以发现，总体上经济增长质量与 OFDI 呈现明显的正相关关系。

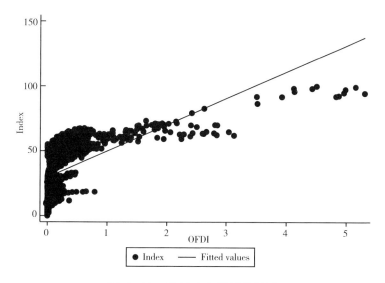

图 6 - 11　OFDI 与经济增长质量

注: 估计工具采用 Stata 15.0。

四、回归分析

(一) 多重共线性检验

如果被解释变量之间存在多重共线性, 会引起实证结果失真, 因而要进行多重共线性检验。本书使用方差膨胀因子 (VIF) 进行检验。

$$VIF_k = \frac{1}{1 - R_k^2} \tag{6-11}$$

其中, R_k^2 表示使用第 k 个解释变量对另外的解释变量进行回归计算得出的可决系数。如果 VIF 值较大, 则说明存在较为严重的多重共线性问题。一般来说, VIF 不超过 10 就可以认为解释变量之间不存在多重共线性问题。本书计算的 VIF 检验结果如表 6 - 18 所示。

表 6 - 18　　　　　　　　　　　VIF 检验结果

变量	VIF	1/VIF
OFDI	1. 41	0. 707261
Fin	1. 39	0. 719437

续表

变量	VIF	1/VIF
Infra	1.35	0.741419
Gov	1.13	0.886807
Mean VIF	1.32	

注：估计工具采用 Stata 15.0。

从表 6-18 可知，各解释变量的 VIF 值均小于 10，说明各解释变量之间不存在多重共线性问题，可以进行下一阶段的分析。

（二）平稳性检验

为了验证数据的平稳性，避免出现伪回归，对数据进行单位根检验。由于本书采用的数据是非平衡面板，考虑用 fisher test 对面板单位根进行检验，根据个体的 PP 检验获得 P 值，检验结果如表 6-19 所示。在 1% 的显著性水平上未含有单位根，面板数据平稳，可以进行回归。

表 6-19　　　　　　　　　　　　单位根检验

类别	变量		statistic	p-value	平稳性
全样本	Index	Inverse chi-squared（124）	355.6255	0.0000	平稳
	OFDI	Inverse chi-squared（124）	265.0761	0.0000	平稳
	Fin	Inverse chi-squared（122）	382.0620	0.0000	平稳
	Gov	Inverse chi-squared（122）	411.9761	0.0000	平稳
	Infra	Inverse chi-squared（124）	347.9878	0.0000	平稳
发达经济体	Index	Inverse chi-squared（54）	142.6285	0.0000	平稳
	OFDI	Inverse chi-squared（54）	88.1435	0.0023	平稳
	Fin	Inverse chi-squared（54）	140.4421	0.0000	平稳
	Gov	Inverse chi-squared（54）	158.9645	0.0000	平稳
	Infra	Inverse chi-squared（54）	153.1471	0.0000	平稳
发展中经济体	Index	Inverse chi-squared（70）	203.0497	0.0000	平稳
	OFDI	Inverse chi-squared（70）	118.4109	0.0003	平稳
	Fin	Inverse chi-squared（68）	229.8589	0.0000	平稳
	Gov	Inverse chi-squared（68）	242.1820	0.0000	平稳
	Infra	Inverse chi-squared（70）	201.1618	0.0000	平稳

注：估计工具采用 Stata 15.0。

（三）全样本和分样本回归分析

为了分析发达经济体和发展中经济体利用 OFDI 对经济增长质量产生影响的差异，本书进行全样本、发达经济体、发展中经济体三类分析。

采用 GMM 方法对模型进行回归，结果如表 6 - 20 所示。其中，Hansen J 统计量的 P 值都为 1，也都大于 0.1，说明模型设定有效，采用系统 GMM 方法进行估计的结果有效。

表 6 - 20　　　　　　　　　　　分样本回归结果

变量	全样本	发达经济体	发展中经济体
$Index_{t-1}$	0.9924866 ***	0.9928799 ***	0.9794422 ***
	(213.36)	(154.17)	(126.45)
OFDI	0.227362 **	0.2630139 **	- 1.295699 ***
	(2.35)	(2.03)	(- 2.65)
Fin	0.0010697	- 0.0014747	0.0026312 *
	(1.02)	(- 1.33)	(1.68)
Gov	0.0097089	- 0.0150717	0.0271833
	(0.85)	(- 0.80)	(1.55)
Infra	0.0040327 ***	- 0.0008782	0.003126 *
	(3.21)	(- 0.23)	(1.90)
Cons	- 0.2711888	2.268273 ***	0.0323515
	(- 1.45)	(2.63)	(0.14)
AR (1)	- 3.35	- 3.63	- 2.56
	(0.001)	(0.000)	(0.011)
AR (2)	- 0.28	- 1.57	0.44
	(0.780)	(0.116)	(0.656)
Hansen J	33.50	0.07	4.07
	(1.000)	(1.000)	(1.000)

注：估计工具采用 Stata 15.0。回归系数括号内为 Z 统计量；AR (1)、AR (2)、Hansen J 统计量括号内为 P 值；*、** 和 *** 分别代表 10%、5% 和 1% 的显著性水平。

动态回归结果显示，滞后一期的经济增长质量系数显著为正，表明经济增长质量具有内在延续性。在全样本和发达经济体的回归中，OFDI 对经济增长质量产生了显著的正向作用，且发达经济体 OFDI 系数大于全样本 OFDI 系数。而在发展中经济体的回归中，OFDI 的系数为负，说明 OFDI 对发展中经济体的经济增长质量起了负向作用。

分样本检验结果说明，OFDI 对经济增长质量的作用效果在不同发展阶段经济体中存在明显的异质性。其中，发达经济体的 OFDI 有助于提高经济增长质量，而发展中经济体的 OFDI 则不利于提高经济增长质量。结合现实，本书认为原因可能是：发达经济体的 OFDI 的动因多为市场寻求型、自然资源寻求型、效率寻求型，这三种动因的 OFDI 多为降低成本和增加收入，投资回收期短，因而对母国或地区的经济增长质量产生正向作用；而发展中经济体进行 OFDI 的动因多为战略资产寻求型，且起步阶段晚，总规模较小，从获得战略资产到真正对母国或地区经济增长质量产生正向效用时间较长，投资回收期长，且发展中经济体对 OFDI 的利用效率要比发达经济体低，因而会对母国或地区经济增长质量产生负向影响。

（四）分时段回归分析

考虑到 2008 年金融危机对全球经济产生的负向影响，对样本时间区间以 2008 年为节点进行分割，选取 1995～2008 年和 2009～2018 年的数据，分析全样本、发达经济体和发展中经济体在金融危机前后利用 OFDI 对经济增长质量产生的影响效果。这里仍然采用系统 GMM 方法，对模型进行动态回归，回归结果如表 6－21、表 6－22 所示。可以看出，不同回归之间差异显著。

动态回归结果显示，金融危机前后，经济发展质量滞后一期的系数都显著为正，前一期经济增长质量与当期经济增长质量都具有显著的正相关性，表明经济增长质量具有内在延续性。

OFDI 的系数显示，金融危机前，在全样本和发达经济体的回归中，OFDI 对经济发展质量产生了显著的正向作用，而且发达经济体的 OFDI 系数小于全样本 OFDI 系数；而在发展中经济体的回归中，OFDI 的系数为负，说明 OFDI 对发展中经济体的经济增长质量起负向作用。金融危机后，全样本 OFDI 系数不再显著，发达经济体 OFDI 系数仍然为正，但是远远小于金融危机前；发展中经济体的 OFDI 系数依然为负，但是负向作用远远小于金融危机前。

表 6 – 21   分时段回归结果（1）——1995～2008 年（金融危机前）

变量	全样本	发达经济体	发展中经济体
$Index_{t-1}$	0.9903137 ***	0.9904615 ***	0.9709848 ***
	（104.49）	（105.39）	（84.65）
OFDI	0.760946 ***	0.6535217 **	− 2.917279 **
	（2.89）	（2.28）	（− 2.14）
Fin	− 0.0006624	− 0.0025905 *	0.002022
	（− 0.49）	（− 1.95）	（0.92）
Gov	0.01103	− 0.0380884	0.0404376 *
	（0.61）	（− 1.41）	（1.82）
Infra	0.0079829 ***	0.0052436	0.0091821 ***
	（2.80）	（1.00）	（3.07）
Cons	0.621078 ***	0	0.3292498
	（3.14）		（0.76）
AR（1）	− 3.28	− 3.68	− 2.79
	（0.001）	（0.010）	（0.005）
AR（2）	− 3.20	− 2.09	− 2.40
	（0.001）	（0.036）	（0.016）
Hansen J	47.01	5.14	18.04
	（1.000）	（1.000）	（1.000）

注：估计工具采用 Stata 15.0。回归系数括号内为 Z 统计量；AR（1）、AR（2）、Hansen J 统计量括号内为 P 值；*、** 和 *** 分别代表 10%、5% 和 1% 的显著性水平。

分样本检验结果说明，OFDI 对经济增长质量的作用效果在金融危机前后存在明显差别。其中，发达经济体的 OFDI 对经济增长质量的提升作用逐步缩小，而发展中经济体的 OFDI 对经济增长质量的负向作用也在逐步缩小。结合现实，本书认为原因可能是：金融危机使得发达经济体受到的冲击更大，由于发达经济体的 OFDI 多为市场寻求型、自然资源寻求型和效率寻求型，随着东道国或地区的经济增长质量逐渐提升，东道国或地区自身的劳动力成本在提高，市场占有率在降低，导致发达经济体的 OFDI 的效率不如之前。

随着新兴经济体的崛起，发展中经济体在 OFDI 中的比重越来越高，虽然仍由发达经济体主导，但不像金融危机前占据所有的主动权，因而在 OFDI 中所获收益逐渐变小。发展中经济体战略资产寻求型 OFDI 的作用逐步体现，且随着 OFDI 利用效率的提高，OFDI 对经济增长质量的负向作用在不断缩小。

表 6 - 22　　　　　分时段回归结果（2）——2009 ~ 2018 年（金融危机后）

变量	全样本	发达经济体	发展中经济体
$Index_{t-1}$	0. 9946424 *** (214. 37)	0. 9930567 *** (112. 73)	0. 9906754 *** (110. 50)
OFDI	0. 1068804 (1. 43)	0. 1568412 * (1. 75)	- 1. 575938 *** (- 3. 86)
Fin	0. 0007488 (0. 62)	- 0. 0024834 ** (- 2. 34)	0. 0052984 *** (4. 02)
Gov	- 0. 0020467 (- 0. 22)	- 0. 0156874 (- 1. 04)	- 0. 0078636 (- 0. 61)
Infra	0. 0015081 (0. 72)	- 0. 0005128 (- 0. 20)	0. 0026484 (0. 95)
Cons	0	0. 6848997 (1. 33)	0
AR（1）	- 1. 56 (0. 118)	- 2. 69 (0. 007)	- 1. 26 (0. 206)
AR（2）	0. 98 0. 328	0. 12 (0. 902)	1. 02 (0. 306)
Hansen J	48. 53 (1. 000)	11. 18 (1. 000)	20. 16 (1. 000)

注：估计工具采用 Stata 15.0。回归系数括号内为 Z 统计量；AR（1）、AR（2）、Hansen J 统计量括号内为 P 值；＊、＊＊和＊＊＊分别代表 10%、5% 和 1% 的显著性水平。

五、对实证结果的解释

通过分析，OFDI 总体上对经济增长质量起促进作用，但是分样本后却发现 OFDI 只是对发达经济体起正向作用，而对发展中经济体起负向作用。进一步分时间分析，结果表明 OFDI 对发达经济体经济增长质量的促进作用在不断减小，对发展中经济体的抑制作用也在不断缩小。结合本书对全球和样本经济体的 OFDI 的发展状况，发达经济体在全球 OFDI 总存量的比重最初有绝对优势，现在发展中经济体也占有一席之地，可以得出 OFDI 对母国或地区经济增长质量的影响有一个明显的时间过程。起初 OFDI 会对一个经济体的经济增长质量产生抑制作用；随着 OFDI 规模的扩大，抑制作用会逐渐减小；再随着规模的扩大和利用效率的提高，OFDI 会对经济增长质量产生促进作用；当 OFDI 到达一定程度时，对经济增长质量的促进作用又会逐渐缩小。整个过程类似于边际收益递减曲线的形状。

结合四种动机的 OFDI，可以给出更加合理的解释。发达经济体在世界发展进程中处于绝对优势地位，拥有先进的技术和雄厚的资金，因而 OFDI 多为市场寻求型、自然资源寻求型和效率寻求型，这三种动机的 OFDI 的意义多体现为增加收入和降低成本，从而获得更多利润。这三种动机的 OFDI 只要投产完成便可获取东道国或地区的市场、自然资源和廉价劳动力，投资回收期短，对母国或地区产生的积极作用明显，没有时滞效应。发展中经济体本身经济实力不强，本国的产业结构不合理，劳动力市场也多为劳动密集型而非资本密集型，盲目进行 OFDI 可能会引起母国或地区的失业率增加，不利于母国或地区经济增长质量的提升。发展中经济体在初步进行 OFDI 时，利用效率并不高，而且会造成资本的流出。汪丽娟（2019）认为，经济不发达地区盲目扩大 OFDI，会导致本来致力于本地区发展的资本流向外部，不利于本地区的发展。

发展中经济体起初在国际市场竞争中并不具有优势，因而市场寻求型和效率寻求型的 OFDI 并不一定能对母国或地区产生积极作用，而且战略资产寻求型 OFDI 是发展中经济体 OFDI 理论的开始和进行 OFDI 的主要动因。从开始进行战略资产寻求型 OFDI，到获取外国的核心战略资产，再产生逆向技术溢出传导回母国或地区，促进产业结构升级和经济增长，中间会产生较长的时滞效应，投资回收期长。陈虹和陈韬（2018）通过对比金砖经济体和发达经济体的 OFDI 对母国或地区的经济增长效应时也发现，发达经济体的滞后一期、滞后二期和滞后三期的 OFDI 系数都为正，而金砖经济体滞后三期的 OFDI 系数为负。他们认为 OFDI 对发达经济体的经济增长具有促进作用，但对金砖经济体的经济增长起了负向作用，这也印证了本书的观点。从长期来看，随着发展中经济体战略资产寻求型 OFDI 成果的逐渐体现，以及 OFDI 质量和效率的提升，OFDI 对发展中经济体经济增长质量的负向作用不断缩小，逐步向着正向作用转化。

六、稳健性检验

为了保证回归结果的稳健性，本书选择更换被解释变量，将经济增长质量指数替换为人类发展指数（Human Development Index，HDI）。HDI 所体现的是不管经济体处于什么样的发展阶段，收入增加都不是人类发展的唯一需求，人类的需求应该是拥有健康的身体去生活，学习想要学习的文化知识以及拥有高品质的生活质量。因此，HDI 以"预期寿命、教育水准和生活质量"三项基础变量组成综合指标，根据人均国民收入、出生时预期寿命、学校教育年限进行测算，并依据测算结果进行人类发展指数的国别排序（联合国开发计划署，2011）。李晓西等（2014）认为 HDI 没有考虑气候变化和环境恶化对人类发展的影响。但是 HDI 作为比较全面地衡量人类经济质量和社会质量的指数仍被全世界广为接受，因此选择 HDI 作为稳健性检验的被解释变量。

检验结果如表 6 – 23 所示，滞后一期的 HDI 系数显著为正，前一期 HDI 与 HDI 呈现出强烈的正相关性，表明经济增长质量具有内在延续性。在全样本回归中，OFDI 对 HDI 产生了显著的正向作用，与前面的结论一致，符合前面的假设，本书认为 OFDI 总体上可以提高经济增长质量。同时本书构建的经济增长质量指数在考虑了 HDI 指数所涵盖的评价指标之后，又考虑了一个经济体的创新能力是否强劲、产业结构是否合理、环境保护是否到位和贸易开放是否包容等方面，能够对一个经济体的经济增长质量进行更加全面的评价。

表 6 – 23　　　　　　　　　　　稳健性检验结果

变量	全样本
HDI_{t-1}	0.989487 *** (360.47)
OFDI	0.0005066 ** (2.54)
Fin	– 0.00000697 (– 1.39)
Gov	– 0.0000544 (– 1.38)

续表

变量	全样本
Infra	0. 00000992
	(1. 31)
Cons	0. 010488 ***
	5. 65
AR (1)	−5. 07
	(0. 000)
AR (2)	−0. 76
	(0. 444)
Hansen J	43. 42
	(1. 000)

注：估计工具采用 Stata 15.0。回归系数括号内为 Z 统计量；AR (1)、AR (2)、Hansen J 统计量括号内为 P 值；*、**和***分别代表 10%、5% 和 1% 的显著性水平。

第七章 对外直接投资与金融市场稳定

在确定了 OFDI 对母国或地区经济增长质量有正向影响后，本书将目光投向金融市场。因为 OFDI 同时也是一国或地区金融资本的流出，因此本章将主要分析 OFDI 对母国或地区金融市场的影响。

第一节 对外直接投资对一国或地区资产价格的影响

近 30 年来，全球 OFDI 总量大幅增长，2007 年全球 OFDI 流量超过 2 万亿美元。受全球经济不景气的影响，近几年全球 OFDI 流量持续下滑，但 2018 年仍超过 1 万亿美元，主要是发达经济体的 OFDI 在下滑（见图 7 – 1）。随着新兴经济体经济实力的增强，以中国为代表的新兴经济体的国内资本也开始主动流向海外以寻求好的投资机会，优化国内资源配置。近十几年来新兴经济体的 OFDI 流量在持续上升，2018 年新兴经济体 OFDI 规模占世界总规模的 30%[①]。其中，中国 OFDI 规模可谓是飞速增长，2018 年其流量达 1430.4 亿美元，居世界第二位[②]。在这样的背景下，OFDI 对母国或地区和东道国或地区的影响逐渐增大。OFDI 不仅会对一国或地区的经济增长产生影响（郑璇，2014；黄宪等，2019），也可能会对一国或地区的资产价格产生影响。从本质上说，OFDI 属于资本流出，但是 OFDI 属于一国或地区主动输出资本，与被动型资本流出存在巨大差异。被动型资本流出经过"金融推动器"的强化作用，会引起资产价格的下跌（郑璇，2014），甚至引发金融危机，如 2001 年的阿根廷金

---

① 联合国贸易和发展会议数据库（UNCTAD），https：//unctadstat. unctad. org/wds/TableViewer/tableView. aspx？ReportId = 96740。

② 商务部、国家统计局和国家外汇管理局，《2018 年度中国对外直接投资统计公报》，2019 年 9 月 12 日。

融危机。那么，作为主动型资本流出的 OFDI 是否也会对资产价格产生不利影响呢？OFDI 在发达经济体和新兴经济体中对资产价格的影响是否存在差异呢？OFDI 通过什么渠道对资产价格产生影响呢？

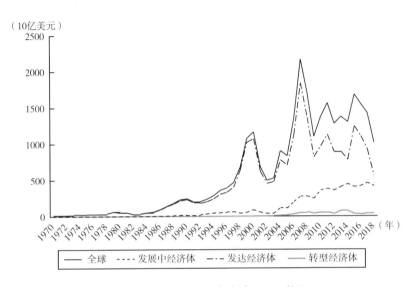

图 7 – 1　1970 ~ 2018 年全球 OFDI 状况

资料来源：UNCTAD，Beyond 20/20 WDS，https：//unctad.org。

目前，学术界有关资本流入对资产价格影响的研究较多，关于 OFDI 的研究也逐渐增加，但对于 OFDI 对资产价格影响的研究非常少，总体来说学术界对上述几个问题的研究是不充分的，然而金融市场资产价格的冲击是威胁一国或地区金融稳定的重要因素。因此，本书将利用跨国或地区面板数据研究 OFDI 对一国或地区资产价格的影响，探究 OFDI 对金融市场的影响，为各国或地区保持金融稳定提供新思路。

一、假设提出

1. OFDI 对资产价格的总体影响假设

关于资本流动对资产价格影响的研究比较成熟，大多数学者都发现资本流入会推动一国或地区的资产价格上涨（朱孟楠、刘林，2010；Olaberría，2014；Taguchi et al.，2015；Hui An et al.，2017）。从需求角度看，资本大量流入股票市场和房地产市场，扩大了对资产的需求，在供给相对不变的情况下会拉动股价和房价上涨（宋波、高波，2007）。反之，资本流出则会导致一国或地区的资产价格下跌（Reinhart，2008；马宇、李肖肖，2019）。无论是外国资本从国内撤出还是国内资本对外投资，都会在一定程度上直接或间接地使资金从金融市场中流出，减少对国内资产的需求，从而使资产价格下跌；但国内资本主动输出通常意味着该国或地区的经济实力增强，可以增强投资者的信心，在一定程度上能减少"羊群效应"，主动型资本流出对资产价格的影响应该更小。另外，由于资本大量流入时容易产生资产价格的泡沫（Wang et al.，2016），而当资本发生逆转、大量外流时容易使资产价格泡沫破裂（朱孟楠、闫帅，2017），进一步使得资产价格下跌。OFDI 是一国或地区主动输出资本，但仍属于资本流出。因此，本书提出如下假设。

H1a：OFDI 会对一国或地区的股票价格产生负向影响。

H1b：OFDI 会对一国或地区的房地产价格产生负向影响。

2. OFDI 影响的非对称性假设

金融体系越发达、金融开发程度越高和贸易开放度越高的经济体越容易发生 OFDI（Cowan et al.，2008；Calderón and Kubto，2013）。无论是金融体系的发达程度还是贸易开放度，发达经济体都要优于新兴经济体，故理论上发达经济体的 OFDI 规模要大于新兴经济体，近 30 年的 OFDI 统计数据也印证了这一点。但从国际资本的敏感性看，2011 年以来国际资本有从新兴经济体流向发达经济体的迹象（郑璇，2014），且新兴经济体的国际资本流动更易受全球经济情况、发达经济体政策、主权债务问题等不确定性因素的影响，所以新兴经济体的 OFDI 持续上升，而发达经济体的 OFDI 持续下降。另外，从经济体的发展水平来看，发达经济体的经济发展水平更高，且其金融市场发展较为成熟。虽然新兴经济体的经济发展快速，但其制度环境和金融市场发展相对滞后，金融市场抵御风险的能力弱于发达经济体。因此，相较于发达经济体，OFDI 在新兴经济体中对资产价格的影响可能更大（Olaberría，2014）。基于以上分析，本书将样本分为发达经济体和新兴经济体，研究 OFDI 在不同经济体中对资产价格产生的非对称性影响。

H2a：相较于发达经济体，OFDI 在新兴经济体中对股票价格的影响程度更大。

H2b：相较于发达经济体，OFDI 在新兴经济体中对房地产价格的影响程度更大。

3. OFDI 影响的渠道效应分析

既然 OFDI 会对资产价格产生影响，资产价格波动又会影响一国或地区的金融稳定，那么，研究 OFDI 通过何种渠道对资产价格产生影响有利于各国或地区维持金融稳定。一国或地区进行 OFDI，即国内或地区内资本流出，会直接减少对国内或地区内资产的需求（Olaberría，2014；Taguchi et al.，2015），增加对东道国或地区的资产需求，使本国或地区资产价格下降而东道国或地区资产价格上升。本书将这一影响渠道称作 OFDI 对资产价格的直接影响渠道。另外，国际资本流动可能会对该国或地区的货币供给产生影响。资本流出会使流出国或地区的国际收支出现逆差，本币贬值，货币当局动用外汇储备进行冲销操作，买入本币卖出外汇，使本国或地区的货币供给减少，国内或地区内资产价格下降（Taguchi et al.，2015；王维安、钱晓霞，2017）。国际资本流动通过影响一国或地区的国际收支状况，改变外汇供求关系，从而对一国或地区的货币汇率产生影响（Jongwanich and Kohpaiboon，2013；Lin，2015）。汇率波动又会通过市场流动性、预期效应、信贷效应等路径对国内或地区内资产价格产生影响（宋波、高波，2007；王维安、钱晓霞，2017）。王维安和钱晓霞（2017）还提出资本流动会通过影响银行信贷来影响资产价格，但货币流动性是银行体系流动性[①]的基础（北京大学中国经济研究中心宏观组，2008），故银行信贷对资产价格的影响可以纳入货币供给对资产价格的影响。因此，本书将间接影响渠道分为货币供给渠道和汇率变动渠道来研究 OFDI 对资产价格的间接影响。

H3a：OFDI 会通过直接渠道和间接渠道影响一国或地区的资产价格。

二、变量选取与模型设定

（一）数据来源

本书以 2005～2018 年 41 个经济体的季度数据为研究样本，其中 26 个为

---

① 货币流动性指货币的充裕程度，银行体系流动性指商业银行整体资产的扩张状况。通常使用不同统计口径的货币总量或货币结构来度量货币流动性，使用商业银行信贷总额或结构来近似度量银行体系流动性。

发达经济体，15 个为新兴经济体①。本书将股票价格和房地产价格纳入统一的资产价格分析框架，股票价格数据来源于 IFS 和经合组织，房地产价格数据来源于国际清算银行（BIS）；OFDI 占 GDP 的百分比数据来源于世界银行；实际有效汇率数据来源于 IFS 和 BIS；广义货币同比增长率、季节调整后的实际 GDP 同比增长率与消费者物价指数 CPI 同比增长率数据来源于 IFS；各国的同业拆借利率数据来源于 IFS 和经合组织。

（二）变量定义

被解释变量是股票价格和房地产价格。本书用各经济体股票价格指数的同比增长率来衡量股票价格的变化，用 SP 表示；用各经济体居民住宅价格指数的同比增长率来衡量房地产价格的变化，用 RPP 表示。主要理由如下：第一，金融市场资产价格主要有股票价格、房地产价格、债券价格和大宗商品价格等，因各经济体金融市场发展的差异，选取股票价格和房地产价格作为金融市场资产价格的代表更具有代表性；第二，考虑数据的可获得性，目前缺乏衡量各经济体债券价格和大宗商品价格的可比指标，选取股票价格和房地产价格作为金融市场资产价格的代表更具有合理性。

本书的核心解释变量是 OFDI。目前 OFDI 的统计数据主要有存量和流量两种，考虑到流量数据更能反映各经济体 OFDI 每年的变化情况且须剔除不同经济体经济规模的影响，本书选用的指标是世界银行公布的各经济体 OFDI 占 GDP 的百分比，用 OFDI 来表示。由于世界银行只公布各经济体 OFDI 占 GDP 的百分比的年度数据，本书还借鉴了部分学者（Chow and Lin, 1971）的做法，将年度数据转化为季度数据。由于 OFDI 对资产价格的影响有直接渠道和间接渠道两种，本书选取广义货币同比增长率（用 BM 表示）和实际有效汇率（用 REER 表示）来研究可能存在的间接渠道（即货币供给渠道和汇率变动渠道）。

---

① 根据国际货币基金组织（IMF）发布的《世界经济展望》对国家和地区的分类，本书选取的 26 个发达经济体包括：澳大利亚、奥地利、比利时、丹麦、爱沙尼亚、芬兰、法国、德国、希腊、中国香港、冰岛、爱尔兰、以色列、意大利、日本、韩国、荷兰、新西兰、挪威、新加坡、斯洛文尼亚、西班牙、瑞典、瑞士、英国、美国；15 个新兴经济体包括：巴西、保加利亚、中国、智利、克罗地亚、哥伦比亚、匈牙利、马来西亚、墨西哥、秘鲁、俄罗斯、南非、泰国、印度尼西亚、摩洛哥。

同时，本书还选取了经济增长率（用 GDP 表示）、通货膨胀率（用 CPI 表示）和市场利率（用 INTE 表示）作为控制变量。第一，选取经济增长率作为控制变量是为了控制经济体经济发展水平对资产价格的影响。通常，一个经济体经济快速发展时，投资者对该经济体的投资信心增强，会加大对资本市场的投资，从而促进资产价格上涨。第二，选取通货膨胀率作为控制变量是为了控制通货膨胀水平对资产价格的影响。由货币超发引起的通货膨胀会使更多的资金注入资本市场，推高资产价格。过高的通货膨胀会导致实际利率为负，若银行上调名义利率，则会增加企业的资金成本，从而影响资产价格。第三，利率的高低决定了持有非货币资产的机会成本的高低。机会成本高，资金将会流出资本市场，资产价格将会下跌，因此本书还选取了市场利率作为控制变量。其中，经济增长率采用季节调整后的实际 GDP 同比增长率来代替；通货膨胀率采用 CPI 同比增长率来代替；市场利率采用各经济体同业拆借利率来代替。

另外，各变量数据的缺失值采用线性插值法补充完整。各变量说明如表7 - 1所示。

表 7 - 1　　　　　　　　　　　　　　变量说明

代码	变量名称	变量说明	数据来源
SP	股价指数	取各经济体股价指数的同比增长率	IFS、OECD
RPP	房地产价格指数	取各经济体居民住宅价格指数的同比增长率	BIS
OFDI	OFDI	采用 OFDI 占 GDP 的百分比，并用 Chow-Lin 法将年度数据转化为季度数据	世界银行
BM	广义货币	取广义货币供给量的同比增长率	IFS
REER	实际有效汇率	采用消费者物价指数为基础的实际有效汇率	IFS、BIS
GDP	经济增长率	采用季节调整后的实际 GDP 同比增长率	IFS
CPI	通货膨胀率	用消费者物价指数的同比增长率来表示	IFS
INTE	市场利率	采用各经济体的同业拆借利率	IFS、OECD

（三）实证模型设定

首先，为了验证 OFDI 会对资产价格产生负向影响，即验证假设 H1a 和 H1b，本书采用的基准回归模型如下：

$$Y_{it} = \alpha_0 + \alpha_1 OFDI_{it} + \alpha_j X_{jit} + u_i + v_t + \varepsilon_{it} \qquad (7-1)$$

其中，Y_{it} 代表股价指数（SP）和房地产价格指数（RPP）；$OFDI_{it}$ 代表 OFDI（OFDI）；X_{jit} 代表经济增长率、通货膨胀率和市场利率三个控制变量，$j = 2，3，4$；u_i 代表个体固定效应；v_t 代表时间固定效应；ε_{it} 是残差项；$i = 1，2，3，\cdots，41$。

其次，为了验证 OFDI 在不同经济体中对资产价格的非对称性影响，即假设 H2a 和 H2b，本书参考陈思翀和费阳（2018）的做法，设置了代表经济发展程度的虚拟变量，在模型（7-1）的基础上引入虚拟变量的交互项，得到模型（7-2）。

$$Y_{it} = \alpha_0 + \alpha_1 OFDI_{it} + \alpha_j X_{jit} + \mu_1(D_{it} \times OFDI_{it}) + \mu_j(D_{i,t} \times X_{jit}) + u_i + v_t + \varepsilon_{it}$$
$$(7-2)$$

其中，D 为经济发展程度虚拟变量，$D = 0$ 表示发达经济体，$D = 1$ 表示新兴经济体；引入交互项（$D_{it} \times OFDI_{it}$）后，发达经济体的 OFDI 影响系数为 α_1，新兴经济体的 OFDI 影响系数为（$\alpha_1 + \mu_1$）。

最后，为了验证 OFDI 会通过直接渠道和间接渠道影响一国或地区的资产价格，即假设 H3a，本书建立了模型（7-3）和模型（7-4）。

$$CH_{it} = \alpha_0 + \alpha_1 OFDI_{it} + \alpha_j X_{jit} + \mu_1(D_{it} \times OFDI_{it}) + \mu_j(D_{it} \times X_{jit}) + u_i + v_t + \varepsilon_{it}$$
$$(7-3)$$

$$Y_{it} = \beta_0 + \beta_1 OFDI_{it} + \beta_j X_{jit} + \omega_k CH_{kit} + \gamma_1(D_{it} \times OFDI_{it}) + \gamma_j(D_{it} \times X_{jit})$$
$$+ \varphi_k(D_{it} \times CH_{kit}) + u_i + v_t + \varepsilon_{it} \qquad (7-4)$$

其中，CH_{it}、CH_{kit} 为渠道变量，包括广义货币供给量（BM）和实际有效汇率（REER），$k = 1，2$，分别代表货币供给渠道和汇率波动渠道。模型（7-3）用来检验 OFDI 对广义货币供给量和实际有效汇率的影响，模型（7-4）表明 OFDI 对资产价格的影响渠道分为直接渠道和间接渠道。结合模型（7-3）和模型（7-4）的估计系数，若 β_1 和 γ_1 显著，表示 OFDI 会通过直接渠道影响资产价格；若 α_1、ω 和 φ 显著，表示 OFDI 会通过间接渠道影响资产价格，$\alpha_1\omega$ 表示发达经济体 OFDI 的间接渠道效应，$\alpha_1(\omega + \varphi)$ 表示新兴经济体 OFDI 的间接渠道效应。

三、实证结果分析

（一）描述性统计分析

各变量的描述性统计结果如表 7 - 2 所示。首先，从整体来看，股票市场的平均增长率和波动率均大于房地产市场。其次，从均值来看，发达经济体的 OFDI 规模要比新兴经济体大得多，但新兴经济体的股票价格和房地产价格以及广义货币的平均增长率远大于发达经济体。最后，从标准差来看，发达经济体的 OFDI 波动更大，但其股票价格和房地产价格的波动更小。

表 7 - 2 变量描述性统计

分类	变量	观测值	均值	标准差	最小值	最大值
全样本	SP（%）	2270	8.6414	26.8463	- 94.8762	184.5102
	RPP（%）	2247	4.7383	8.4522	- 42.1900	65.1900
	OFDI（%）	2296	4.8157	10.8864	- 53.7227	78.0280
	BM（%）	2280	8.6794	12.9907	- 37.3600	278.7300
	REER	2296	99.0227	10.2682	62.4400	163.7400
	GDP（%）	2271	2.6669	3.5124	- 18.4600	29.1600
	CPI（%）	2296	2.6138	2.5262	- 6.1300	17.7800
	INTE（%）	2263	2.7855	3.0217	- 2.0000	19.6900
发达经济体	SP（%）	1450	6.4799	22.8973	- 94.8762	101.6189
	RPP（%）	1440	3.8471	8.0792	- 42.1900	52.2700
	OFDI（%）	1456	6.5093	12.1354	- 32.0945	78.0280
	BM（%）	1445	7.2072	15.0441	- 37.3600	278.7300
	REER	1456	101.1055	9.9046	68.2500	163.7400
	GDP（%）	1454	2.0778	3.4364	- 18.4600	29.1600
	CPI（%）	1456	1.8656	1.8453	- 6.1300	17.0800
	INTE（%）	1443	1.6998	2.3045	- 2.0000	18.2500
新兴经济体	SP（%）	820	12.4636	32.3458	- 79.7124	184.5102
	RPP（%）	807	6.3284	8.8650	- 26.8300	65.1900
	OFDI（%）	840	1.8801	7.4287	- 53.7227	59.6545
	BM（%）	835	11.2271	7.6837	- 12.8300	47.4400

分类	变量	观测值	均值	标准差	最小值	最大值
新兴经济体	REER	840	95.4124	9.8845	62.4400	131.1100
	GDP（%）	817	3.7153	3.4021	-9.4000	15.3000
	CPI（%）	840	3.9108	2.9827	-3.0300	17.7800
	INTE（%）	820	4.6960	3.1838	-0.5000	19.6900

（二）面板单位根检验

面板数据通常需要进行单位根检验来判断数据是否平稳，以避免出现"伪回归"。本书采用 LLC 检验和 IFS 检验两种方法，LLC 检验要求面板单位具有同质性，IFS 检验则允许面板单位存在异质性，检验结果如表7-3所示。从表7-3中可以看出，在两种方法的检验下股价指数同比增长率、房价指数同比增长率、OFDI 占 GDP 的百分比、广义货币同比增长率、实际有效汇率、季节调整后的实际 GDP 同比增长率、CPI 同比增长率和同业拆借利率均显著拒绝存在单位根的假设，说明序列具有平稳性。

表7-3　　　　　　　　变量单位根检验结果

变量	LLC 检验值	IFS 检验值	变量	LLC 检验值	IFS 检验值
SP	-7.3804 (0.0000)	-6.7206 (0.0000)	REER	-3.5789 (0.0002)	-2.5586 (0.0053)
RPP	-7.4869 (0.0000)	-6.1676 (0.0000)	GDP	-6.2031 (0.0000)	-7.1128 (0.0000)
OFDI	-7.9057 (0.0000)	-9.7385 (0.0000)	CPI	-6.3694 (0.0000)	-6.5896 (0.0000)
BM	-6.1536 (0.0000)	-8.1129 (0.0000)	INTE	-8.2580 (0.0000)	-6.2758 (0.0000)

注：括号内数值为统计量值对应的 P 值。

（三）OFDI 对一国或地区资产价格的影响

1. OFDI 对资产价格的总体影响

为了考察 OFDI 对一国或地区资产价格的影响，本书采用了面板数据的固定效应面板模型①进行实证分析，结果见表7－4。

表7－4 **OFDI 对资产价格总体影响的实证结果**

变量	因变量：SP		因变量：RPP	
	（1）	（2）	（3）	（4）
OFDI	－ 0. 0976 *** （0. 0141）	－ 0. 0237 （0. 0148）	－ 0. 0282 *** （0. 0038）	－ 0. 0317 *** （0. 0037）
GDP	2. 107 *** （0. 0486）	2. 205 *** （0. 0487）	0. 533 *** （0. 0098）	0. 557 *** （0. 0092）
CPI	－ 0. 597 *** （0. 0916）	－ 0. 824 *** （0. 0906）	0. 276 *** （0. 0190）	0. 252 *** （0. 0169）
INTE	－ 0. 631 *** （0. 1032）	－ 1. 539 *** （0. 1313）	0. 0870 *** （0. 0260）	－ 0. 0467 * （0. 0243）
常数项	是	是	是	是
个体固定效应	否	是	否	是
时间固定效应	是	是	是	是
样本观测值	2296	2296	2296	2296

注：第（1）列、第（3）列是时间固定效应估计结果；第（2）列、第（4）列是个体时间固定效应估计结果。括号中为标准误。*** 、** 、* 分别代表在1% 、5% 、10% 的显著性水平上显著。

表7－4 中第（1）列和第（2）列的 OFDI 系数均为负，说明对外直接投资对股票价格会产生负向影响。第（1）列中的 OFDI 系数为 － 0. 0976，表明在1% 的显著性水平上，OFDI 每增加1% ，股价增长率将会下降0. 0976% 。第（2）列系数不显著，但 P 值接近10% 。同时，本书还发现在研究 OFDI 对股价的影响时，大部分国家或地区的个体固定效应不显著②，说明个体固定效应不明显。在这种情况下，在模型中继续考虑个体固定效应可能会影响模型估计结果，故本书认为第（2）列结果不显著的原因可能是在模型中考虑了个体固定效应。表7－4 中第（3）列、第（4）列的结果显示 OFDI 系数在1% 的显著性水平上均显著为负，说明 OFDI 对一国或地区的房地产价格具有显著的负向

---

① 本书的 Hausman 检验结果显示拒绝随机效应模型。另外，本书的面板数据为长面板数据，经检验发现存在组间异方差、组内同期相关和组间同期相关，故本书选用全面 FGLS 法来进行估计。

② 表7－4 中模型（2）只有9个经济体的个体固定效应显著，且这些经济体大部分属于新兴经济体。

影响。第（4）列的 OFDI 系数为 -0.0317，表明在 1% 的显著性水平上，OFDI每增加 1%，房价增长率将会下降 0.0317%。综上所述，OFDI 会对一国或地区的资产价格产生显著负向影响，支持本书的假设 H1a 和 H1b。

2. OFDI 影响的非对称性检验

由于各国或地区的经济发展水平、金融市场发展水平等存在差异，OFDI 对资产价格的影响在不同国家或地区可能存在显著差异；因此，本书将样本分为发达经济体和新兴经济体，引入虚拟变量 D（D = 0 代表发达经济体，D = 1 代表新兴经济体）来研究 OFDI 在不同经济体中对资产价格的非对称性影响。检验结果如表 7 - 5 所示。

表 7 - 5　　　　OFDI 在不同经济体中对资产价格的非对称性影响检验结果

变量	因变量：SP		因变量：RPP	
	（1）	（2）	（3）	（4）
OFDI	- 0.0685 *** (0.0141)	0.0134 (0.0156)	- 0.0369 *** (0.0042)	- 0.0394 *** (0.0042)
GDP	2.032 *** (0.0557)	2.147 *** (0.0566)	0.608 *** (0.0130)	0.620 *** (0.0130)
CPI	- 0.632 *** (0.1123)	- 0.576 *** (0.1139)	0.470 *** (0.0287)	0.422 *** (0.0286)
INTE	- 1.371 *** (0.1469)	- 1.905 *** (0.1764)	- 0.310 *** (0.0435)	- 0.464 *** (0.0448)
D × OFDI	- 0.063 (0.0476)	- 0.117 *** (0.0425)	0.0350 *** (0.0113)	0.0316 *** (0.0101)
D × GDP	0.285 *** (0.0973)	0.235 ** (0.1019)	- 0.210 *** (0.0215)	- 0.193 *** (0.0195)
D × CPI	- 0.0641 (0.1650)	- 0.484 *** (0.1677)	- 0.307 *** (0.0329)	- 0.274 *** (0.0326)
D × INTE	1.081 *** (0.2026)	0.721 *** (0.2685)	0.570 *** (0.0491)	0.625 *** (0.0530)
常数项	是	是	是	是
个体固定效应	否	是	否	是
时间固定效应	是	是	是	是
样本观测值	2296	2296	2296	2296

注：第（1）列、第（3）列是时间固定效应估计结果；第（2）列、第（4）列是个体时间固定效应估计结果。括号中为标准误。*** 、** 、* 分别代表在 1% 、5% 、10% 的显著性水平上显著。

表7-5中第（1）列的OFDI系数显著为负，第（2）列的OFDI系数为正，但不显著。造成这种结果的原因可能是发达经济体的个体固定效应不明显，在模型中考虑个体固定效应影响了发达经济体OFDI系数的估计结果，故本书认为OFDI在发达经济体中对股票价格会产生负向影响。表7-5中第（1）列、第（2）列的交互项（D×OFDI）系数均为负，说明新兴经济体的OFDI对股票价格的负向影响大于发达经济体。表7-5中第（3）列、第（4）列的OFDI系数均显著为负，但交互项（D×OFDI）系数均显著为正，说明发达经济体的OFDI对房地产价格的负向影响大于新兴经济体。因此，OFDI在不同经济体中对资产价格的影响存在显著的非对称性。

综上所述，本书得到关于OFDI影响非对称性的两个结论。第一，相较于发达经济体，新兴经济体的OFDI对股票价格的影响程度更大，支持本书的假设H2a。这可能是因为发达经济体的经济发达程度更高、股票市场更为成熟，而新兴经济体的经济不够发达、股票市场发展不够健全，其股票市场抵御风险的能力较弱，使得新兴经济体的OFDI更容易对股票市场产生影响。第二，发达经济体的OFDI对房地产价格的影响显著高于新兴经济体，不支持本书的假设H2b。产生这种结果可能是因为发达经济体的融资在收紧，且发达经济体对房地产市场的投机限制比新兴经济体严格（宋勃、高波，2007），国外资本更难进入发达经济体的房地产市场，使得发达经济体的房地产市场对资本流出的敏感性大于新兴经济体，加上发达经济体的OFDI规模更大，所以发达经济体的OFDI对房地产价格的影响更大。

（四）渠道分析：OFDI如何影响一国的资产价格

为了验证OFDI会通过直接渠道和间接渠道对一国或地区的资产价格产生影响，本书引入了广义货币（BM）和实际有效汇率（REER）两个渠道变量进行研究。本书先分别检验OFDI对广义货币（BM）和实际有效汇率（REER）的影响，然后把OFDI、广义货币和实际有效汇率同时放入模型中作为解释变量进行实证分析，这样OFDI对资产价格的影响渠道就被分离成了直接渠道和间接渠道。实证结果如表7-6和表7-7所示。

表 7 - 6   OFDI 对渠道变量影响的检验结果

变量	渠道变量：BM		渠道变量：REER	
	（1）	（2）	（3）	（4）
OFDI	0.0774 *** (0.0101)	0.0923 *** (0.0116)	0.0361 *** (0.0020)	0.0282 *** (0.0019)
GDP	− 0.0191 (0.0194)	− 0.0262 (0.0188)	− 0.0215 *** (0.0057)	− 0.0301 *** (0.0054)
CPI	− 0.419 *** (0.0434)	− 0.412 *** (0.0430)	− 0.199 *** (0.0201)	− 0.255 *** (0.0195)
INTE	0.506 *** (0.0554)	0.541 *** (0.0642)	0.791 *** (0.0375)	0.626 *** (0.0316)
D × OFDI	− 0.139 *** (0.0165)	− 0.146 *** (0.0179)	0.0253 * (0.0151)	0.0299 ** (0.0134)
D × GDP	0.346 *** (0.0292)	0.308 *** (0.0287)	0.0618 *** (0.0171)	0.0915 *** (0.0159)
D × CPI	0.783 *** (0.0553)	0.662 *** (0.0538)	0.306 *** (0.0326)	0.345 *** (0.0322)
D × INTE	− 0.253 *** (0.0613)	− 0.492 *** (0.0805)	− 1.542 *** (0.0517)	− 1.200 *** (0.0454)
常数项	是	是	是	是
个体固定效应	否	是	否	是
时间固定效应	是	是	是	是
样本观测值	2296	2296	2296	2296

注：第（1）列、第（3）列是时间固定效应估计结果；第（2）列、第（4）列是个体时间固定效应估计结果。括号中为标准误。*** 、** 、* 分别代表在 1% 、5% 、10% 的显著性水平上显著。

表 7 - 6 中第（1）列、第（2）列的 OFDI 估计系数显著为正，交互项（D × OFDI）估计系数显著为负，且交互项（D × OFDI）估计系数的绝对值大于 OFDI 估计系数，说明 OFDI 在不同经济体中对货币供给量产生完全相反的影响。对于发达经济体来说，OFDI 会提高其货币供给量，可能的原因是，近十年来主要发达经济体纷纷实行量化宽松政策，释放巨量流动性，导致发达经济体整体的货币供给量增长过快；对于新兴经济体来说，OFDI 会降低其货币供给量。表 7 - 6 中第（3）列、第（4）列的 OFDI 和交互项（D × OFDI）估

计系数均显著为正，说明 OFDI 会使一国或地区的货币升值，且对新兴经济体货币的影响程度更大。这可能是因为 OFDI 是一国或地区主动输出资本，一国或地区在经济发展越来越好时才会逐渐增加 OFDI，故 OFDI 的上升会增强投资者对该国或地区的信心，从而使该国或地区的货币升值。表 7 - 7 中第（1）列的 OFDI 和交互项（D×OFDI）估计系数均显著为负，说明 OFDI 会对一国或地区的股票价格产生直接影响。表 7 - 7 中第（3）列、第（4）列的 OFDI 和交互项（D×OFDI）估计系数均显著，说明 OFDI 会对一国或地区的房地产价格产生直接影响。

表 7 - 7 　　　　　　　　　OFDI 对资产价格影响的渠道分析

变量	因变量：SP		因变量：RPP	
	（1）	（2）	（3）	（4）
OFDI	- 0.0483 *** (0.0145)	0.0128 (0.0158)	- 0.0367 *** (0.0046)	- 0.0390 *** (0.0048)
BM	- 0.0181 ** (0.0074)	- 0.0174 ** (0.0076)	0.00239 ** (0.0011)	0.00284 ** (0.0011)
REER	0.162 *** (0.0207)	0.105 *** (0.0254)	0.0364 *** (0.0051)	0.0571 *** (0.0076)
GDP	2.048 *** (0.0586)	2.139 *** (0.0582)	0.623 *** (0.0135)	0.643 *** (0.0136)
CPI	- 0.425 *** (0.1178)	- 0.546 *** (0.1173)	0.465 *** (0.0294)	0.436 *** (0.0294)
INTE	- 1.336 *** (0.1666)	- 1.762 *** (0.1973)	- 0.312 *** (0.0428)	- 0.460 *** (0.0438)
D×OFDI	- 0.124 *** (0.0456)	- 0.141 *** (0.0435)	0.0383 *** (0.0117)	0.0340 *** (0.0111)
D×BM	0.143 *** (0.0479)	0.166 *** (0.0513)	0.197 *** (0.0101)	0.190 *** (0.0096)
D×REER	0.0729 *** (0.0130)	0.260 *** (0.0454)	- 0.0248 *** (0.0028)	- 0.0815 *** (0.0095)
D×GDP	- 0.101 (0.1026)	0.12 (0.1038)	- 0.255 *** (0.0249)	- 0.249 *** (0.0213)
D×CPI	- 0.426 ** (0.1667)	- 0.421 ** (0.1701)	- 0.335 *** (0.0332)	- 0.308 *** (0.0329)

续表

变量	因变量：SP		因变量：RPP	
	（1）	（2）	（3）	（4）
D × INTE	0.742 *** （0.2466）	0.757 *** （0.2754）	0.615 *** （0.0546）	0.583 *** （0.0538）
常数项	是	是	是	是
个体固定效应	否	是	否	是
时间固定效应	是	是	是	是
样本观测值	2296	2296	2296	2296

注：第（1）列、第（3）列是时间固定效应估计结果；第（2）列、第（4）列是个体时间固定效应估计结果。括号中为标准误。*** 、** 、* 分别代表在 1% 、5% 、10% 的显著性水平上显著。

表 7 - 8 是根据表 7 - 6 和表 7 - 7 的估计结果计算得到的。表 7 - 8 中的总效应均为负，说明 OFDI 会对一国或地区的资产价格产生负向影响，与前面的总体影响检验结果一致。对于股票价格，新兴经济体的总效应绝对值大于发达经济体；对于房地产价格，发达经济体的总效应绝对值大于新兴经济体，说明 OFDI 在不同经济体中对资产价格的影响存在非对称性，且结果与上文的非对称性检验结果一致。

表 7 - 8　　　　　　　　　OFDI 对资产价格的效应总结

类别	发达经济体①		新兴经济体	
	SP	RPP	SP	RPP
总效应	- 0.0454	- 0.0371	- 0.1150	- 0.0168
直接效应	- 0.0483	- 0.0390	- 0.1282	- 0.0050
货币供给效应	- 0.0017	0.0003	- 0.0080	- 0.0104
汇率变动效应	0.0046	0.0016	0.0212	- 0.0014

注：①发达经济体对外直接投资对股票价格的渠道分析选用的是时间固定效应模型估计结果，即表 7 - 6 中第（1）列的结果，因为因变量为股票价格时，发达经济体的个体固定效应非常不明显。其余的渠道分析选用的是个体时间固定效应模型估计结果。

从表 7 - 8 中可以看出，发达经济体的 OFDI 通过货币供给渠道对股票价格产生负向影响，通过汇率变动渠道对资产价格产生正向影响，但间接效应远小于直接效应；通过货币供给渠道和汇率变动渠道对房地产价格产生正向影响，其效应也远小于直接效应。因此，发达经济体的 OFDI 主要通过直接渠道对资产价格产生影响。另外，新兴经济体的 OFDI 通过间接渠道对股票价格的影响与发达经济体的情况相似，但对房地产价格的影响情况不同。对于房地产价格，新兴经济体的直接效应为 −0.0050，货币供给效应为 −0.0104，汇率变动效应为 −0.0014。因此，新兴经济体的 OFDI 主要通过直接渠道对股票价格产生影响，主要通过货币供给渠道对房地产价格产生影响。

综上所述，本书得到了关于渠道分析的两个结论。第一，OFDI 在发达经济体中对一国或地区资产价格的影响以直接渠道为主、间接渠道为辅。第二，OFDI 在新兴经济体中对股票价格的影响也是以直接渠道为主、间接渠道为辅，但对房地产价格的影响以货币供给渠道为主、直接渠道为辅。

四、结论与建议

本书利用跨国或地区面板数据，实证研究了 OFDI 对一国或地区资产价格的影响，并进行了渠道分析。研究结果表明，OFDI 会对一国或地区资产价格产生负向影响，且对股票价格的影响更大，但对房地产市场的影响更为显著。同时，本书还发现不同经济体的 OFDI 对资产价格存在非对称性影响。第一，相较于发达经济体，新兴经济体的 OFDI 对股票价格的影响程度更大；第二，发达经济体的 OFDI 对房地产价格的影响显著高于新兴经济体。进一步的渠道分析发现，OFDI 在发达经济体中对一国或地区资产价格的影响以直接渠道为主、间接渠道为辅；在新兴经济体中对股票价格的影响也是以直接渠道为主、间接渠道为辅，但对房地产价格的影响以货币供给渠道为主、直接渠道为辅。

全球化背景下，国际资本频繁流动，OFDI 的规模不断扩大。一方面，合理的 OFDI 有助于一国或地区的经济发展；另一方面，资本大规模的流出也会对一国或地区的金融稳定带来冲击。如何发挥 OFDI 的积极影响，抑制其消极影响，是各国面临的一个重大问题。根据本书的实证结果，提出以下政策建议。

第一，各国或地区在金融市场抵御风险的能力范围内，可以适当扩大 OFDI 的规模。适当的 OFDI 可以促进该国或地区产业结构的升级、提升母国或地区全球价值链地位、获得逆向技术溢出效应等效用；但 OFDI 的规模过大会使国内或地区内资产价格下跌过快，超过金融市场抵御风险的能力后会影响国内或地区内的金融稳定，甚至容易导致金融危机。因此，各国或地区在扩大 OFDI 的规模时要严格把握金融市场抵御风险的能力。

第二，各国或地区在实施对外投资策略时应密切监测国内或地区内股价变化，避免股票市场出现剧烈波动。从本书的实证结果来看，OFDI 对股票市场的影响要大于对房地产市场的影响，这可能是因为股票市场的流动性更强，当进行 OFDI 时资金更容易从股票市场中流出。尤其是新兴经济体的股票市场发展不完善，新兴经济体股票市场中投机性资本多，这些投机性资本容易随着对外投资策略的改变而流出股票市场。因此，各国须加强对股票市场的监测，新兴经济体还应尽快完善金融市场。

第三，建议各国或地区在全球范围内建立 OFDI 的监管合作。本书的实证结果表明，OFDI 主要通过直接渠道对资产价格产生影响，即 OFDI 直接减少了对国内或地区内资产的需求或通过直接从国内或地区内资本市场流出来影响资产价格，必须监测 OFDI 的动态。随着经济全球化的深入，一旦发生金融危机，金融危机会迅速蔓延到其他国家或地区乃至全球。因此，仅一个国家或地区监测 OFDI 的动态远远不够，必须在全球建立合作体系来全面监测 OFDI 的动态。

总而言之，对于中国这样正处于经济转型和扩大开放阶段的国家来说，在扩大 OFDI 规模、优化国内经济的同时，必须加强监控，密切关注 OFDI 对国内资产价格的影响以保持金融稳定。

第二节　OFDI 与银行稳健性

近年来随着中国 OFDI 规模不断扩大，与之伴随的金融风险也慢慢暴露。然而，已有文献大多关注资本流入给金融稳定、银行稳定带来的影响，有关资本流出对金融稳定和银行稳定影响的文献大多是从资本外逃这一角度出发，涉及 OFDI 的少之又少。银行作为重要的金融机构，它的稳定关系到整个金融体系的稳定，因此本书从银行稳定入手，关注 OFDI 对金融稳定的影响。

2015 年中国政府发布《推动共建丝绸之路经济带和 21 世纪海上丝绸之路的愿景与行动》，"一带一路"进入了全面推进阶段。"一带一路"不仅推动了我国企业"走出去"，更有助于我国资本"走出去"。在"一带一路"背景下，我国 OFDI 金额飞速增长，自 2013 年这一概念提出到 2018 年，中国企业对沿线国家直接投资 900 亿美元以上，年均增速为 5.2%。OFDI 在拓展海外市场、规避贸易壁垒、转移产能相对过剩和附加值较低的产业、推动国内产业升级等方面起了积极的作用。然而 OFDI 的自身属性决定了其天然与风险相伴（高鹏飞，2019），这些风险包括信用风险、市场风险等。银行作为重要的金融机构，在 OFDI 中扮演着重要的角色，不仅满足了对外投资项目的资金需求，也提供了外汇兑换、国际清算等其他服务，因此面临着巨大的风险。如此一来，探究 OFDI 对银行稳定的影响尤为重要，这有助于中国更好地防范银行面临的风险，进而维持整个宏观经济的稳健运行。

考虑到单一国家 OFDI 对银行稳定影响的研究结果具有局限性，本书使用多国模型来弥补这一缺陷。本书在建立银行稳健性指标的基础上，利用面板数据模型对 31 个国家 OFDI 占 GDP 的比重和银行稳健性的数据进行实证研究。实证结果表明，OFDI 对银行稳健性有显著的负面影响，说明对外投资规模的增加会使银行稳健性水平下降。对样本国家按收入水平分类进行实证检验，结果显示中低收入国家 OFDI 对银行稳健性有正向影响但并不显著，而高收入国家和中高收入国家则与全体样本的实证结果一致。另外，本书还将样本期间分为金融危机前和金融危机后，对两个期间分别进行实证研究，发现金融危机前 OFDI 对银行稳健性有正面影响，金融危机后 OFDI 对银行稳健性有负面影响。最后，本书对 OFDI 的影响渠道进行了检验，脉冲响应分析结果表明，OFDI 的私人部门外债渠道、利率渠道、汇率渠道是存在的。

一、OFDI 影响银行稳健性的机理及渠道分析

OFDI 是本国企业将资本投入到国外市场，去建立工厂和公司，它实际上是一国的长期资本流出。这种资本流动对国内银行稳定的影响会通过多种渠道进行传导。方意等（2017）认为外汇市场、房地产市场、股票市场是资本流动对银行稳定性产生影响的主要渠道。国际资金流动的方向、规模、频率的增加会冲击这三个市场，而这三个市场又与银行相关联，会将这种冲击传导给银行，影响银行稳定性。张荣峰（2007）详细介绍了资本流动影响银行稳定的内在机理，其中关于资本流出对银行稳定的影响，他认为是通过汇率不稳定效应、利率上升效应、财富再分配效应来实现的。周工（2018）认为资本流动会通过直接渠道和间接渠道来影响银行稳健性，直接渠道主要表现为自身业务和银行资产负债结构，间接渠道则表现为利率、国际收支、汇率、债务等。杨

海珍和黄秋彬（2014）认为，跨国资本流动会通过利率、汇率、银行业务、货币政策来影响银行稳健性。资本流动会影响国内资本供给从而影响国内利率，使得银行风险不断积累；资本流动需要通过商业银行进行结算，这使得银行面临汇率风险；银行结售汇业务带来的净差额需要平盘，这些行为会对本币汇率和外汇储备产生影响，此时需要中央银行进行调控，但是政策生效往往存在时滞，因此旧的货币政策和新的经济形势叠加可能会恶化宏观经济形势，进而影响银行稳定。对上述文献所提到的传导机制进行归纳总结，本书发现资本流动对银行稳健型的影响最终都是通过私人部门外债渠道、利率渠道、汇率渠道传导的。

OFDI 对银行稳健性的影响通过私人部门外债渠道、利率渠道、汇率渠道进行传导。具体传导机制如下：一是通过私人部门外债渠道传导。企业在国外从事投资活动时通常使用的是外币，因此 OFDI 时本国企业往往需要向银行进行外币借款。当对外投资规模不断扩大时，私人部门的外债会快速增长，外债大量积累会给经济发展埋下隐患。当大量企业因为本币贬值、还债成本上升或者经营不善无法按时偿还债务时，便会引发债务危机，对宏观经济产生冲击，银行则会因为不良贷款率的上升而出现稳健性水平下降的情况。二是通过利率渠道传导。OFDI 本质上是国内资本流向他国，大量资本流出会使得国内资金供给不足，从而带动利率上升。利率上升会使资产价格下跌，导致家庭和企业的财富缩水，社会总需求下降，最终使银行的经营环境受到影响，冲击银行稳定性。利率上升还会使家庭和企业还款成本增加，道德风险增加，不良贷款率也随之上升，银行体系风险不断积累。三是通过汇率渠道传导。企业需要使用外币进行投资，投资获得的利润需要兑换回本币，大量企业同时在国际货币市场进行本币买卖会使得国际货币市场上本币汇率波动，银行面临的汇率风险上升，稳健性受到影响。

综上，可以看出理论上 OFDI 会对银行稳健性产生负面影响。接下来本书将使用面板数据对这一推断进行实证分析。

二、银行稳健性指标选择及影响因素

（一）银行稳健性指标的选择

银行稳健性的具体定义，一般可以分为两类。第一类，从银行稳定经营的角度进行定义。曲洪建和孙明贵（2010）认为银行稳健包括稳定和健康两个方面，稳定是指银行低风险，健康则指银行保持好的盈利水平。银行稳健运营是在稳定的基础上寻求效率，银行要将稳定放在第一位，保证自身的健康发展。乔桂明和黄黎燕（2011）认为经营效率的变化影响着银行稳健性，因此应该从银行经营效率的角度研究稳健性，即银行稳健性就是在满足商业银行资本充足率的基础上保证经营的高效率。第二类，从稳定运营的反面即银行风险去定义。戴蒙德和拉詹（Diamond and Rajan，2005）认为银行不稳定是储户对银行流动性没有信心和银行资产缺乏流动性导致的，在特定情况下两者会导致挤兑发生，威胁银行稳健运行。银行稳健性要求银行面对挤兑等一系列问题时能够及时解决，保证银行平稳运行。丁振辉（2015）表示对银行稳定性的研究源于明斯基的"金融不稳定假说"。银行由于本身高杠杆、高负债的特性，很容易为追逐利润而参与高风险的商业活动，因而需要去关注银行稳健性以约束银行追逐风险的天性。张云和付鑫（2016）认为银行稳健性是外部经营环境恶化时银行抵御风险的能力。综合以上文献，本书认为银行稳健性是银行在受到冲击时保持稳定经营和控制损失的能力。

银行稳定性可以通过多个指标来体现。伍志文（2002）认为资产负债结构、不良贷款率、资本充足率、存款占 GDP 比重等指标都可以反映银行稳健性。根据相关指标可以构建银行稳健性指标来衡量银行稳健性。银行稳健性指标构建并没有权威性的方法。IMF 在 2006 年颁布了《金融稳健指标：编制指南》为构建银行稳健性指标提供了参考。学术界对银行稳健性的测度尚没有明确的界定，目前大部分文章都选择建立综合性的银行稳健性指数。张亦春和彭江（2014）通过映射法构建了银行稳健性指标。映射法是指将指标原始数据映射到相应的数值区间再加以比较。他们构建的银行稳定性指标涉及资产质量、资本充足率、盈利能力、流动性四个方面的原始指标。卢盼盼和胡捷（2012）同样使用映射法构建银行稳健性指标，从流动性、盈利能力、发展能力和资产质量四个角度考虑，选取了存贷比、不良贷款率、资本充足率、拨备覆盖率和总资产收益率五个指标。吴俊霖（2019）使用映射法构建银行稳健性指标时考虑了资产质量、资本充足性、流动性和盈利能力。除了映射法构建银行稳健性指标以外，更多的文献通过构建公式来构建稳定性指标。陈守东和王淼（2011）对资产质量、资本充足性、盈利性、流动性四个方面共 13 个原始指标进行标准化再进行算术平均合成银行稳定性指标。杨海珍和黄秋彬（2014）选择资本充足率和不良贷款率构建银行稳健性指标，前者反映银行在遭受冲击时的抵抗能力，后者能够代表银行资产质量。胡真、彭建刚和黎灵芝（2014）构建的银行稳定性指标涉及资产收益率、资本资产比率、资产收益率的标准差。综合性指标涉及银行稳健性的多个方面，能够较为全面地反映银行体系的稳健性水平。但是，综合性指标也存在缺点。综合性指标需要确定单个指标的权重，但对于各个指标权重的确定并没有统一的方法，通常需要将理论、实际国情、实践经验相结合（张亦春、彭江，2014）。由于各个国家金融发展水平、金融市场发育程度、银行经营能力、监管机构监管水平都有不同，各个国家指标权重无法统一，因此在多国模型中，运用综合性指标构建银行稳健性指标的方法并不适合。

　　鉴于以上原因，本书选择用单一指标衡量银行稳健性。单一指标不需要考虑不同国家金融体系的差异，更加适合多国模型。本书借鉴马理和李厚渊（2019）的研究，选择不良贷款率来衡量银行稳健性，原因如下：第一，不良贷款率反映了银行贷款的资产质量，进一步反映了银行的偿付能力（杨海珍、黄秋彬，2014），能够较好地反映银行稳健性水平。第二，通过理论分析可以看出，OFDI 对银行稳健性最直接的影响就是不良贷款率的变化。

（二）银行稳健性指标的构建和测度结果

　　本书选取了 31 个国家 2000～2017 年的不良贷款率，以此来衡量各个国家的银行稳健性。数据均来源于世界银行数据库、EPS 数据平台。根据世界银行的划分标准，将国家划分为高收入国家、中高等收入国家、中低等收入国家、低收入国家四类。由于低收入国家数据严重缺失，本书没有将该类国家纳入研究之中。考虑到不良贷款率越低银行稳健性水平越高的这种反向关系，本书对不良贷款率取倒数，数值越高表示银行稳健性水平越高，方便进行实证研究。同时对不良贷款率进行正规化处理，消除数值大小的影响，具体公式如下：

$$BSI_{i,t} = \frac{\frac{1}{NPL_{i,t}} - \mu_{i,t/NPL}}{\sigma_{i,t/NPL}} \qquad (7-5)$$

其中，$BSI_{i,t}$ 表示第 t 个国家在第 i 期的稳健性指数；$NPL_{i,t}$ 表示第 t 家银行在第 i 期的不良贷款率；$\mu_{i,t}$、$\sigma_{i,t}$ 表示相应国家在样本期内的均值和标准差。公式计算得到的 BSI$_{it}$ 将围绕 0 波动，数值大于 0 表示银行稳健性水平高于历史平均，数值小于 0 表示银行稳健性水平低于历史水平，以此反映样本国家各个年度银行体系的稳健性水平，所得数据如表 7 - 9 所示。

表 7 - 9　　　　　　　　2000 ~ 2017 年样本国家的银行稳健性水平

国家	2000 年	2001 年	2002 年	2003 年	2004 年	2005 年	2006 年	2007 年	2008 年
澳大利亚	0.4064	0.1201	0.8357	1.5513	2.9825	0.2115	0.1850	0.2251	- 0.6773
德国	- 0.9543	- 0.9200	- 1.0490	- 1.1060	- 1.0187	- 0.7011	- 0.3574	0.2663	0.0699
法国	- 1.2107	- 0.3628	- 1.2107	- 1.0497	- 0.4749	0.4447	1.3644	2.0797	1.7768
美国	0.5726	0.1947	0.0463	0.5726	1.4935	1.9758	1.4935	0.0463	- 0.9730
挪威	- 0.2842	- 0.4420	- 1.1044	- 0.7968	0.1258	1.1803	1.7661	2.5863	1.0675
日本	- 1.2733	- 1.6145	- 1.5173	- 1.2555	- 0.5080	0.5247	0.5247	1.0692	- 0.1560
沙特阿拉伯	- 1.4873	- 1.4762	- 1.4192	- 1.1403	- 0.4700	0.1894	0.0868	- 0.0060	0.9221
西班牙	0.5192	0.5192	0.6775	0.8674	1.3898	1.4083	1.7579	1.1084	- 0.4780
新加坡	- 0.8422	- 1.2852	- 1.2724	- 1.2217	- 1.0887	- 0.9233	- 0.6771	0.1337	0.2250
意大利	0.3710	0.8633	0.9708	0.8633	0.9162	0.7155	0.9335	1.4207	1.0953
英国	- 0.6279	- 0.6696	- 0.6696	- 0.6279	- 0.2852	1.0001	1.3016	1.3016	0.0294
智利	- 0.2779	- 0.1844	- 0.4042	- 0.2032	0.4969	1.3660	2.1049	2.0902	1.1096
巴西	- 2.5737	- 1.6278	- 0.9171	- 0.5641	1.0792	0.0831	0.1695	0.9237	0.7062
保加利亚	- 0.9449	0.3792	0.8862	0.4822	1.5327	1.2780	1.2780	1.3993	1.0620
俄罗斯	0.0000	0.2970	0.4604	0.6630	1.6370	2.4083	2.7113	2.5537	1.2587
哥伦比亚	- 1.8565	- 1.7368	- 1.6205	- 1.3050	0.2269	0.8242	0.9433	0.2920	- 0.2516
哥斯达黎加	- 2.0136	- 1.0584	- 1.8182	0.1932	- 0.4505	1.1127	1.1127	1.9811	0.6522
加蓬	- 0.2188	- 0.5374	- 0.8823	- 0.9382	- 1.0235	- 0.9474	- 0.7437	- 0.3991	- 0.5250
罗马尼亚	- 0.1482	0.4195	1.0950	- 0.5165	- 0.5012	2.5281	1.7142	0.8489	0.7326
马来西亚	- 1.0272	- 1.0653	- 1.0361	- 0.9966	- 0.9377	- 0.8460	- 0.7972	- 0.6395	- 0.4037
马其顿	- 1.5334	- 1.5110	- 1.1859	- 1.1536	- 0.8151	- 0.6278	- 0.0904	0.9576	1.3361
墨西哥	- 1.7776	- 1.5864	- 0.9867	- 0.6454	0.0618	2.2218	1.3714	0.2722	- 0.4457
南非	- 0.7179	- 0.2576	- 0.1438	0.2235	0.9337	0.9337	2.7414	1.7453	- 0.6031
匈牙利	0.5559	0.2084	0.6278	0.8766	1.9458	1.1904	0.8766	1.1904	0.4075
中国	- 1.0739	- 1.1028	- 1.0900	- 1.0625	- 0.9928	- 0.8872	- 0.8231	- 0.7698	- 0.1040
巴基斯坦	- 1.1567	- 1.4534	- 1.3445	- 0.8949	0.0558	0.9300	1.8200	1.7278	0.8666
巴拉圭	- 1.1969	- 1.2989	- 1.3430	- 1.3530	- 1.1554	- 0.8685	- 0.3452	1.0012	1.4620
玻利维亚	- 0.9378	- 1.0708	- 1.0905	- 1.0778	- 1.0343	- 0.9701	- 0.8707	- 0.6314	- 0.4240
菲律宾	- 1.1514	- 1.1787	- 1.0197	- 1.0511	- 1.0151	- 0.8651	- 0.7015	- 0.5096	- 0.3002
尼日利亚	- 0.7771	- 0.7099	- 0.7515	- 0.7304	- 0.7560	- 0.6637	- 0.0618	- 0.1484	0.1997
乌克兰	- 0.3851	- 0.2734	- 0.1661	- 0.3565	- 0.3934	- 0.6899	- 0.6993	- 0.6247	3.7382

续表

国家	2009 年	2010 年	2011 年	2012 年	2013 年	2014 年	2015 年	2016 年	2017 年
澳大利亚	− 0.8855	− 0.9115	− 0.8747	− 0.8195	− 0.6972	− 0.4909	− 0.3818	− 0.4340	− 0.3450
德国	− 0.2917	− 0.2147	− 0.0846	0.0608	0.2145	0.6371	1.2323	1.8047	2.4119
法国	− 0.2713	0.0651	− 0.5730	− 0.5761	− 0.7771	− 0.4335	− 0.2243	0.2369	1.1964
美国	− 1.3386	− 1.2675	− 1.1688	− 1.0689	− 0.7817	− 0.4236	− 0.0498	0.1625	0.5141
挪威	− 0.4104	− 0.7157	− 0.8739	− 0.7076	− 0.4967	− 0.1590	0.0011	− 0.2578	− 0.4788
日本	− 0.1560	− 0.2029	− 0.1955	− 0.1803	0.1039	0.6081	0.9976	1.3106	1.9203
沙特阿拉伯	− 0.6774	− 0.5489	− 0.1096	0.4722	1.1206	1.7460	1.2889	0.9555	0.5534
西班牙	− 0.7151	− 0.7746	− 0.8744	− 0.9430	− 0.9994	− 0.9750	− 0.8831	− 0.8514	− 0.7537
新加坡	− 0.3250	0.2501	0.8575	0.8999	1.4091	1.8501	1.2221	0.5301	0.2582
意大利	− 0.1517	− 0.2953	− 0.6359	− 0.9263	− 1.2139	− 1.3308	− 1.3330	− 1.2613	− 1.0016
英国	− 0.9399	− 1.0272	− 1.0284	− 0.9567	− 0.8413	− 0.0732	0.9613	1.1727	1.9799
智利	− 1.0624	− 0.9685	− 0.7938	− 0.6748	− 0.6385	− 0.6049	− 0.4524	− 0.4134	− 0.4893
巴西	− 0.6724	0.7040	0.1611	0.1885	1.1631	1.1681	0.3811	− 0.3781	0.0055
保加利亚	− 0.3964	− 0.7986	− 0.8945	− 0.9317	− 0.9368	− 0.9342	− 0.8853	− 0.8434	− 0.7318
俄罗斯	− 0.2359	− 0.0797	0.2068	0.3409	0.3477	0.1767	− 0.0952	− 0.2268	− 0.2825
哥伦比亚	− 0.3018	0.6807	1.1864	0.8113	0.7938	0.6196	0.6996	0.3941	− 0.3996
哥斯达黎加	− 0.5566	− 0.1658	− 0.0829	0.0820	0.0739	0.5993	0.2855	0.5987	− 0.5452
加蓬	− 0.3330	1.2732	1.6651	1.9569	1.7079	0.6343	0.1304	− 0.2284	− 0.5910
罗马尼亚	− 0.4845	− 0.7017	− 0.7764	− 0.8531	− 0.8998	− 0.7664	− 0.7546	− 0.6013	− 0.3346
马来西亚	− 0.1083	− 0.0107	0.3153	0.8521	1.0469	1.3382	1.4116	1.3939	1.5104
马其顿	0.4518	0.4213	0.2876	0.1414	− 0.0371	− 0.0101	0.0952	1.5781	1.6953
墨西哥	− 0.2950	0.7844	0.6491	0.1356	− 0.6790	− 0.5096	0.0321	0.7007	0.6962
南非	− 1.0456	− 1.0242	− 0.8146	− 0.6423	− 0.5028	− 0.3312	− 0.2690	− 0.1178	− 0.1078
匈牙利	− 0.7697	− 0.9059	− 1.0717	− 1.1392	− 1.1573	− 1.1287	− 0.9928	− 0.6865	− 0.0276
中国	0.4391	1.1120	1.5209	1.5434	1.4176	0.8976	0.3672	0.3042	0.3043
巴基斯坦	− 0.0805	− 0.5830	− 0.7950	− 0.5380	− 0.2638	− 0.1067	0.1193	0.5154	1.1815
巴拉圭	0.9100	1.5456	0.8351	0.4527	0.5337	0.6828	0.1587	− 0.0457	0.0247
玻利维亚	− 0.2373	0.4537	0.9833	1.2844	1.2302	1.2003	1.2045	1.0819	0.9063
菲律宾	0.0508	0.0961	0.5649	0.8523	0.6551	1.0685	1.2475	1.5048	1.7523
尼日利亚	− 0.9565	− 0.7214	0.5528	1.5488	1.8044	2.2497	0.8873	− 0.4288	− 0.5372
乌克兰	0.3379	0.1996	0.2434	0.1065	0.4226	− 0.0369	− 0.3503	− 0.4028	− 0.6698

图 7 - 2 是各个收入水平国家银行稳健性指标的均值和所有样本国家银行稳健性指标的均值。总体来看，样本国家银行稳健性水平呈明显的阶段性。2008 年以前各国银行体系稳健性呈向好的趋势，银行稳健性水平不断提高；2008 年受到金融危机的影响，各个国家的银行稳健性水平都出现下降。这种情况在 2009 年结束，表明从 2009 年开始全球经济从危机之中恢复，经济进入复苏阶段。分国家来看，高收入国家和中高收入国家的银行稳健性水平变化一致，中低收入国家银行稳健性变化要比高收入国家和中高收入国家要慢，说明中低收入国家银行体系对世界经济总体形式变化的反应存在时滞。同时可以发现高收入国家银行体系的稳定性在 2008 年的金融危机中受到的冲击最大，稳健性指数下跌幅度最大，其次是中高收入国家，中低收入国家银行体系受到的冲击最小。这说明在这场起源于美国的金融危机中，高收入国家受到的影响最大，遭受的损失也是最大的。

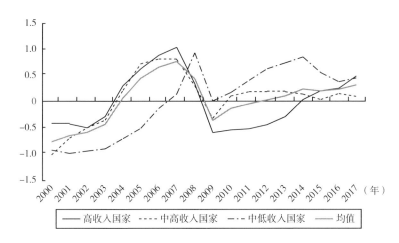

图 7 - 2 2000 ~ 2017 年不同收入水平国家的平均银行稳健性水平

三、OFDI 与银行稳定性关系的实证研究

（一）模型建立

为了研究 OFDI 对银行稳健性的影响，本书选取了 31 个国家 2000 ~ 2017 年的面板数据，对所有数据进行了豪斯曼（Hausman）检验，F 值显著。检验结果表明个体异质性截距项与模型中的解释变量不相关。因此，本书使用固定

效应模型来分析 OFDI 对银行稳健性的影响，所构建的固定效应模型如下：

$$BSI_{i,t} = \alpha_i + \beta \times OFDI_{i,t-1} + X_{i,t-1} \times \theta + \varepsilon_{i,t} \tag{7-6}$$

其中，i 表示国家，t 表示年份；BSI 为被解释变量银行稳健性；α_i 为个体异质性的截距项；β 为解释变量 OFDI 占 GDP 比重的系数；$OFDI_{i,t-1}$ 为滞后一期的解释变量，即一国 OFDI 占 GDP 的比重；$X_{i,t-1}$ 是 $J \times 1$ 的向量，为 J 个滞后一期的控制变量；θ 同样是 $J \times 1$ 的向量，表示对应控制变量的系数；$\varepsilon_{i,t}$ 为扰动项。考虑到 OFDI 对银行稳健性的影响存在滞后性，对模型中解释变量和控制变量进行滞后一期的操作，从而更好地反映 OFDI 对银行稳健性的影响，降低内生性。

（二）控制变量的选择

银行稳健性作为反映银行稳定运行、抵抗风险能力的指标，还会受到除 OFDI 以外的许多因素的影响。设置控制变量的目的是考察在考虑这些因素之后 OFDI 对银行稳定性的影响是否依然能与未考虑因素时的结果保持一致。关于控制变量选择，不同的学者提出了不同的看法。从宏观的角度来看，阿克特和戴利（Akhter and Daly，2009）在对 50 个国家的面板数据进行实证分析后发现，银行稳健性受到经济周期、通货膨胀、实际有效汇率、银行规模等因素的影响。张金清、张健和吴有红（2011）发现，货币政策因素和宏观经济因素都对银行稳健性有重要的影响，其中宏观经济因素包括 GDP 增长率、通货膨胀率和货币供应量等。陈守东和王淼（2011）发现，银行稳健性依赖于稳定的经济增长，受经济冲击的影响程度非常高，同时 GDP 增长率对银行稳健性波动的解释程度接近 50%。从微观的角度来看，丁振辉（2015）研究发现经营效率和治理机制对银行稳健性有较大的正面影响。张金清、张健和吴有红（2011）认为，银行市场结构、银行业务机构是影响商业银行稳定性水平的重要因素。除此之外，胡真、彭建刚、黎灵芝（2014）对我国 14 家上市商业银行数据进行分析，研究结果表明宏观审慎监管水平和微观审慎监管水平会影响银行稳健性水平。

本书在考虑数据可得性之后，选择经济增长率（GDPG）、通货膨胀率（INF）、M2 增长率（M2G）和实际有效汇率指数（EXC）作为模型的控制变量，控制变量描述性统计如表 7-10 所示。实际有效汇率以 2010 年为基准。各个变量数据来源于世界银行、世界货币基金组织和 EPS 数据库。从表 7 - 10 可以看到，OFDI 的变异系数较大，说明不同国家以及同一国家在不同时间的 OFDI 规模差别较大，因此本书将对样本国家和样本期间进行分类，讨论在不同的 OFDI 规模和不同的宏观经济环境下，OFDI 是否会对银行稳健性产生不同的影响。

表 7 - 10　　　　　　　　　　控制变量描述性统计

变量	均值	标准差	最小值	最大值	变异系数
OFDI	2.04	4.73	- 18.89	52.02	2.31
GDPG	3.32	3.27	- 15.10	14.60	0.99
INF	4.50	5.07	- 1.60	48.68	1.13
M2G	11.73	11.17	- 17.41	87.76	0.95
EXC	97.47	12.54	54.06	143.31	0.13

为了防止伪回归的出现，满足固定效应模型对变量的要求，本书还对所有变量进行了平稳性检验，即面板单位根的检验。本书所选取的面板数据为短面板数据，因此采用 HT 检验。首次检验结果表明，银行稳健指数（BSI）和实际有效汇率指数（EXC）P 值较大，没有通过平稳检验。因此，对银行稳健性指数和实际有效汇率指数进行差分，再次进行 HT 检验，检验结果如表 7 - 11所示，所用变量通过平稳性检验。

表 7 - 11　　　　　　　　　　HT 检验

变量	统计量	P 值
BSI	0.0165	0.0000
OFDI	0.0684	0.0000
GDPG	0.3662	0.0000
INF	0.4657	0.0000
M2G	0.1961	0.0000
EXC	0.1782	0.0000

（三）实证分析与结果

1. OFDI 对银行稳健性的影响

全部样本国家 OFDI 对银行稳健性影响的实证结果如表 7 - 12 所示。第

（1）列表示只考虑了 OFDI 这个解释变量对银行稳健性的回归结果。由表 7 - 4 可知，OFDI 的回归系数为 - 0.0120，并在 5% 水平上显著，表明 OFDI 对银行稳健性具有显著的反向作用，OFDI 增加 1 个单位会导致银行稳健性水平下降 0.0120 个单位，即 OFDI 规模扩大可能带来银行稳健性水平的下降。由于银行稳健性还受到其他经济因素的影响，因此模型中引入了控制变量，来探究在有其他经济因素的影响下，OFDI 对银行稳健性的显著负面影响是否依然成立。第（2）列到第（5）列反映了逐步加入经济增长率（GPDG）、通货膨胀率（INF）、M2 增速（M2G）和实际有效汇率（EXC）的回归效果。由表 7 - 12 可知，回归系数仍然显著为负，且系数数值变化不大。这说明考虑了其他经济因素的影响后，OFDI 对银行稳健性仍然具有显著的反向作用，且 1 个单位 OFDI 对银行稳健性的影响没有太大变化。这与理论分析相符，OFDI 使得国内资本流出，带来了私人部门外债的增加、利率的上升和汇率的波动，同时潜在的主权信用风险影响了市场的信心，这些都不利于银行稳定。

表 7 - 12 　　　　　　　　　OFDI 对银行稳健性影响的实证分析结果

解释变量	系数估计							
	（1）	（2）	（3）	（4）	（5）	（6）	（7）	（8）
OFDI	- 0.0120 ** （ - 2.12）	- 0.1226 ** （ - 2.07）	- 0.0123 ** （ - 2.06）	- 0.1292 ** （ - 2.72）	- 0.0139 * （ - 1.94）	- 0.0352 * （ - 1.83）	- 0.0083 *** （ - 4.12）	0.0593 - 0.43
GDPG		0.1216 （ - 4.14）	0.0117 （ - 1.31）	0.004 （ - 0.42）	0.0047 （ - 0.46）	0.0460 *** （ - 4.07）	- 0.0317 （ - 1.56）	0.0257 （ - 2.87）
INF			- 0.0063 （ - 0.84）	- 0.0091 （ - 1.34）	- 0.0162 ** （ - 2.23）	- 0.1144 ** （ - 2.57）	- 0.0152 （ - 1.54）	- 0.0061 （ - 0.56）
M2G				0.0069 ** （ - 2.18）	0.0062 * （ - 1.9）	- 0.0053 （ - 1.31）	0.0180 *** （ - 3.11）	0.0078 （ - 1.43）
EXC					- 0.0044 （ - 0.86）	0.005 （ - 0.88）	- 0.0073 （ - 0.73）	- 0.0116 （ - 0.92）
常数项	0.0905 *** （ - 7.1）	0.0503 （ - 1.46）	0.0810 ** （ - 1.82）	0.0376 （0.75）	0.0724 （1.15）	0.3442 ** （3.07）	0.0183 （0.19）	- 0.1262 （ - 0.61）
R^2	0.0056	0.0083	0.0098	0.0186	0.0230	0.1203	0.0564	0.0504
F 值	0.0424	0.0585	0.0957	0.0065	0.0028	0.0069	0.0007	0.0002

注：*** 、** 、* 分别表示在 1% 、5% 、10% 的水平上显著；括号内为 t 值。

由于样本涵盖了不同收入国家，这些国家的金融体系发展程度、银行经营水平、对外投资规模不同，因此不同国家的银行体系面临的风险和他们抵御外界冲击、化解风险的能力不同。本书将样本国家按收入水平分为高收入国家、中高收入国家和中低收入国家，以此来考察 OFDI 对银行稳健性的影响是否会因为收入水平不同而有不同的结果。第（6）列到第（8）列分别是高收入国家、中高收入国家、中低收入国家的实证结果。高收入国家和中高收入国家 OFDI 的系数为负且分别在 10% 和 5% 水平上显著，增加 1 个单位 OFDI 会使高收入国家银行稳健性下降 0.0352 个单位、中高收入国家下降 0.0083 个单位。扩大直接投资规模会通过私人部门外债、利率、汇率、信心渠道对银行稳健性产生负面影响。中低收入国家对外直接收入回归系数为正，但并没有通过显著性检验。这是因为中低收入国家 OFDI 占 GDP 的比重小，即规模小，如图7-3所示。小规模的 OFDI 不会对本国利率、汇率产生较大影响，也不会带来外汇储备较大的下降，最终给银行稳健性带来的影响也不明显。相反，OFDI 可以绕开贸易壁垒，降低对外贸易的成本，从而促进经济增长，好的经济环境有利于银行稳定。综上所述，OFDI 对银行稳健性的影响会因为收入水平的不同而有不同的结果。

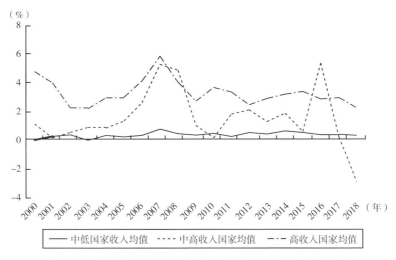

图 7-3 不同收入水平国家对外直接投资占 GDP 比重均值

控制变量也会对银行稳健性产生影响。实证结果表明经济增长速度对银行稳健性有正向作用，但并不显著。分国家来看，经济增长会带来银行稳健性水平的显著提高，中低收入国家经济增长同样会带来银行稳健性水平的提高，但这种结果并不显著。而样本中的中高收入国家经济增长对银行稳健性水平有反向作用。通货膨胀率对银行稳健性水平有反向作用，但这种作用对中高收入国家和中低收入国家不显著。M2 增速对银行稳健性水平有正向影响，但对高收入国家的银行稳健性水平有反向影响。实际有效汇率对除高收入国家以外的国家的银行稳健性有反向影响，但影响并不显著。

2. 不同时期 OFDI 对银行稳健性的影响

2008 年美国金融危机席卷全球给世界经济带来了巨大的影响，世界经济环境也发生了一些变化，全球经济从繁荣阶段进入衰退阶段，而后开始了漫漫经济复苏之路。本书以 2008 年为界，分为危机前和危机后两个时段，来探讨不同的宏观经济环境下 OFDI 对银行稳健性的影响是否不同。样本国家和变量与之前的实证保持一致。对两个期间所有变量进行豪斯曼（Hausman）检验，检验都拒绝了原假设，故依然使用前面的固定效应模型进行实证。在实证之前，本书对变量进行了处理，保证所有变量都是平稳的。

表 7 - 13 是对危机前的样本，即 2000 ~ 2007 年的样本进行实证研究的结果。第（1）列只考虑了 OFDI 这个解释变量对银行稳健性的影响，研究结果表明 OFDI 的回归系数为正，这意味着金融危机前 OFDI 规模扩大对银行稳健性有积极的影响，但影响并不显著。在逐步加入其余控制变量后，第（2）列到第（5）列显示，OFDI 的回归系数依然为正。这说明考虑了其他因素对银行稳健性的影响后，OFDI 依然对银行稳健性有正向作用。原因有以下几个：第一，金融危机前，经济处于繁荣阶段，国内有充足的资本，国家的外汇储备也很充足，因此 OFDI 规模增加不会使利率和汇率出现大幅度的波动。第二，全球经济的繁荣也会降低被投资国家的主权信用风险，银行体系面临的风险较小。第三，OFDI 可以通过推动贸易的发展和产业结构的改善（汤子玉，2017）来发展经济，好的宏观经济也有利于维护银行体系的稳定。

表 7 - 14 是对危机后，即 2008 ~ 2017 年的样本进行实证研究的结果。在不考虑控制变量的影响下，OFDI 的回归系数为负。在加入经济增长率、通货膨胀率、M2 增速和实际有效汇率指数后，OFDI 的回归系数仍然为负。原因有以下几点：第一，金融危机后 OFDI 会带来利率的变化，使得受危机影响而下跌的资产价格进一步下跌，家庭和企业财富减少，社会需求下降，冲击银行稳

定。第二，金融危机使得银行体系变得脆弱，此时 OFDI 带来的汇率频繁波动同样不利于银行稳定。第三，金融危机中各国经济遭受重创，被投资国家主权信用风险增大，给银行稳定带来了负面影响。

表 7 – 13　　　　　金融危机前 OFDI 对银行稳健性影响的实证研究

解释变量	系数估计				
	（1）	（2）	（3）	（4）	（5）
OFDI	0.0456 （1.66）	0.0465* （1.73）	0.0448 （1.69）	0.0430 （1.63）	0.0888*** （2.80）
GDPG		0.1319*** （4.00）	0.1290*** （3.89）	0.1342*** （4.10）	0.1855*** （5.25）
INF			−0.0170 （−1.05）	−0.0203 （−1.25）	−0.0075 （−0.41）
M2G				0.0121 （1.51）	0.0100 （1.41）
EXC					0.0325*** （3.07）
常数项	−0.0560 （−1.09）	−0.5940*** （−3.99）	−0.4910** （−2.66）	−0.6709*** （−2.96）	−0.8753*** （−3.76）
R^2	0.0136	0.1125	0.1174	0.1352	0.2929
F 值	0.1069	0.0010	0.0013	0.0013	0.0000

注：***、**、*分别表示在1%、5%、10%的水平上显著；括号内为 t 值。

表 7 – 14　　　　　金融危机后 OFDI 对银行稳健性影响的实证研究

解释变量	系数估计				
	（1）	（2）	（3）	（4）	（5）
OFDI	−0.1233 （−10.89）	−0.0699 （−0.55）	−0.1975* （−1.92）	−0.2880** （−2.13）	−0.2757** （−2.19）
GDPG		0.1404 （0.83）	0.2159 （1.26）	0.1819 （0.87）	0.1971 （0.94）
INF			−0.2949 （−1.54）	−0.3362 （−1.58）	−0.3481 （−1.60）

解释变量	系数估计				
	（1）	（2）	（3）	（4）	（5）
M2G				0.2143 （0.93）	0.2033 （0.89）
EXC					-0.6722 （-0.34）
常数项	-0.6738 *** （-81.29）	-0.7971 *** （-3.64）	-0.6157 ** （-2.62）	-1.0067 * （-1.94）	2.1127 （0.24）
R²	0.0065	0.0130	0.0775	0.0967	0.0989
F 值	0.3816	0.5509	0.0686	0.0656	0.1030

注：*** 、** 、* 分别表示在 1% 、5% 、10% 的水平上显著；括号内为 t 值。

值得注意的是，表 7 - 14 中经济增长的回归系数为负，这是由经济增长的不良贷款效应造成的。危机后经济进入复苏阶段，社会开始新一轮的发展和创新，那些具有冒险性的社会创新会带来经济的增长，同时会带来不良贷款率的增高（张汉飞，2014）。综上所述，不同的宏观经济环境会使 OFDI 对经济产生不同的影响。

四、OFDI 的渠道检验

实证结果表明，OFDI 对银行稳健性有显著负向作用。本书将继续探讨 OFDI 通过什么渠道对银行稳健性产生影响，并对这些渠道进行检验。

本书在理论分析部分通过总结和分析已有文献对资本流动影响渠道的研究，并结合 OFDI 的特点和在实际经济运行中的表现，将 OFDI 对银行稳健性影响的传导渠道分为三个部分：私人部门外债渠道、利率渠道、汇率渠道。私人部门外债渠道是由于企业等私人部门在 OFDI 中进行外币融资而产生的，OFDI 带来的过多的私人部门外债会给银行稳定带来隐患。利率渠道是由于 OFDI 将国内资本带出国导致国内投资不足而产生的，利率渠道影响更多的是贷款利率。因为资本流出的直接结果是国内资本市场上企业无法及时融到足够的资金，银行贷款需求上升但是供给不足，最终导致贷款利率的变化。汇率渠道是由于 OFDI 过程中需要频繁买卖外汇导致汇率频繁波动而产生的，这种波动使得银行汇率风险上升，影响银行稳健性。本书将对私人部门外债渠道、利率渠道和汇率渠道进行检验。

渠道检验的方法通常有两种：一是结构方程检验，通过搜索路径分析来进行渠道检验；二是用面板向量自回归（PVAR）模型进行脉冲分析来进行渠道检验。本书选择 PVAR 模型进行渠道检验，原因如下：第一，用 PVAR 模型进行脉冲分析的结果更加直观，第二，PVAR 模型将 VAR 模型和面板数据结合，将模型中的所有变量作为内生变量，并且将个体之间无法观测的个体异质性纳入模型之中（Love and Zicchino，2006）。本书渠道检验的依旧是前文使用的面板数据，除去了数据缺失的国家。基于以上分析，本书建立如下 PVAR 模型来考察 OFDI 的影响渠道：

$$Z_{i,t} = \Pi_0 + \sum_p^n \Pi_p Z_{i,t-p} + f_i + \varepsilon_{i,t} + \mu_{i,t} \qquad (7-7)$$

其中，i 代表国家，t 代表年份，p 为滞后阶数；Π_0 为一个 4×1 的向量，表示截距项向量；$Z_{i,t}$ 是一个 4×1 向量，表示模型的四个内生变量；$Z_{i,t-p}$ 表示滞后 p 期的四个内生变量；Π_p 为 $Z_{i,t-p}$ 对应的系数；f_i 表示个体效应向量；$\varepsilon_{i,t}$ 为时间效应向量；$\mu_{i,t}$ 为扰动项。

四个内生变量分别为 OFDI、私人部门无担保外债增量、贷款利率、官方汇率。OFDI 为 OFDI 占 GDP 比重，私人部门无担保外债增量为没有公共实体部门担保的私人债务，贷款利率为银行发放贷款收取的利率，官方汇率是 1 美元的本币单位在 1 年内的平均值。本书将给 OFDI 一个冲击，去观察私人部门无担保外债、贷款利率、官方汇率对冲击的响应，以此来判断私人部门外债渠道、利率渠道、汇率渠道是否存在。在进行脉冲分析之前，本书对所有变量进行处理，以满足 PVAR 模型对变量平稳性的要求。

首先确定模型的最优滞后阶数，AIC、BIC、HQIC 准则都表明最优滞后阶数为二阶。然后进行 PVAR 模型实证检验，本书进行 500 次蒙特卡洛模拟得到了 OFDI 产生冲击时，私人部门无担保外债、贷款利率、官方汇率对冲击的响应，脉冲响应的周期数为 6。脉冲结果如图 7-4 所示。

在图 7-4 中，图（b）是 OFDI 产生冲击时，私人部门无担保外债的响应。在冲击产生的前期，私人部门外债出现了负向的影响，在第二期和第三期迅速产生正向影响，从第四期开始影响逐渐减弱。这个结果说明了 OFDI 的私人部门外债渠道是存在的，OFDI 使得私人部门外债增多，但是这个正向的影

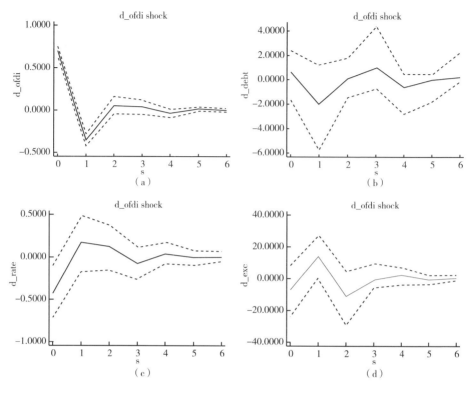

图7-4　脉冲分析图

响存在一期时滞。图（c）是贷款利率对 OFDI 冲击的响应，可以看出贷款利率对 OFDI 的冲击在第一期有一个正向影响，第一期之后这种影响逐步减弱。脉冲分析结果说明，OFDI 会带来贷款利率上升，这种传导非常迅速，同时影响持续的时间不长，OFDI 的利率渠道是存在的。图（d）是 OFDI 产生冲击时，官方汇率的响应。可以看到，在冲击产生后官方汇率在第一期出现了正向的影响，在第二期出现了负向的影响，而后这种影响逐步减弱。这种情况说明了 OFDI 会带来汇率的上下波动，OFDI 的汇率渠道是存在的。综上所述，OFDI 的私人部门外债渠道、利率渠道、汇率渠道是存在的。OFDI 通过影响私人部门无担保外债、贷款利率和官方汇率来影响银行稳健性。

五、结论与启示

　　本书在梳理已有文献的基础上，概括了 OFDI 对银行稳定的传导机制。在对现有银行稳健性的测度方法进行比较的基础上，结合数据的可得性，选择银行不良贷款率作为银行稳健性的代理变量，将不良贷款率进行正规化之后构建了银行稳健性指标。接着选取 31 个国家 2000～2017 年的不良贷款率，计算出银行稳健性水平并分析各国银行稳健性水平和变化，使用面板模型分析了 OFDI 对银行稳健性的影响。接着将样本期间分为金融危机前和金融危机后，分析了金融危机前后，不同的宏观经济环境下 OFDI 对银行稳健性的影响是否不同。本书最后建立了 PVAR 模型，利用脉冲响应分析 OFDI 影响银行稳健性的渠道并进行检验。研究结果表明：第一，OFDI 对银行稳健性有显著的反向作用，OFDI 规模的增加会带来银行稳健性水平的下降。按收入分类后，高收入国家和中高收入国家 OFDI 系数显著为负，但是中低收入国家 OFDI 的回归系数为正且不显著。这主要是因为中低收入国家 OFDI 规模较小，不足以影响银行稳定性。第二，对样本期间分段的研究表明，金融危机前 OFDI 对银行稳健性有正向作用，而金融危机后则有负向作用。金融危机前宏观经济处于繁荣阶段，国家的外汇储备和国内资本充足，整体经济的化解风险能力较强，OFDI 的负面影响较弱。同时 OFDI 对经济拉动作用明显，所以 OFDI 对银行稳健性有正向作用。而金融危机后，经济开始复苏，这个阶段的宏观经济脆弱，化解风险的能力较弱，OFDI 带来的负债增加、利率上升、汇率波动会给银行稳健性带来负面影响。第三，OFDI 会通过私人部门负债渠道、利率渠道、汇率渠道影响银行稳健性，其中 OFDI 对私人部门影响存在滞后性，对贷款利率的影响比较短暂。

上述实证结果对我国的政策启示有：第一，加强对 OFDI 的监测，完善预警机制，及时发现 OFDI 流动的异常，以及 OFDI 给私人部门外债、利率、汇率带来的变动，从而在第一时间调整宏观政策来应对 OFDI 规模波动给经济带来的风险，化解银行体系所承受的冲击，维护银行的稳定。第二，疏通经济政策的传导机制，保证各项经济政策能够及时发挥作用，减少政策时滞，做到在第一时间降低 OFDI 给银行稳健性带来的负面影响，保持银行稳健性水平。第三，完善宏观审慎监管框架，完善宏观经济的管理体制，丰富我国银行业宏观审慎监管工具。建立宏观经济管理部门与银行监管部门的联动机制，使市场信息可以在各个部门之间共享，及时把握 OFDI 给经济带来的变化，提高政策实施效率，防范 OFDI 带来的系统性风险。第四，我国银行应该提高经营效率和治理水平，较高经营效率可以带来较高的银行稳健性水平，从而防范和化解OFDI 给银行业带来的风险。

第八章　不同经济体资本输出和应对
突然中断的国际经验

美国和日本在快速对外投资阶段具有一些共同的宏观背景与典型特征。这些宏观背景、共性特点是一国"走出去"实施对外投资必须具备的经济和产业基础，而典型特征则反映了两国不同的技术结构、产业结构在对外投资规模、方式以及绩效等方面表现出来的差异化特征。对美国和日本的对外投资进行研究，能够得出很多经验和教训，对我国企业"走出去"有一定的借鉴意义。然而，随着金融自由化和全球化的发展，国际资本流动规模不断扩大，当经济金融形势发生变化时，资本流入国或地区可能会发生资本流入的突然中断，甚至是逆转。研究表明，并不只是新兴经济体会遭遇突然中断，拥有更为完备的金融体系的发达经济体也会经历突然中断。因此，研究不同经济体如何应对突然中断，有利于我国更好地对国际资本流动进行管理。

第一节　美国、日本的对外直接投资背景与特征

一、美国对外直接投资的背景

美国对外投资快速增长有多方面的原因，我们从政府制定的政策、产业结构升级、外贸环境状况以及经济基础几个方面对美国对外投资的宏观背景进行分析。（1）政府政策。美国政府为促进本国对外投资，制定了一系列金融、税收等积极政策给予支持。例如，20世纪90年代美国为了继续加大对外投资力度，与多个国家签订双边投资协定，极大地推动了美国对欧洲地区、亚太地区以及拉美地区的投资。另外，美国坚持的投资模式以企业为主导，政府起了一个辅助性作用。（2）产业结构升级。工业化进程的不断推进，使得制造业

产能过剩，制造业就业人数大幅度减少，取而代之的是服务业，服务业的兴起使得美国 20 世纪 90 年代的对外投资加速发展，IT 等领域成为美国"走出去"投资的主力军。（3）外贸环境。美元成为强势货币以后，美国的出口贸易受到很大的阻力，贸易逆差逐渐增大。美国需要寻找 OFDI 路径，开发更多的对外投资渠道，平衡国际收支，促进美国经济发展。（4）经济基础。美国经济高速发展，有雄厚的经济基础，有极具竞争力、拥有核心技术的跨国公司，这为美国"走出去"提供了必要的资源、市场。正是有了坚实的经济基础，美国才会取得良好的投资绩效。

根据美国的历史背景和国情，本书将其对外扩张分为以下几个阶段。

第一阶段（第一次世界大战之前，即 1856～1913 年）：1856 年，美国的第一家海外企业在爱丁堡建立，美国开始了在国外建厂的步伐。第二次工业革命以后，美国的生产力大大提升，美国为寻求更多的利益将目光放到了更为广阔的市场和更加丰富的资源上。在该阶段，美国 OFDI 的地区主要是拉丁美洲、加拿大以及欧洲，对其他区域的投资较少。投资的行业以资源类为主，投资矿业、石油的比重较大，达到 53.91%，而对制造业的投资较少，仅为 18.16%。

第二阶段（第一次世界大战至第二次世界大战，即 1914～1945 年）：本阶段尽管处于战乱时期，美国对外投资仍呈现上升趋势，美国逐渐成为能跟英国相媲美的投资大国。该阶段的 OFDI 仍然集中于拉丁美洲和加拿大。投资的行业中，矿业、石油的占比有所下降，为 35.6%，制造业的占比有所提升，达到 27.5%。

第三阶段（第二次世界大战后到 20 世纪 70 年代）：第二次世界大战结束后，美元成为强势货币，这为美国进行对外投资提供了极为优异的环境，这一阶段是美国 OFDI 高速发展时期。第二次世界大战以后，美国实施了马歇尔计划，对受到战争破坏的西欧各国进行经济援助。西欧的制造业发达，仅次于美国；西欧也是战略原材料的供应地；西欧拥有世界一流的工业生产能力、优秀的技术人才。复兴西欧经济，可以帮助美国抵抗苏联，这是美国的权宜之计。因此，美国通过马歇尔计划累计对欧洲资本输出近 170 亿美元，主要投资制造业。美国主要投资于南美、中东地区、欧洲等地，在对南美、中东地区进行对外投资的过程中以资源行业为主，例如石油。

第四阶段（20 世纪 80 年代）：这一阶段美国对外投资呈萎缩态势，因为美国制造业和资源行业的对外投资逐渐下滑，而服务行业的对外投资不断上升。由于服务行业刚刚开始发展，其对外投资的整体规模还比较小，因此整体来说20世纪80年代美国对外投资的总规模是收缩的。

第五阶段（20世纪90年代）：在20世纪90年代，因为服务业前所未有的高速发展，其对外投资规模首次超过了制造业，成为对外输出的主力军，促使90年代美国对外投资再次高速发展。

二、日本对外直接投资的背景

日本对外投资快速增长有多方面的原因，我们从政府制定的政策、产业结构升级、外贸环境状况以及货币几个方面对日本对外投资的宏观背景进行分析。（1）政府政策。日本政府为了促进对外投资，制定了一系列金融、税收等相关优惠政策，并与相关国家签订双边投资协议；建立了行业协会等组织；建立了政府主导的国际协调型对外投资模式，对海外投资区域选择进行了战略性的分析，并对要"走出去"的企业进行强势政策干预，引导企业对外输送国内过剩的生产力。这些都为日本进行对外投资创造了良好的外部环境。（2）产业结构升级。20世纪60年代末70年代初，日本的产业结构发生了调整，日本开始将高耗能、会对环境产生危害影响的产业逐步转移到海外，日本的产业结构由劳动密集型向技术密集型转变。20世纪80年代，日本实现了产业结构升级，对外投资结构也得到了改善。（3）外贸环境。日本对外投资历程中，一直存在着贸易摩擦，外贸环境的压力也迫使日本企业"走出去"进行投资。（4）货币汇率。20世纪80年代中期，日本在签署了"广场协议"后，实现了日元快速升值，日本对他国的货币购买力大大提高，为日本进行对外投资创造了良好的货币条件。

日本OFDI经历了发展、扩大、调整时期，按照日本的历史背景，可以将OFDI分成以下几个阶段。

第一阶段（小规模发展时期，即1980年之前）：第二次世界大战后，日本的经济逐渐恢复并取得一定的发展。日本从1951年开始进行OFDI，在20世纪60年代，日本开始对印度尼西亚、马来西亚这些矿产资源丰富的国家进行对外投资，因为日本的矿产资源贫乏，需要从外国进口来满足国内相关生产的需要。20世纪70年代，日本对外投资处在一个快速发展的阶段，无论是日本的对外投资规模，还是对外投资领域，都在稳步扩大。该阶段主要对印度尼西亚、菲律宾及印度等东南亚国家进行投资，投资的产业主要是"劳动密集型"和"高耗能"产业。尽管日本政府提出了一些优惠政策，如设立海外投资亏损准备金和资源开发亏损准备金，为日本本土企业对外投资保驾护航。但这一阶段整体来说日本的 OFDI 发展缓慢，规模较小，因为存在着国际收支赤字、外汇不足等问题。1985 年以前日本的年投资额一直低于 100 亿美元。

第二阶段（快速增长时期，即 1980～1990 年）：1985 年日本签订了"广场协议"，促使日元快速升值。1984 年底，日元兑换美元的汇率为 251，到 1987 年底变为 122，短短三年，日元升值超过一倍。日元的升值促使日本的房地产行业和金融业飞速发展，同时对外投资也倾向于房地产和金融领域。在这一阶段，日本对外投资发展很快，投资区域主要转向亚洲地区和欧美地区，投资领域以制造业与服务业为主，日本增加了对欧洲的商业投资和保险类投资，国外金融房地产占比达到 43%，投资于国外的采矿业的比重下降。20 世纪 80 年代前半期，日本增加了对亚洲的投资，尤其增加了对亚洲"四小龙"的投资，投资领域集中在劳动密集型产业和金属制造业。20 世纪 80 年代末，日本进行对外投资的网络基本形成。20 世纪 90 年代日本爆发经济危机，经济泡沫破裂，日本经济持续萧条，日本对外投资逐渐下滑并进入一个稳定增长的时期。

第三阶段（调整时期，即 1991～2007 年）：1990 年日本"泡沫经济"崩溃，日本银行业和日本其他相关产业都受到严重打击，导致日本经济严重萎缩。在此之后很长一段时间日本经济都处于低速增长阶段，OFDI 规模也维持在一个很低的水平。1993 年，日本的对外投资额仅为 139 亿美元，而在 1990 年，日本对外投资额达到了 508 亿美元。在这一阶段，日本对外投资的主要地区仍然是美国，占日本对外投资总额的 31%。日本对美国投资的产业以服务业、房地产和金融业为主，占比为 64%，制造业投资占比约为 40%，其中电气类投资规模最大，约占 17%。日本的第二大投资国是欧洲，占日本对外投资总额的 29%。

第四阶段（大规模扩张时期，即 2008 年及以后）：2008 年美国次贷危机过后，日元兑美元升值，日本 OFDI 快速增长，日本增加了对新兴市场国家的投资，同时也大量收购美国和欧洲的金融资产。在这一阶段，日本对外投资的重点产业是金融保险类，在 2008 年的投资占该年投资总额的 40%；日本增加了对采矿业等资源品的投资，采矿业占投资总额的11%。在该阶段，日本OFDI年均933亿美元，约为前一阶段年均值的3倍。从投资区域来看，日本的重点投资地区是亚洲，这是亚洲首次成为日本的最大投资目的地，其次才是欧洲和美国。美国经济较为低迷，不能吸引国际资本流入。

三、美国对外直接投资的典型特征

1. 跨国公司主导，政府辅助

美国在对外投资过程当中主要采用"以跨国公司为主导，以追逐利润为目标"的投资模式。美国政府只是在该过程当中提供框架性的信息情报予以支持，至于对外投资的具体领域、区域，美国政府并没有做出详细的规划。美国的跨国公司在对外投资过程中自主地寻求投资行业、投资区域，主动对外扩张、追逐利润。美国实力强劲的跨国公司是OFDI的主力。

根据美国国家经济分析局的数据，1945年美国OFDI的累计额为84亿美元，而2000年的OFDI累计额为12446.5亿美元，相较于1945年增长了147.2倍。2011年底，美国累积OFDI达41556亿美元，美国海外公司的再投资占比为72%。

2. 各产业均衡发展

美国企业对外投资的领域有很多，重点是制造业、金融保险、房地产及采矿业等领域，其总和大约占美国对外投资总额的70%以上。美国进行OFDI的产业也在不断高级化。第二次世界大战以后，美国对外投资的重点是采矿业、石油业，随着时间的推移，制造业不断发展并在对外投资中的比重逐渐加大。1950年美国在国外矿业和石油业的直接投资累计额占整个美国OFDI的38.3%。20世纪90年代，美国的年均GDP增长速度为4%，美国经济进入了一个新时期。在这一时期，美国的服务业迅猛发展，2000年服务业占美国OFDI的56.4%。网络、电子行业的发展势不可挡，促使服务业成为美国OFDI的主力产业。美国在制造业领域创新力强、技术优势显著，把握着高端制造和高附加值制造，这使得美国在新能源、电子信息、航空航天领域有着极强的竞争力。2011年，经济还在恢复时期，美国开始重新整治制造业，这是为了解决长期以来输出实体经济而导致的美国产业空心化问题，因此要回流制造业。美国制造业的回流是有选择的回流，政府从汽车行业着手，开始制造业的重整计划。美国通过改变工会制度，使工会制度变得更具灵活性，并采取一系列刺激性策略来吸引投资到国外的制造业回归。由于美国的劳动力成本过高，并且传统的制造业已经没有什么竞争优势，因此制造业的回归达不到预期水平。美国服务业发达，具体来说，其金融、保险及商业服务若要投资到海外，就需要接受国的经济很发达，并且接受国有这方面的需求。因此，美国的服务业对外投资主要集中在欧洲地区。由于欧洲主权债务危机的存在，美国政府也在不断地要求新兴经济体开放服务市场，尤其是金融服务市场。这样做有利于美国在各个新兴国家设立独资子公司，从而增加美国金融产品的出口。

3. 对外直接投资的收益状况良好

随着经济的发展，世界上的跨国公司如雨后春笋越来越多，但是美国的跨国公司拥有绝对的实力，强大企业的对外投资收益十分丰厚。高额利润是促使美国公司进行 OFDI 的直接动力。美国跨国公司对生产要素进行优化组合，不仅能为国内提供优质、廉价的产品，而且能获得额外的高额利润。在 1999 ~ 2009 年，美国对中国的 OFDI 的净收益率为 15%[①]，而同期中国对美国的 OFDI 净收益率仅为 2.3%。由此可以看出，美国跨国公司的利润很大，是其他国家所不能比拟的。

4. 对外直接投资的地区差异显著

美国在进行 OFDI 时会重视投资地区的软环境，如市场透明度、法律法规完善度、金融市场发展情况以及当地人们的消费能力和劳动力素质等。欧盟作为一个统一经济体，经济高度发达，经济整合度高，有着别的国家无法比拟的优势。因此，美国与欧洲的经济业务往来密切，国际直接投资方面也是如此。美国对欧洲的投资，主要集中在荷兰、英国、卢森堡、爱尔兰和德国等。美国对这些国家的投资主要通过企业兼并的方式来实现的。美国对南美洲的直接投资集中在巴西、智利、委内瑞拉和阿根廷。而在美洲地区，美国对外投资主要集中在墨西哥，截至 2011 年美国对墨西哥的投资已达 914 亿美元。此外，美国在百慕大、英属加勒比群岛的投资也很可观，截至 2011 年达 5080 亿美元。20 世纪 90 年代以来，美国对欧洲地区的投资维持在一个稳定的水平，并且进

---

① 美国对中国的投资收益来源于美国经济分析局，中国对美国的投资收益来源于中国国家外汇管理局。

一步发掘新的投资地区。亚太地区因其具有广阔的市场容量，成为美国对外投资的新投资点。近年来，美国希望在亚太地区重新部署经济战略：一是通过一系列协定，例如跨太平洋经济伙伴协定来扩大美国在亚太地区的经济影响力；二是在亚太地区建立一个高质量的自由贸易区协定，从而使美国在亚太地区居主导地位。

四、日本对外投资的典型特征

1. 日本政府起主导作用

日本在对外投资过程中采取"政府主导的国际协调型"投资模式，政府在投资过程中起主导作用，明确投资区域和投资行业，给予日本本土企业具体的战略规划。同时，政府制定各种金融、税收优惠政策激励本土企业进行对外投资。日本依据"雁行理论"进行对外投资，具体是将本国的落后产业逐渐转移给周边的发展中国家和地区，促进本国产业升级，最终在国内形成技术密集型制造业和高附加值服务业占主导的产业格局。

2. 对外投资增长速度快

20 世纪 80 年代是日本 OFDI 快速增长时期，仅仅从 1980 年到 1985 年，日本对外投资总额就已经扩大了将近 3 倍。在签订"广场协议"之后，日本对外投资规模进一步扩大，1986 年投资规模达到 223.2 亿美元，而 1985 年日本的对外投资总额为 122 亿美元，一年的时间日本对外投资总额增加了 100 亿美元。随后几年，日本对外投资规模更是不断扩大，1986～1989 年对外投资总额年均增速高达 54.2%。①

3. 对外直接投资的目的地逐渐集中

20 世纪 80 年代以前，日本 OFDI 领域主要是亚洲和北美洲。在亚洲，日本主要的投资国家是印度尼西亚，而在北美洲，日本主要的投资国家是美国。随着日本竞争力逐渐增强，日本加大了对欧洲地区的投资力度，日本对外投资领域以欧美地区为主。在签订"广场协议"以后，日本对欧洲地区的投资力度进一步加大。1990 年，日本对欧美地区的投资占投资总额的 70%，其中对美国的投资占比达到 40%。在此期间，日本对亚洲的投资比重下降。

---

① 资料来源：UNCTAD，Beyond 20/20 WDS，https：//unctad. org。

4. 过度投向非制造业领域

由于日本国内劳动力价格上涨、日元升值迅速，日本开始着手调整国内产业结构，将本土较为落后、不再具有比较优势的产业转移给周边其他落后的国家，而日本的经济重点也由制造业向服务业转移。20 世纪 80 年代初期，日本的制造业和非制造业占对外投资总额的比重分别是 36.3% 和 59.2%；在 80 年代后期，制造业占比下降，而非制造业占比大幅度提升，分别为 22.6% 和 59.2%。① 在非制造业领域里，日本主要对房地产和金融业进行投资。在 20 世纪 80 年代后期，房地产占总投资额的比重达到 28%，而对金融业的投资占总投资额的 30%。尽管日本将很多传统低附加值的产业转移到周边一些发展中国家，为日本的高新技术产业发展创造了很大的空间，促进了日本的产业升级，对一些欧美国家和地区进行的投资也让日本掌握了先进的技术，更加有助于日本产业结构优化升级，但是缺乏深思熟虑的对外投资实际上就是一种投机行为，失败的概率较大。

5. 对外直接投资倾向于企业并购方式

日元大幅度升值以来，日本企业的跨国并购行为日益增多。以日本企业对美国跨国并购为例，1980 年，日本企业对美国跨国并购的规模仅为 5.2 亿美元，1989 年扩大至 112 亿美元。② 虽然日本并购规模扩张速度快，但是由于缺少对投资区域的考虑和长远的战略规划，日本企业并购的失败率较高。

五、发达经济体对外投资的成功经验

1. 政府要起引导和辅助作用，为企业提供安全稳定的投资环境

美国在对外投资过程当中主要是以跨国公司为主导，政府主要起了辅助性的作用，如创造良好的投资环境和提供法律法规保障，而日本政府在投资过程当中起主导作用。我国的对外投资还处于比较初级的阶段，企业的自身能力较弱，相关法律法规不完善。因此，首先，政府要起到组织和引导的作用，向企业在对外投资过程中提供一定的帮助和支持。在这方面可以学习美国政府的做法，尽全力为企业提供一个安全稳定的投资环境，还可以提供一些政策保障，对能力较弱的企业加大政策倾斜。在企业"走出去"的过程中，政府应该提前

①② 资料来源：UNCTAD，Beyond 20/20 WDS，https：//unctad.org。

对投资国家可能存在的投资风险进行评估，为企业对外投资提供风险评估方面的帮助。但是要注意，在此过程中政府对企业的行为不能过度干预和管制，需要找到政府与企业相互协调的一个度，在帮助支持的同时让企业自身在利润驱使下制定对外投资的方案和决定。其次，可以对中小型企业开展培训活动，使中小企业在投资初期可以深入地了解国际环境，加强其风险评估方面的能力。可以参照日本的做法，与一些国家共同建立相互促进投资的机构，增强中小企业对投资国家相关法律法规、投资环境的了解，保护这些中小企业在这些国家的投资活动。其他国家也设立了专门的机构为本国企业对外投资提供信息支持，如美国的海外私人投资公司 OPIC、日本的贸易振兴会等。

2. 对企业对外直接投资提供金融支持

美国企业的 OFDI 的盈利能力较强，从中获得的利润较大，这是其对外投资发展迅速且稳定的主要原因之一。相对而言，我国企业的经营能力较弱，对外投资获得的利润收益也不理想，还有下降的趋势。因此，要加强我国企业的经营能力和抵御风险的能力。部分企业缺乏良好的经营理念，业务创新能力较差，应在内部制定个性化的管理措施，依据市场的变化明确业务要求，不断发展和提高对外投资方面的评估和盈利能力。

对企业而言，进行对外投资需要解决的一大问题是融资。企业国内的投资比对外投资要容易一些，因为企业在国内的经营时间较长，对投资的各项法律规章制度都了如指掌；然而对外投资不同，企业面临着不熟悉的投资环境和差异较大的法律法规，因此企业融资难问题成为企业"走出去"的最大阻碍。可以参考日本解决这个问题的做法，大力发展政策性金融工具。如在对外投资发展早期，日本输出入银行长期为企业出口贸易提供信贷支持，日本海外经济协力基金为日本对外投资的企业提供资金支持，后来两者组建成日本国际协力银行，成为日本支持对外投资最主要的政策性银行。此外，政府还对日本中小企业开展信用担保，由各地区的信用保证协会为本地区的中小企业提供担保。从目前来看，有超过半数的日本中小企业接受过此类服务。其他国家也有这种政策性金融机构为本国企业的海外投资保驾护航。如美国进出口银行和美国国际开发合作总署所辖的海外私人投资公司，为美国企业享有股份、参与经营的境外项目提供资金，为美国中小型企业的海外直接投资提供中、长期贷款。

3. 发挥"一带一路"倡议对直接投资的引领作用

发达国家进行 OFDI 都有本国的特点，或是像日本一样集中在一个地区进行投资，或是像美国一样对不同地区采取不同的投资规划等。我国从 2013 年提出"一带一路"倡议开始，也有了属于中国的 OFDI 的特殊方式，为中国扩大 OFDI 提供了广阔的国际空间。我国对"一带一路"沿线国家的投资逐渐增多。根据王培志和孙利平（2019）的研究，中国整体对外投资的效率并不是很高，但是对"一带一路"沿线国家的直接投资效率比较高。由此可以看出"一带一路"倡议对我国 OFDI 总体效率有提升作用。因此，应该继续发挥"一带一路"倡议的积极作用，为我国 OFDI 总体效率的提升做出一定的贡献。首先，从发达国家的经验中就可以看出投资环境的重要性。近几年，"一带"地区出现了投资受约束等现象，因此应该对"一带"地区的投资环境进行优化，进一步提高该地区的效率，尤其要优化对东北亚、中亚等邻国的投资环境。其次，对我国企业的建设，可以通过创新对外投资的方式来扩大企业对倡议沿线国家的直接投资。日本曾通过创新金融工具来提高对外投资的效率。我国根据实际国情，可以鼓励企业通过跨国并购、绿地投资、股权投资、产业园投建营一体化等对外投资方式，多渠道对"一带一路"沿线国家进行投资。最后，作为世界上最大的发展中国家，我国应该通过"一带一路"倡议对其他发展中国家承担起相应的责任，可以通过投资的增强和沿线国家之间的信任降低经贸摩擦，在力所能及的范围内为其他发展中国家提供必要的帮助。

4. 注意对外直接投资产业间的均衡发展

日本迅速发展 OFDI，经济重点也由制造业向服务业转移，出现了过度投向非制造业领域的问题，使得日本国内制造业逐渐萎缩，导致日本国内产业空心化等问题的产生。而美国在对外投资发展早期起就注重多领域投资，包括制造业、金融保险、房地产及采矿业等，在不同的时期有不同的对外投资的重点产业，即使在某一时期过度倾向于某个领域，也能迅速进行调整。这都得益于其均衡的对外投资领域。对我国来讲，OFDI 一直存在以制造业为主的产能过剩问题。龚静和尹忠明（2019）的研究表明，第一产业对外投资占比的增加会显著地抑制我国的投资扩张，相反，第二产业和第三产业对外投资占比的增加会产生明显的促进作用。因此建议如下：一是准确把握服务业尤其是生产性服务业的变动方向，实现对外投资规模的扩张，并确立与 OFDI 相配合的重点产业，如知识技术密集度高、物质资源消耗少、成长潜力空间大、综合效益高的科学研究和技术服务业；二是在我国的 OFDI 行业分布上，在进一步提高占比较低的行业（如服务业）占比的同时，逐步降低对制造业的投资力度；三是有机结合"引进来"和企业"走出去"，及时通过国际投资市场解决我国资源短缺等问题，不断引进国外的高新科技来提高我国企业的生产效率，在引进来的过程中进一步推进"走出去"发展战略。

第二节　新兴经济体应对突然中断的国际经验

随着全球经济联系更加密切，国际资本流动不断增多，无论是新兴经济体还是发达国家都会面临突然中断的风险。很多经济体通过实施各种各样的政策组合来应对危机，有的经济体还在探索符合其自身实际情况的政策，有的经济体所实施的政策组合已经能够很好地应对突然中断的风险。

美国货币政策的周期性变化容易引发新兴经济体的突然中断。美国实施宽松性货币政策，会导致大量资本流入新兴经济体，触发过度信贷增长，催生资产泡沫，加剧金融体系脆弱性。而美国为抑制泡沫实施紧缩性货币政策，导致大量资本从新兴经济体流出，新兴经济体泡沫破灭，发生严重的金融动荡。

20 世纪 80 年代以来，新兴经济体发生多次突然中断型金融危机，如 1982 年拉丁美洲债务危机，1994 年墨西哥金融危机，1997 年亚洲金融危机，2001 年阿根廷金融危机。在 2008 年金融危机中，此前竞相流入新兴经济体的国际资本出现了突然中断甚至逆转，导致新兴经济体损失惨重。在 2008 年金融危机中，一些新兴经济体对资本流入波动有较强的抵御能力，而这种抵御能力不是与生俱来的，而是在尝试过很多政策组合，才找到了提升经济抵御能力的关键。这些经济体主要通过增加居民资本流出或储备积累进行金融调整。新兴经济体资本流入的大量增加会引发经济体内部经济高涨。在经济衰退时国际资本大量流出，该经济体居民的反向资本流动可以缓冲外国资本流动，这是应对资本流动波动的关键。

一、马来西亚管理资本流动的经验

（一）马来西亚遭遇亚洲金融危机

从 1992 年开始，大量资本流入马来西亚，其中长期私人资本表现得尤为显著。长期私人资本一直以来都是马来西亚外来资金的重要来源，而且在 20 世纪 90 年代增长十分强劲。根据国际货币基金组织 IFS 数据库的数据，1990 年，有 23 亿美元的长期私人资本流入马来西亚，而在 1992 年这个数值增加了一倍多，达到 51 亿美元，在亚洲金融危机爆发之前几乎都保持在这个水平。1989 年以来，流入马来西亚的私人短期资本也开始迅速增长，1990 年，私人短期资本仅为 5 亿美元，而 1992 年，私人短期资本高达 46 亿美元，1993 年达到 54 亿美元的高峰。

1997 年 7 月 2 日，泰铢的浮动是危机爆发的开始，大量的资本迅速撤离马来西亚。1997 年，私人短期资本有 40 亿美元流出马来西亚，1998 年，流出马来西亚的私人短期资本达到 46 亿美元。资本的迅速外流对马来西亚的经济极具破坏性，导致了两个直接后果——林吉特汇率大幅下降和股票市价暴跌，最后，几乎整个金融部门都受到极大的破坏。

表 8-1　　　　　　　1991~1998 年马来西亚的国际净收支　　　　单位：亿美元

项目	1991 年	1992 年	1993 年	1994 年	1995 年	1996 年	1997 年	1998 年
商品与服务贸易差额	-42.7	-23.37	-32.58	-47.88	-77.04	-36.75	-37.2	82.1
官方长期资本	-2.42	-11.28	3.78	3.29	24.5	2.97	16.5	-0.29
联邦政府	0.39	-12.43	-12.1	-18.81	-6.51	-8.65	-5.99	-1.3
私人长期资本	39.99	51.78	49.75	41.21	41.69	50.7	51.11	9.74
私人短期资本	18.67	46.89	53.79	-32.38	10.08	40.994	-40.35	-46.92

资料来源：国际货币基金组织，IFS 数据库。

（二）马来西亚管理资本流动的主要措施

1. 资本管制加盯住汇率制度的调整

亚洲金融危机后，马来西亚国内的经济、金融市场等稳定性下降，为此马来西亚重新开始了资本管制，出台了许多限制性条款来控制国内的资本流动。这些限制措施非常有效地将国内金融市场与国际市场分隔开，防止金融危机的危害在国内进一步蔓延。随后马来西亚实行盯住美元的汇率安排，这一做法的缺点在于会导致本国货币政策失去独立性，而且未来马来西亚的货币政策都会与美国的货币政策密切相关。马来西亚是在资本管制的基础上实施盯住汇率制，及时进行的资本管制与盯住美元的汇率制相辅相成，不仅使马来西亚国内货币政策的实施相对独立和灵活，还减少了盯住汇率制的政策中的一些困难。

2. 建立资产管理公司处理金融机构的不良资产

马来西亚金融系统在亚洲危机受到了严重冲击，导致银行不良资产不断增加。1998 年，马来西亚为了处理居高不下的不良资产，成立了马来西亚资产管理公司，效果显著。资产管理公司由中央银行和财政共同出资。马来西亚资产管理公司的专业人士将不良资产分为三类：基本良性型、管理不良型和完全不良型。对不同类型的资产有不同的处理方式：对基本良性型不良资产的处理方式比较简单，只是将公司的不良资产进行资产重组；对管理不良型不良资产，需要公司以外的相关人员介入，或者采取资产管理策略；对于最严重的完全不良型不良资产，需要将公司的不良资产进行出售或者合并转让。马来西亚资产管理公司的运作机制如下：一是关于不良资产的收购问题。资产管理公司会接受金融机构不良资产的出售。对金融公司来说，这一措施既可以摆脱不良资产，将精力用于创新盈利等方面，还可以将出售获得的其他资产来支持公司其他业务的发展。但是资产管理公司拥有的这些不良资产的盈利或者亏损都与原金融机构密切相关，应遵循获利分享、亏损共担的机制。二是关于不良资产的处理问题。与前文专业人士的做法一致，首先是将不良资产按照等级进行分类，从有活力到无法进行重组只能出售，处理方式由轻到重。对有活力的不良资产首先考虑资产重组，对完全无活力的资产进行出售。马来西亚建立资产管理公司的做法对处理不良资产居高不下的状况很有效，马来西亚国内的经济和金融系统逐步稳定。与此同时，两家独立机构——企业债务重组委员会和银行重组机构先后建立，与资产管理公司一起解决金融危机带来的问题；还有一个作用是防止道德风险的产生，其中企业债务重组委员会的任务是审批公司的不良资产，为资产管理公司的购买打下基础与提供建议。

3. 对银行进行兼并重组，增强市场主体的抗风险能力

深化金融改革，不断完善金融体系对一个国家抵御冲击、应对风险是十分重要的。深化金融改革是针对国内金融体制的改革，是政府从根本上要解决的问题，从而在危机来临时减少其对经济发展和国内稳定的影响。在国际资本流动问题的探讨中，银行体系是比较重要的一个环节。银行体系对流入资本的评估能力和处理能力很重要，若银行体系不够完善，就会对国内的整体经济稳定等带来消极的影响，情况严重时可能会引发危机，如1997年的亚洲金融危机。鉴于此，马来西亚对银行体系进行了大幅修正，措施包括：（1）由马来西亚政府主导进行本国银行系统的兼并与收购，尤其是对内部存在问题的银行进行了鼓励和支持。（2）随后提出要对银行业进行整合，规定了银行资本金要求，凡是达不到要求的银行都必须按照规定进行合并，这一要求相比之前有所提高。这是为了给国内部分银行带来压力，加速存在问题银行的合并。虽然这一举措使得马来西亚的商业银行数量减少了一半，但是符合规定的银行和合并后的银行的资产质量不断上升。从表8－2中可以看出不良资产比率逐年下降，从2001年的17.8%下降到2010年的3.4%。

表8－2 　　　　　2001~2010年马来西亚商业银行不良资产比率 　　　　单位:%

	2001 年	2002 年	2003 年	2004 年	2005 年	2006 年	2007 年	2008 年	2009 年	2010 年
不良资产比率	17.8	15.9	13.9	11.7	9.6	8.5	6.5	4.8	3.6	3.4

资料来源：世界银行数据库。

4. 发展资本市场，实现融资渠道的多元化

亚洲金融危机严重影响了亚洲国家和地区资本市场的稳定性。各国和地区都意识到了成熟资本市场和完备的资本市场制度的重要性，尤其是在国际资本流入本国和地区时，不仅能够分担国内或地区内的资产风险，还能够在资本流入发生中断或逆转时减少其对国内或地区内经济的影响，保证经济主体融资渠道的多元化，避免过度依赖银行融资。鉴于此，危机过后的股票市场和债券市场成为重点发展对象。危机后的马来西亚开始积极发展资本市场，对外国投资者，简化了投资过程中的流程，减少了在股票市场投资时所受的限制。这一举措吸引了大量的外国投资者，使得国内股票市场的流动性不断增加，不仅促进

了马来西亚国内金融系统的不断完善，还推动了国内经济快速发展。

亚洲金融危机后各国和地区都开始关注资本市场改革。由于亚洲各国和地区拥有的大量外汇容易走向发达经济体，多个亚洲国家和地区提议建立一个区域性债券市场。本地区内的大量资本可以在区域内运转，各项投资资本可以向区域内更有效率的国家流动，不仅能减少亚洲各国和地区对美元资产的过度依赖，还能保证本区域内的资本充足，提升应对危机的能力。发展区域债券市场的利大于弊，会对亚洲各国和地区带来显著的影响。

5. 实施适当的资本流入管制

亚洲金融危机期间，为了减少由危机引起的资本大幅波动，马来西亚对资本流出进行了管制。资本管制措施是在1998年宣布的，具体措施包括：（1）林吉特（RM）对外汇率固定于3.80林吉特兑1美元；（2）撤销林吉特的离岸交易；（3）对林吉特的流通限制在境内；（4）从1998年10月1日起，外国组合投资资本被冻结12个月。这一系列的措施限制了国内短期资本的大量流出，同时也阻止了对冲基金炒作林吉特的活动，减少了对国内经济的进一步影响。重新引入资本管制这一措施在马来西亚十分成功地控制住了危机的影响，国内的金融形势逐渐好转。

资本管制应对危机的效果好，但是长期执行会对国内发展产生冲击效应，因此在形势逐步稳定后马来西亚政府开始放松对资本的管制。1999年起执行了一系列的调整措施：（1）通过征收撤资税来代替对流入资金的冻结管制，并且对入境时间不同的资本征收不同比例的税，7个月以内为30%，7~9个月为20%，9~12个月仅为10%，超过12个月免税；（2）1999年2月15日以后入境的资金流出时豁免撤资税，但是资金所赚利润若在12个月内汇出须缴纳30%的税，一年后汇出的利润税收额度为10%。

1999年9月1日，马来西亚将调整资本管制变为解除资本管制，这一举措并没有引起国内资本市场和股票市场的大幅波动。同月21日，马来西亚政府再次对资本管制措施进行改革，包括撤销特别对外账户、修改对资本利润的税收比例，同时提出对资本的管制会逐步放松，因为短期资本的流动依旧是影响国内经济的重要因素，要进行一定程度的限制才能真正稳定国内环境。

（三）马来西亚应对突然中断的政策效果分析

1997 年金融危机爆发后，马来西亚实行了一系列的政策措施来降低国际资本流入的风险，但是在 2007～2008 年再次遭遇全球金融危机。全球金融危机可以看作是对亚洲经济体的压力测试。下面选取宏观经济运行状况指标（包括人均 GDP 及其增长率）以反映马来西亚在全球金融危机前和全球金融危机期间的表现。

GDP 增长率代表一国经济增长速度，可以明确地反映一国宏观经济的运行。如一国的宏观经济基础良好、实力雄厚，必然能有效抵御外部冲击，坚定投资者的信心，防范大规模国际资本流入发生逆转和金融危机的爆发。人均 GDP 可以剔除人口增长对经济增长产生影响的部分，客观地反映一国经济增长质量，因此本书选择人均 GDP 及其增长率作为衡量经济增长的指标。

马来西亚的人均 GDP 从 1998 年的 3263.3 美元上升到 2008 年的 8474.6 美元（见图 8-1），尽管在 2009 年受到全球金融危机的影响有小幅回落，但是很快在 2010 年就呈现恢复趋势，2010 年就超过了全球金融危机前的水平。总体来说，马来西亚在亚洲金融危机之后保持了较高的增长（见图 8-2），即使在全球金融危机初期，马来西亚实体经济也没有受到金融危机较大的冲击。在全球金融危机后期，马来西亚的经济增长受到了一定的影响。

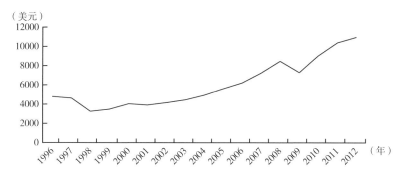

图 8-1 1996～2012 年马来西亚人均 GDP

资料来源：IFS 数据库。

将全球金融危机与 20 年前的亚洲金融危机相比，尽管总资本流入减少更加剧烈，但是马来西亚更好地渡过了这个难关，这都要归功于更为灵活的汇率

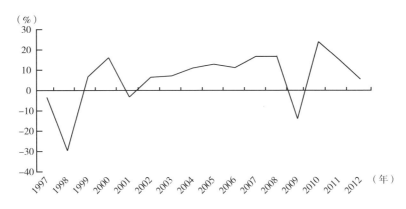

图 8 - 2　1997～2012 年马来西亚人均 GDP 增长率

资料来源：IFS 数据库。

制度和实力更加雄厚的金融机构，政府支出更具逆周期性，尤其在衰退期间政府推行了财政刺激措施。

二、韩国管理国际资本流动的经验

（一）韩国遭遇亚洲金融危机

20 世纪 90 年代初期，韩国国内环境不稳定，经济发展中出现了一系列新的问题：亚洲国家不断开放使得韩国失去了劳动力成本优势；国际环境比较复杂，尤其是发达经济体间的贸易摩擦导致韩国的出口量不断减少。韩国深深意识到了国内产业结构调整还不够完善，对科技的投入还不够，无论是总量还是比例都不能与发达国家相比。

1997 年，在泰国爆发的货币危机波及了亚洲多个国家和地区，包括韩国在内的各个国家和地区都深受其害。韩国国内也出现了许多问题，银行不良贷款不断积累导致银行资不抵债，韩国经济开放程度较高又加重了外债压力，最终爆发了危机。这是韩国有史以来爆发的最大的一次危机。如图 8 - 3 所示，从 1997 年第四季度开始韩国的 GDP 增长率出现了负增长，一直到 1998 年第三季度才开始逐渐上升。除了 GDP 的增长率出现负数，韩国工业生产和内需市场也出现了严重萎缩，失业率不断上升。

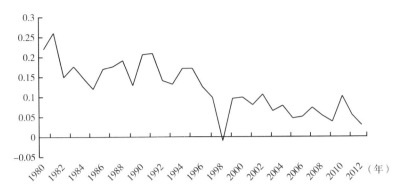

图 8 - 3　1980 ~ 2012 年韩国 GDP 的增长率

资料来源：IFS 数据库。

（二）管理资本流动的措施

1. 对国内企业进行重组，吸引外商直接投资

韩国对国内受不同程度影响的企业进行了重组：（1）如果企业过度负债，政府直接勒令其倒闭；（2）如果企业负债情况不严重且有能力还债，政府会给予一定的优惠措施帮其恢复；（3）如果两个或多个企业经营的业务相同，政府会将其合并，提高监督效率；（4）如果企业面临破产或私有化，政府给予投资者一定的鼓励政策来购买此企业。除了对企业进行合并重组，政府还提出了一些要求：一是各个财阀集团改变多元化扩张模式，转向专业化经营；二是致力于企业财务的透明度的提高，完善公司治理结构。政府还鼓励和支持问题较少、受到影响较小的企业吸引外资，减少外商的投资领域限制，开放房地产、保险等领域的投资，简化企业吸引外资流程，尽力为外商提供一站式服务系统。

2. 调整产业结构，促进产业转型升级

从 20 世纪 80 年代开始，韩国逐渐从依靠土地和劳动力的传统经济体向知识密集型高级经济体转变。亚洲金融危机过后，韩国更是加快了这一进程，不断增加对研发的投资。政府不仅设立了专门的投资资本，还对私人投资提供一定的税收优惠，大大促进了韩国高新技术的发展。除了在投资方面给予倾斜，政府还通过立法促进新技术市场的发展，规定新技术可以用作信用抵押品。与此同时，不断引进国外先进技术和对韩国技术方面的投资，建立大学和不同层

面的技术研发机制；在引进技术和资金的同时，建立国内的技术相关产业，如零件研发等；鼓励企业在国外技术和资金的帮助下自行研发，保证研发产品的质量；如果国内传统产业运用新技术来生产产品，政府会给予一定的贷款优惠。

3. "文化立国"，扶持本国文化产业成为世界优势产业

20 世纪末亚洲金融危机后，韩国实施了"文化立国"的战略，重点扶持文化产业。这一举措在很大程度上减少了危机对韩国的影响，一方面增加了国民的收入，另一方面维护了国内文化的独立性。这场亚洲金融风暴使韩国不少行业暴露了其脆弱性，因此韩国政府决定调整国内未来的产业布局。政府研究发现，文化产业的附加值和生产效率比制造业和服务业要高得多，文化产业的发展规模等超过了大部分的制造业，尤其是影视产业，其规模比动画产业、造船业大。这让韩国政府意识到了未来发展文化产业的巨大潜力。

到 2001 年，韩国政府先后制定了《文化产业发展五年计划》《文化产业发展推进计划》，将文化产业的未来发展放在重中之重。为了加快国内影视行业的发展，韩国政府制定了以下几项措施：严格限制进口片的国内配额，保证80% 的国产片；更加注重培养影视人才，扩大电影及戏剧专业在每所大学的学生人数。在政府的努力下，"韩流"开始在全亚洲盛行，国内文化产业已经位居韩国产业前几位，韩国的经济增长率开始慢慢恢复。韩国在亚洲金融危机期间，适时确定并培育自己的动态比较优势产业，从而成功抵御了危机带来的严重冲击，同时也提升了其在全球的地位。

4. 调整金融制度，激发金融市场活力

亚洲金融危机之后，韩国政府开始加强金融系统建设，主要从以下几个方面着手：一是加强自身制度建设，帮助大企业降低负债比，同时释放一部分资金；还建立了以信用信息和风险评估为基础的借贷系统，更新了监管政策，从而可以抵御未来金融危机。二是减少对外国投资的监管限制，以提高银行业的外资份额。三是通过优惠政策促进金融机构对高新技术企业的投资。政策如下：对创建不到 3 年的公司提供资金支持，通过对小型企业的资金分配帮助风险企业，风险资本的增长会促进资本流向高新技术企业。1998 年，韩国成立了直属国务院的金融监督委员会，主要负责国内在资本市场和金融机构的监管，还负责金融监管法律法规的解释和一些金融机构的日常业务的监督检查。1999 年韩国政府设立金融监督院，属于民间公益机构，是由各金融机构联合出资的，其主要职能是

依照金融监督委员会的指令，代替委员会监管一般金融机构。随后韩国政府在金融监督委员会下设立了证券期货委员会（SFC），这一机构的主要任务是监管证券与期货市场。监管内容如下：一是监督市场内的不公正交易行为；二是对企业会计的标准进行监管；三是对其他与证券及期货有关的业务进行监督。

三、新加坡管理资本流动的经验

（一）金融管理体系的革新

1. 强化金融监督管理局的执法职权

新加坡没有中央银行，由金融管理局、货币局和财政部的几个监督部门共同行使中央银行的各种职能。亚洲金融危机后的改革使得新加坡金管局的职权力度增强，管理范围增大，金融调控与金融监管两大职能合为一体。原来分属于财政部、银行监督委员会、保险监督委员会、证券监督委员会、货币局的各类监管职责统一转移到金融管理局（简称金管局）。货币局也在2003年3月并入金管局，在金管局内部成立银行署，成为该局最大的一个部门。与此同时，为了与银行署内的有关部门协作，对银行的资本期货业务实施监督管理，在金管局的统一领导下，新加坡实行并进一步强化了混业经营和合业监管的体制，在金融业监管中注重各部门的有效协作和权力统一，且集中研究和分析国家宏观经济状况及走势，为决策和监管提供参考。

金管局在对国内金融业业务监管中不仅关注如何实现组织合作和执行权力的一致问题，还跟踪分析各个国家近期的宏观经济情况及利率状况。政府宏观经济部门的其他主要成员同时担任金管局董事会主席和成员。政府相当多的经济决定都是基于金管局的分析而做出的。新加坡还设立了由金融管理局领导的，旨在给监管部门提供帮助，确保监管工作正常进行的部门，如"市场体系与风险咨询部""监管政策部""监管法律服务部"等以技术为核心的部门。

2. 成立存款保险公司

1998年初，新加坡成立了存款保险公司，将所有过去零散的存款保险业务机构整合起来，由存款保险公司集中组织处理。一方面，将以往的存款部分保证支付制度临时改为存款全额保证支付，以稳定金融市场；另一方面，将存款保险业务的覆盖领域从银行储蓄存款扩大到金融证券和财产保险两个领域。

更关键的是，存款保险公司还被赋予了对投保人和业务进行监管检查的权利。由于新加坡强制要求所有金融机构必须全部投保，既然存款保险公司被赋予了可以监督检查所有的投保机构的权利，也就说明存款保险公司拥有可以对所有金融机构进行检查监管的权利。存款保险公司检查监管的重点是风险性监管，进而可以对各类金融机构的不良资产进行及时处理。

成立国家存款保险公司后，新加坡金融监管的职能集中到金融管理局和存款保险公司，其中金融管理局的权限最大、最集中。财政部和各监督委员会有关金融监管的职权仅限于研究、制定金融制度和金融市场管理的基本框架，并且在修改金融监管法规时需要同金融管理局协商。

（二）金融监管方式的革新

1. 信息披露

在市场约束和金融监管中，良好的信息是重中之重。亚洲金融危机使新加坡认识到仅靠银行和上市公司的财务报表及统计数据，无法及时识别风险，更不能防止欺诈发生。因此，金管局要求新加坡的任何一家商业银行都必须定期公布其资产负债表状况、主要业务的业绩指标以及违约贷款的具体款项和细节，甚至将这种信息披露的要求扩大到所有金额在 5000 美元以上的贷款，几乎涵盖了当地银行所有贷款的详情，而且这些信息都可以在金管局的官方网站上获取。公众或利益相关者如果想要了解贷款者的相关信息，只要输入借款者的个人姓名或公司名称，就可以看到该借款者在整个金融系统的总负债及其偿还状况。同时，金管局要求所有上市公司定期披露公司的财务状况。上市公司必须每月上报，并由金管局进行审查。通过这些制度安排，金管局可以及时掌握银行和上市公司的信息，尤其是风险信息，并进行处置，以避免风险恶化。

2. 审计

信息是否有用，不仅取决于信息的发布数量，还与信息的质量有关。审计是确保信息无误的重要环节。为切实保证审计的工作水准，新加坡金管局制定了有资格为商业银行和上市公司进行审计的审计师和公司清单。清单上的审计师和公司必须对被审计对象发布的信息负责，如果发布的信息被确认失实，则不仅被审计对象要接受法律处罚，审计师和公司也会被金管局除名，从而失去在新加坡执业的机会。

3. 信用评级

为了提高信息质量，新加坡金管局要求国内的所有商业金融机构都必须从指定的国际信用评估机构获得相应的信用评级。起初，在新加坡国内能进行信用评级的机构很多，不同机构之间的评估质量差距很大。为了保证信息的可靠性，新加坡针对评级机构本身公布了一系列标准，包括评级机构自身的资产流动性、负债结构、不良资产比率和经营业绩等要求。从 2000 年开始，金管局要求国内的商业银行只能从经授权的四家国际著名评估机构获取信用评级，以增强评估信息的可用性。

4. 监管原则和会计原则

新加坡将审慎原则作为重中之重。新加坡对金融机构采取审慎的监管标准，目的就是保证金融体系的稳定。例如，在资本充足率方面，金管局构建了资本监管预警系统，依照银行的资本风险资产比率，将银行分为资本良好、资本充足、资本不足、资本严重不足和致命不足等类型。监管部门对资本不足的银行采用严格的监管措施。在流动性管理方面，虽然新加坡没有颁布具体的法律法规，但银行的流动性是监管机构重点关注的方面，银行存款的构成及稳定性、对利率敏感性资金的依赖程度及借入资金的频率和数量、负债结构、资产变现能力、融资能力等均是检查的重点内容。同时，要求各银行要保持充足的本币现金储备，如活期存款必须保持 10% 的现金储备，通知存款和定期存款保持在 3% 等，以应付日常兑付，防止出现流动性危机。至于对贷款的管理，新加坡规定银行在向任何自然人、合伙人组织、社团或公司放款时，放款总额不得超过该银行自有资本和盈余的 1.5%。如果借款人有足够的抵押品作担保，这一标准最高可放宽至 25%。

第三节　发达经济体管理国际资本流动的经验

一、捷克共和国陷入货币危机

20 世纪 90 年代之前，捷克共和国一直实行计划经济体制，金融市场匮乏。20 世纪 90 年代初期，捷克进行经济体制改革，建立市场经济体系，规定外国直接投资和证券投资可以进入国内，大量资本开始流入国内。紧接着，国内很多银行合并，捷克克朗在资本项目中开始可兑换，金融市场逐步形成。1993 年，捷克经历了政治制度的变动，同时期，允许个人兑换更多的外币。1995 年，捷克放松对资本流出的管制，允许本国企业设立外汇账户，本国居民可以进行 OFDI。资本流入令本国货币面临升值压力，并使经常账户愈发失衡。

由于捷克央行采取的一系列措施未能缓解这一状况，经常账户失衡问题愈演愈烈，1997 年 5 月捷克发生了货币危机。1998 年捷克受到亚洲金融危机的冲击，再加上捷克国内问题暴露，金融业发展不完善，金融机构效率低下，贸易赤字快速加大，最终导致经济增速下滑，国内失业加剧，国际资本迅速流出。

二、捷克共和国管理资本流动措施

1. 实行通胀目标制，增强货币政策的透明度

1998 年，捷克共和国将预期通胀作为货币政策的中间目标。捷克实行通胀目标制是汲取了他国成功的经验：要想不发生货币危机，必须控制好通货膨胀。捷克国家银行采用公开透明的方式向公众传达通胀政策，在政策制定的当天就及时向公众披露，每个季度向公众告知货币政策效果。这样做能够让公众了解通胀的状况，并且增加公众对捷克中央银行控制通胀的信心。

捷克共和国将通胀目标制分为三个阶段。第一阶段：1997 年底提出通胀目标，按年份实行"净通胀率"，每年都有确定的通胀率，该通胀率不包括不可控的事件。由于预测存在不确定性，将通胀目标设为一个区间。1998 年底通胀目标为 5.5% ~ 6.5%；1999 年底通胀目标为 4% ~ 5%；2000 年底通胀目标为 3.5% ~ 6.5%。第二阶段：1999 年 4 月，捷克央行确立关于通胀率的长期目标，期望在 2005 年底能够将每年的通胀水平控制在 1% ~ 3%。设定通胀率的长期目标要注意引起价格波动的因素，比如不可抗力因素引起的农产品价格的不稳定等；还有就是要跟政府协商达成一致才能设立通胀率的长期目标。第三阶段：2001 年 4 月，通胀目标形式发生了变化。通胀目标不再是对每年年底情况进行比较，而是比较每个月的情况。2002 年的通胀区间为 3% ~ 5%，2005 年的通胀区间下降到了 2% ~ 4%。

2. 完善对银行的监管体系，实施审慎监管

21世纪初，捷克共和国有37家银行，大银行完成了私有化。银行体系的资本充足，不良资产逐渐减少，银行体系总体上较为稳定。捷克共和国的法律规定捷克央行能对银行业进行监管，捷克央行自行制定银行业监管职责，如事前审批银行的合并或解散，对银行从事的业务进行审慎监管等。

央行将银行业务划分为交易和投资组合；要求银行业的资本充足率不得低于8%，根据该水平控制敞口大小和外汇头寸；根据IAS标准，评估表内表外金融工具和敞口；规定金融集团公司的资本充足率为8%，要考虑到信贷风险和市场风险；金融集团对单一贷款人的贷款控制在资本金的25%以内；银行和金融集团公司要及时按央行要求披露信息。

对银行内部的管理要注重流动性风险的管理要求，必须设置流动性预警机制，并且将本币和外币纳入流动性管理之中。对银行债权质量评估的标准进行分类，分为单一债权的评估和组合债权的评估。对银行的风险管理方案需要根据具体情况进行细化，针对银行大小、业务类型、业务的复杂程度来给予不同的管理方案，进行银行信息系统的建设和风险管理的内部控制制度建设。建立有效的内部控制系统，该系统要涵盖银行的所有业务种类和业务部门。银行按照规定按季度披露股东结构、财务状况等信息。

3. 可持续、逆周期的财政政策

捷克央行放弃固定汇率，不再干预外汇市场，实行有管理的浮动汇率制度；财政政策在这段时期稍显逆周期性，赤字占GDP的比重维持在2%和4%之间，政府总债务占GDP的比重从未超过50%，从20世纪90年代到21世纪前十年，财政政策总体来说比较保守。有管理的浮动汇率、可信的货币政策和可持续的财政债务水平使捷克共和国本币利率相对于世界货币利率的差异变小，因为利差小，其他国家的资本投机机会变少，热钱流入量下降。捷克国内信贷扩张变得更为适度，2001年国内信贷占GDP的30%左右，到2008年增长至50%左右，几乎都是本币贷款。

当国际金融危机爆发时，在这些政策组合和体制特征的帮助下，危机对金融稳定性和经常账户的影响相对不明显，造成的影响大大低于亚洲金融危机。捷克央行允许名义汇率贬值（贬值约15%），但汇率很快恢复到危机前的水平。捷克央行能够无约束地执行逆周期性货币政策，并将利率从2008年8月的 3.5% 下调至 2009 年末的 1.0%，2012 年再次降至 0.05%。由于总债务水平不高，长期政府债券收益率的变动较小，因而财政政策能够实现逆周期性。总流出的减少相应地抵消了总流入的大幅下滑（见图 8 - 4）。经常账户或金融账户都没有发生逆转，捷克银行的表现保持稳健。

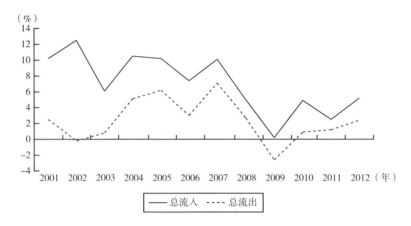

图 8 - 4　2001 ~ 2012 年捷克共和国总流入、总流出分别占 GDP 的比例

资料来源：IFS 数据库。

第九章　建立以内外均衡为目标的中国宏观调控体系

长期以来，伴随着中国经济的稳定快速增长，在人民币升值预期下，国际资本大量流入我国。我国实行比较严格的资本管制，我国国际收支保持了多年的双顺差。相较于其他的新兴经济体，我国的外汇规模还十分庞大，一般认为中国是资本流入国，不会出现资本流动突然中断的问题。但是研究发现，与其他新兴经济体相似，我国的资本流动也会发生突然中断的情况。20世纪90年代以来，中国的国际资本流动长期保持顺差。然而在2008年全球金融危机之后，新兴经济体经济增长速度整体放缓，中国的资本流出也更为频繁，经常出现以季度为单位的突然中断现象。如何应对突然中断，保持我国经济平稳运行，对保持我国金融和经济稳定具有重要意义。

2013年《世界经济展望》报告指出，对资本流入波动有较强的抵御能力的新兴经济体都实施过以下措施：完善审慎监管、促进金融发展、加强财政和货币政策的可信度和逆周期的实施、赋予金融账户尤其是资本流出的更高开放度。由此产生的净影响是，相比过去，高度波动的总资本流入对经常账户和经济稳定的影响更小。此外，对改革措施进行适当排序也是至关重要的。增强国内金融系统的改革通常先于其他政策措施，而提高资本流动开放度和汇率灵活性的举措应在最后。一国或地区只有改善了审慎政策并采取了可信的货币和财政机制，才能放松对资本流动或汇率的限制，才能通过汇率和资本流出实现稳定利益。本章将从追求内外均衡的角度，从资本输出和资本流入突然中断两个方面探讨中国的应对措施。

第一节　中国资本输出的长效战略

在对美国和日本对外投资的宏观背景、投资阶段和典型特征进行分析之后，中国在诸多方面都能学习美国和日本的经验。结合中国对外投资的实际和我们制定的长期发展战略，在更好地进行对外投资方面，中国在宏观经济政策的制定和针对微观主体的具体政策的实施过程中应注意以下几点。

一、理性分析国际直接投资的宏观环境

从美国和日本对外投资的历程来看，两国进行海外直接投资有一些相似的宏观背景：本国跨国公司"走出去"有政府政策支持，这是很重要的政策保障。同时，两国国内的产业结构不断升级、国际贸易环境恶化，以及本币升值，是两国对外投资和企业"走出去"的历史条件和历史机遇。

如今，我国正在实施"一带一路"建设，加强与各国之间的联系与合作，这需要更加深入地分析我国所面临的国际环境。中国经过几十年的高速发展，存在着产能过剩、外汇储备多、石油等资源对国外的依赖度高、工业基础部门集中于沿海等问题，但也有边境地区整体状况良好、邻国和地区合作意愿普遍提升等有利条件。从"一带一路"沿线国家和地区的基本情况来看，它们的国内建设或区域经济合作对基础设施建设需求极大。中国改革开放以来累积的大量生产制造经验和产能可以对外输出，"基建输出"能够大大缓解中国的产能过剩，也能带动建筑、金融、保险、服务等多行业的输出。

"一带一路"建设加速了中国企业"走出去"的步伐，同时也能促进全国产业升级。"一带一路"沿线国家和地区大部分都是发展中国家和地区，经济较差，对中国企业来说，"走出去"的海外市场前景非常广阔。通过"一带一路"建设，能够帮助沿线国家和地区积极开展基础设施建设，提高当地道路、港口、铁路的建设能力和建设水平，既可以改善当地的基础设施条件，也为中国企业进一步对外投资打下更好的基础。中国企业在帮助东道国提高生产能力的过程中，发展当地纺织、汽车制造、钢铁等产业，既有利于中国国内产业结构的优化升级，也可以提高东道国的工业制造能力和人民群众的生活水平。从全球来看，"一带一路"建设致力于亚欧非大陆及海洋的互联互通，构建互通网络，推动沿线各国和地区资源对接和全球要素流动，促进国际投资，发掘国际市场潜力，从而实现各国文明互鉴、共享发展，可持续发展。"一带一路"建设为中国企业"走出去"营造了一个宏大的投资环境。中国企业在这个大环境下完全可以做到企业自身发展和国家发展战略的完美结合。

与美国和日本相似，中国经济进入"新常态"后也存在产业结构升级的压力。在对外贸易和投资方面，发达经济体因为经济增速放缓、贸易保护主义升级，在"本国优先"的指导思想下出现了不断强化的排外主义。如美国通过政策法令号召本国企业撤回海外投资，将产业转移回美国，致使美国近几年的对外投资持续下降。这些变化使得中国对发达国家的贸易和投资环境恶化。中国企业要克服困难，继续坚持对发达国家的贸易和投资，同时可以利用这种变化带来的机遇：发达国家对外投资收缩，正好为中国的对外投资提供了空间。如果准备充分，中国完全有可能"化危为机"，在对发达国家和发展中国家的对外投资中快速成长。

二、坚持市场导向，强化政策引导的 OFDI 模式

在对外直接投资的过程中，美国和日本两种模式对中国来说都有值得借鉴之处，但不能照搬。美国和日本两国对外投资模式有较大的差异。美国政府在投资过程当中只是起辅助性的作用，主要对"走出去"的企业提供信息情报，而对外投资的具体领域、区域，还是由企业自行决定。日本政府在投资过程当中起主导作用，会给予"走出去"企业具体的战略规划。中国企业相比美国那些历史悠久、全球知名的跨国公司，对外投资的经验明显欠缺，如果照搬美国企业主导的模式，在对外投资过程中缺乏政府的有效引导，很可能会付出很多额外的代价。因为意识形态的差异以及全球投资准入环境的恶化，如果学习日本的主要由政府主导的模式，则很可能使许多对外投资遭受夭折的命运。近年来主要发达国家排外主义抬头，将中国的对外投资"泛政治化"，如美国扩大投资审查机构的权限，加强对中国国有企业和关键技术的关注，使中国对美国的多宗投资受阻。

因此，"坚持市场导向，强化政策引导"就是当前和未来很长一段时间内中国可行的对外直接投资模式。所谓"坚持市场导向"，是指在中国企业的对外投资决策中，投资的商业性和市场性是第一位的，获取盈利是投资的重要目的。不管是国有企业还是民营企业，都要遵循自主经营、自负盈亏的市场经济基本原则，自行决定对外投资决策。政府可以通过政策进行引导，但不能代替或强迫企业做出决策。中国政府部门在对对外投资项目进行审查时也应遵循这一原则。执行这一原则，一方面可以保证对外投资的投资收益和投资质量；另

一方面可以对国际资本流动进行有效管理，防止出现借 OFDI 之名的资本外逃。

对外投资中的"政策引导"是指中国政府在投资目的地、投资产业等大方向上的引导，如 21 世纪初的鼓励企业"走出去"、2015 年开始的"一带一路"建设等。政府可以通过与东道国签订对外投资的双边合作协议等方式为企业营造良好的投资环境，可以通过完善法律法规和制定政策措施，在财政、金融、税收和外汇管理制度上为企业的对外投资提供指引和帮助。对"走出去"的企业，中国要积极地加以鼓励与引导，一方面发挥市场的作用，让企业自主经营、自负盈亏；另一方面为中国企业"走出去"创造良好的外部环境，降低企业对外投资的不确定性风险。只有将企业具有的竞争优势与国家宏观战略两者结合起来，才能让我国企业对外投资更具竞争优势。

企业在进行 OFDI 之前应该提前制定一项可实施的、目标清晰的、适应时代发展的对外经营战略。我国"走出去"成功的企业都有精准的战略目标和可行的方案，如海尔希望打造世界级的企业和品牌，海信集团希望发展成为国际化的大型企业，创建国际品牌。它们目标清晰明确，一步一步地在海外创建数家制造工厂和研发基地，将国产品牌在世界上发扬光大。企业的发展战略不同，OFDI 选取的模式也不尽相同。如果企业有着明确的跨国投资战略，可以选择控制程度强、投入较大的绿地投资模式；如果企业对跨国投资战略不是十分明确，可以选择跨国并购模式。跨国并购模式要求的资源投入较少，对跨国公司的控制比较小。如果跨国并购进行得成功，经验逐步地积累起来，可以由跨国并购模式逐渐向绿地模式过渡。

三、积极完善对外投资的配套政策

首先，要简化对外投资的行政审批。由日本的 OFDI 经验可知，1950 年日本企业要想跨国投资必须向政府申请，经过手续十分烦琐的逐层审批才能"走出去"。审核制度耗时太长，有可能导致日本企业看好的投资时机已过，这严重地打击了日本中小企业的积极性。为了鼓励日本企业"走出去"，日本政府极大地简化了行政审批，将对外投资按特许、事前申报、事后报告三类进行分类管理。除了极少部分项目需要经过政府特许外，大多数中小企业对外投资均属于事后报告这一类，这极大地简化了行政审批的流程，加快了日本中小企业"走出去"的步伐。

中国企业想要"走出去"也要经历十分烦琐的审核流程，如在外汇管制、设备输送到海外以及企业的员工护照批准方面都要经过很长时间的审批，这不利于中国企业对外投资。从 2013 年开始，中国政府实施"简政放权"，包括对外投资审批制度的改革，改变了以往审批程序烦琐的特点，最大程度简化核准程序，极大地提高了行政审批效率，提高了中国企业对外投资的积极性。尽管中国企业在对外投资过程中还存在着其他的问题，但是随着我国经济的进一步发展和中国对外投资政策的逐步完善，这些问题都会逐渐得到解决。

政府应当给予"走出去"企业政策支持，发挥国家财政优势，制定相关政策对这些企业进行积极的引导。无论是在国际上还是在国内，政府媒体都要加强对"走出去"企业的宣传力度，这也是在宣传自己的民族精神。在对美国和日本两国对外投资经验进行学习的过程当中，我们要吸取两国政策失败的教训，就是在对不同的国家进行投资的过程中忽略了各国之间的差异，导致制定的政策不够完善而造成损失。因此，对各个不同的国家进行投资时，应当针对各个国家的差异制定出不同的战略。为了提升投资成功率，需要将各国的投资战略制定得越来越详细。

中国企业的规模有大有小，而且这些企业的管理水平参差不齐。在对外投资的过程中，国家根据企业规模大小的不同而提出不同的扶持政策。一直以来，中国的大型国企在企业对外投资当中所占的份额是最大的，随着改革开放的不断深入，我国的很多民营企业也开始进行 OFDI。但是，民营企业存在的一些问题需要政府着手去解决，如民营企业规模属于中等或偏小，不能产生规模收益，相较于大企业来说，民营企业抵抗风险的能力很弱。2006 年商务部开始设立境外经贸合作区，让在产业链上有联系的企业形成一个集群，各个企业产业分工合作，将规模效应发挥到最大，这样能比单个企业抵御更多的风险。这个政策激发了中小企业对外投资的积极性，中小企业应当抓住类似政策的机会开展投资活动。

除此之外，中国政府在其他方面也给予了中国"走出去"的企业必要的支持。例如，在法律方面，针对中国企业对外投资，中国制定了基本法来保障企业"走出去"的权益。尽管相关法律体系不是很完善，但中国为"走出去"的企业打造了有法可依的基本法律环境。另外，商务部也规定了境外竞标的相关管理条例，能够让政府以及有关部门了解我国企业"走出去"的具体情况，发现企业困难并提供相应的帮助，还能够促进企业之间对外竞标的良性竞争。

中国为了提高企业对外投资的积极性，在中国企业"走出去"前期给予了各项信息和技术支持。中国政府发布规章制度，让国家商务部门专门向准备在外国投资的企业提供投资地区的基本信息，包括该国的政治环境是否稳定，该国法律制度是否适合投资项目的发展，该国的宏观经济状况、基础设施建设等；同时，还为对外投资的企业设立了投资绩效制度，能够清楚地了解到企业在国外投资的状况，出现问题时能够及时调整政策，对国外投资项目给予正确的引导，为"走出去"的企业提供宏观战略框架，尽力为在对外投资路上的企业"保驾护航"。

中国企业"走出去"一直面临着融资渠道单一、融资难的问题，原因是：一方面，中国本土银行在全球的网点还比较少；另一方面，"走出去"的企业在国外发展初期与当地的国外银行还处在互相不了解的阶段，很难在国外获取贷款。这两个原因导致了中国企业在境外融资比较困难。而对外投资的企业在国内进行融资也会受到较大的阻力，因为银行不允许贷款成为企业资本金来源，同时，企业贷款信用担保的额度也是有限的。我国应当学习美国和日本，成立专门的机构为企业"走出去"提供融资支持，放宽国内的金融机构对"走出去"企业的融资限制，用丰富的外汇储备为企业提供境外贷款，拓宽信用担保渠道，同时进一步提高信用担保额度，减少审批程序，解决企业"走出去"的融资难题。人民币加入 SDR 货币篮子，也能够逐步解决中国企业"走出去"融资难的问题。人民币"入篮"有利于中国商业银行"走出去"，鼓励中国的银行在海外设立网点，能够为在外投资的中国企业及时提供金融服务，有助于中国企业积极创新、抓住机遇发展生产，更好地为中国企业提供相关服务。中国的四大国有控股商业银行近些年在国外设立的网点数量越来越多，这为中国的银行"走出去"做了很好的示范，也为中国企业"走出去"提供了更多的融资渠道。除此之外，中国应当避免对"走出去"的企业进行双重征税，减轻企业负担，以更大的力度来支持中国企业"走出去"。

四、不断提高企业的核心竞争力

随着美国和日本自身经济的高速发展，两国国内的劳动力成本提升，再加上国内产业优化升级的需要，越来越多的企业"走出去"在国外投资建厂，利用国外劳动力价格低廉、基础建设完备的优势占领国外市场。这些跨国公司经过多年的经验积累，不断地向国外输送资源和技术来扩大自身的影响力，提升自己的经济实力。美国和日本的企业对外投资取得优异的成绩正是得益于企业强大的核心竞争力和打造的国际品牌。

中国应借鉴美国和日本对外投资的关键经验，如企业要有自身精湛的核心技术和品牌优势，减少国内企业对外投资的短板。当企业想要开展对外投资时，应当充分了解自身优势与不足，在进入国外市场时选择适当的模式。当企业还没有足够的竞争力时，应当选择一些控制程度较低、风险较小的对外投资模式，同时不断提升企业的核心竞争力。具体来说，提升企业的核心竞争力有以下几个方面。

首先，企业应当加大研发投入，吸纳全球各地的科技人才进行新型技术的创新研发，给予高新技术人才充足的年限和高额的报酬来鼓励创新，不能急于求成。构建自主创新机制，以高科技创新型人才为基础，用创新型决策、创新型项目管理、技术型创新加以支撑。进行广泛的市场调研，确定精确的目标群体，发掘客户潜在需求，更好、更为迅速地打开市场、占领市场。

其次，中国企业应对自身所取得的技术突破高度重视，提前准备专利的申请与管理，防止他人窃取来之不易的创新果实。这同样需要国家完善专利保护的相关法律，为中国企业不断开发和进行技术创新所取得的成果保驾护航。创新型企业也应在专利的维权与管理方面多加钻研，在维护自身合法权益的同时将创新成果发展成为行业标准并推向国际。

再次，企业应注重品牌的建立与推广。与国外大品牌相比，中国企业的品牌竞争力较弱。因此，企业要继续对自身的品牌进行投入，在注重提升产品质量硬实力的同时增强产品的品牌效应，加大品牌宣传力度。只有硬实力与软实力都有足够的竞争力，才能与国际知名品牌竞争，抢夺国际市场。

最后，为了让企业更好地"走出去"，需要对企业管理制度进行创新。可以充分学习外国先进的企业治理模式，吸取其中优秀的经验为我国企业所用，建立符合企业自身特色的管理制度。在对外"走出去"的过程中，不断改善既能符合自身发展要求也能适应国外市场的企业管理模式，这为企业在海外市场进行投资和发展生产带来了重要优势。

只有不断地提高企业的核心竞争力，才能不断缩小与国际知名企业之间的差距，更好地进行对外投资，争取更大份额的国际市场。

五、建立和完善对外投资的整体保护框架

中国政府应将建立和完善中国对外投资的整体保护框架作为当务之急。中国政府应该牵头将各政府部门、各驻外机构和各行业协会整合起来，建立一个系统性的对外投资利益保护框架。对中国企业对外投资的事前风险评估和风险预警，投资受损后的利益保护等，都能够在这个框架内得到解决，从而大大降低中国企业在对外投资中的各种风险。各个国家的企业在进行对外投资的过程中都会面临多种风险，如政治风险、信用风险、战争风险等，中国也不例外。中国企业"走出去"进行投资的经验还不是很多，企业内部没有建立管控风险的机制，国家也没有形成相应的救急方案，因此当企业遭遇风险时会面临巨大的损失。例如，2009年中国电力投资集团在缅甸投资建设一个大型水电站。在修建的过程当中，缅甸突然违约，水电站修建终止，导致中国电力投资集团浪费了大量的人力物力，损失不可估量。又如，叙利亚常年战火纷飞，在当地投资的中国企业没有基本的安全保障。以上类似事件经常发生，中国应当建立更为完善的对外投资风险保障制度，为中国企业"走出去"保驾护航。

中国政府应当运用国家优势对投资各国进行全面的调查，包括政治、经济、文化、法律以及风俗习惯等。在中国企业进行对外投资之前，应当对该国情况进行详细了解。中国企业应当重点了解东道国或地区的市场情况：如果是一个发达经济体，那么说明市场大部分已经被占领；如果是一个新兴经济体，说明其市场还是较为广阔的，若是对这类国家或地区进行投资，企业可以采取绿地投资的进入模式。中国企业在"走出去"之前对东道国充分了解能够大大提高企业对外投资的成功率。新希望集团就是这样一个例子。该公司在对外投资之前，实地考察了欧美等发达国家和亚洲地区，再加上政府机构提供的一些一手资料，发现发达国家尽管基础设施很好，外部环境优良，但是各个产业发展都很完善，如果新希望集团没有一个能激发客户潜在需求的创新产品，很难在这些地区有所发展。但是新希望集团在东南亚考察发现，东南亚的基础设施没有发达国家完善，各个产业发展也不是很健全，恰恰是这样才让新希望集团发现了广阔的市场，比起在欧洲等发达国家投资建厂，新希望集团在东南亚

进行投资成功的概率更大。这既得益于新希望集团选择的正确投资地区，又得益于国家完善的对外投资保险制度以及国家提供的相关一手信息。

一些中国企业"走出去"失败而归，其中一个原因就是不了解当地的情况，包括法律、风俗习惯、教育文化、宗教等。中国政府、智库应该加大对各投资区域的信息研究，做好信息共享服务、法律服务、风险提示等工作，鼓励企业在"走出去"之前进行第三方投资项目评估工作，尽可能地降低投资风险。中国也可以学习日本建立对外投资保险体系。虽然我国已经建立了出口信用保险公司，但在对外投资领域方面，该公司所提供的产品和服务还不能够满足实际需求。

中国应当建立对外投资保险制度，若中国的企业在对外投资过程中遇到战争、项目被单方毁约、不可抗力等情况造成投资损失，保险应当对企业给予理赔，让市场化的金融手段和国家财政成为企业坚实的后盾，帮助企业承担一定的风险，激励企业对外投资、扩展国际市场。

第二节　中国实现内外均衡的政策设计

应对资本大规模流出给宏观经济与金融稳定带来的挑战是包括中国在内的新兴经济体需要面对的重要命题。为实现宏观经济的总体平衡，中国应当从以下几个方面进行改革。

一、维持汇率稳定

第一章的研究发现，不同汇率制度经济体受到突然中断的经济影响呈现差异。汇率制度弹性越小的经济体受到突然中断的负面影响越小，因为汇率制度弹性较小的国家，通货膨胀水平通常较低，能为经济发展提供一个预期稳定的环境，有利于消费和投资，也有利于经济恢复；同时，汇率波动较小的国家能够建立更稳定的国际经贸关系，有利于实施"出口拉动"战略，促进经济发展。

一些国家应对资本流动突然中断的做法为上述结论提供了实例支撑，如芬兰在1995年、丹麦在1998年发生资本流动突然中断后都大幅收窄了汇率浮动区间；马来西亚在 1997 年经历了资本流动突然中断之后改浮动汇率为固定汇率，并在短期内稳定了经济局势；2005 年 "7·21 汇改" 之后，我国的汇率制度由当初的 "其他传统的固定盯住" 转为 "爬行盯住"，人民币参考一篮子货币定价，实际上呈现出持续升值的状态，汇率波动范围也不断放宽。但在 2008 年金融危机爆发后，我国迅速回复到汇改以前的 "固定盯住" 安排，两年后才重启市场化改革，允许人民币汇率在更宽的范围内波动。这些国家的成功经验也为本书的实证结论提供了实践上的支持：这些国家受到突然中断的负面影响小是源于实行了弹性更小的汇率安排，而非因为受到的负面影响小而使其能够维持原有的弹性更小的汇率制度。

因此，在我国应对资本流动突然中断的问题上，针对汇率方面提出如下建议：

适时适当地收窄汇率的浮动区间，完善和发展有管理的浮动汇率制度。汇率制度不是一个随机的过程，汇率制度需要根据一国的 GDP 增长率、通货膨胀率、经济结构等宏观经济情况进行选择。长期以来，我国审时度势一直实行弹性较小的汇率制度，人民币汇率只能在有限幅度内波动。在资本自由流动的背景下，为了维护汇率的稳定可能会牺牲货币政策的独立性。我国应逐步实施汇率市场化，适度地扩大汇率浮动区间，增强汇率弹性，使人民币汇率能真正反映外汇市场的供求关系，发挥汇率平衡国际收支的作用，打击跨境套利、套汇行为，减少国际资本快速大规模流入流出行为。但是，汇率制度改革不能一蹴而就，汇率的大幅度波动对我国的国际收支平衡毫无益处，扩大汇率波动范围需要一个很长的时间，还需要在把握国内外经济形势的情况下审慎改革。

在汇率改革的过程中应该结合国情。在我国金融体系制度不健全、负债水平较高、抵御风险能力不足的背景下，当面对资本流动突然中断的冲击时，适当地收窄汇率的浮动区间，坚持和完善有管理的浮动汇率制度，是保证国民经济形势稳定的重要举措；经济稳定发展也可以为逐步实现汇率制度更趋市场化打下良好的基础，两者之间是相辅相成的，可以形成良性循环。

二、保持合适的负债结构

高负债经济体容易将外生的经济冲击内生化为资本流动突然中断，在债务—通缩机制下，会对一国经济造成严重影响。为了更好地应对资本流动突然中断，需要确定国家对外负债中 FDI 比例的合理区间，调整国家对外负债结构。2003 年以来我国对外负债中 FDI 的比例一直保持在 50% 以上，2012 年增加到 90.34%，近几年也一直保持在高位，所以应基于分类管理的原则，对不同形式的资本流入进行监管，逐步将国家对外负债中 FDI 的比例调整至临界值附近，以减小突然中断对经济增长的不利影响。对于发展高新技术产业和延长产业链企业而引入的资本，应该促进其流入；对于因为国内制度不完善而盲目投资形成的资本流入，应该加强引导和控制。应通过金融市场的发展，降低私人部门对国外资本流入的依赖性；对于各类违规进入的"热钱"，应该利用经济手段加以遏制。通过对不同形式资本流入的区别管理，逐步将我国的对外负债结构调整到合理位置。

调整影响临界值的各个系数，应对资本流动突然中断的负面影响。临界值 $\frac{xd+(1+x)z}{2a(1+x)}$ 与投资对利率的敏感系数 d、净出口对收入的敏感系数 x 正相关，与系数 k 对国家对外负债结构变量的敏感系数 a 负相关。通过提高投资对利率的敏感系数 d、净出口对收入的敏感系数 x，减小系数 k 对国家对外负债结构变量的敏感系数 a 能够有效地提高临界值。为此，需要继续培育自主经营、自负盈亏的市场主体，加快利率市场化进程，进一步推动存款利率市场化，完善存款保险制度和市场化的退出机制，保护存款人的利益，阻断金融风险的传播，提高利率配置资源的能力。同时，要加快金融体制改革，大力发展金融市场，放松对市场参与主体的管制，提高市场主体活力，促进金融市场一体化，从而提高投资和资本净流入对利率的敏感性。

三、深化供给侧改革，持续推进技术创新

当一国面临资本流动突然中断时，除了采取各种应对措施之外，还可以通过技术创新的投入与支持，来维持经济的稳定增长。技术创新能有效减少资本流动突然中断对经济的负面效应。

习近平总书记指出，当今世界，新科技革命和全球产业变革正在孕育兴起，新技术突破加速带动产业变革，对世界经济结构和竞争格局产生了重大影响。我国需要深化供给侧改革，注重将技术创新与规模效应相结合形成独特的优势，提升科技创新对产业发展的引领作用，深化科技体制改革，不断把科技

成果转向应用，充分发挥国有企业的创新能力，建立健全基础研究设施，完善人才激励机制。

制造业是促进科技创新的基础。中国制造业的各个方面都需要进行完善，如完善基础工艺、创新资源的投入机制、培养社会发展需要的人才以及企业关键技术的提升。从生产力的角度来看，创新的关键在于科技与制度的创新，充分发挥科技创新的带领作用，不断推动企业主体的创新，尤其要提高高新技术企业的创新活力。通过科技创新带动产业发展，支持战略性产业发展，建设多元化现代化的产业体系，推动传统制造业优化升级，打造具有强劲竞争力的产业集群，提升产业链现代化水平。

打好产业基础高级化、产业链现代化的攻坚战对我国建设制造强国和现代化强国具有重要的战略意义。鼓励各企业抓住科技和产业变革的机遇，发展大数据、人工智能以及创新型经济，开发新的经济增长点，提高供给体系质量。在金融方面，应调整同业业务规模，加强委外资产监管，规范银行资金流向，控制信贷规模，充分发挥金融服务实体经济的功能。疏通货币政策传导机制，增加制造业中长期融资，更好地解决民营和中小微企业融资难融资贵问题。

供给侧改革是一项全方位而又深刻的变革，深入到社会的方方面面，需要协同促进科技与各个方面的改革，改善传统行业供需和提高集中度，淘汰落后产能，推动产品升级，提高创新水平，转变产业结构，促进我国技术升级、产品升级、产业升级。

四、建立资本流动预警机制

随着国际资本流动越来越频繁，基于我国自身发展的需要，资本账户的开放不可避免。然而资本账户的开放更容易受到国际金融危机的影响。短期国际资本进入国内参与到证券市场、房地产市场以及外汇市场，极大地刺激了当地经济的发展。资本频繁地大规模流入和撤出，会给流入国经济带来重大损失。

我们必须加强跨境资本监测，建立资本流动预警机制，并将资本管制与宏观审慎监管相结合。预警机制不仅要在资本大规模流出时发出警示，还应在资本大规模流入时及时警告，必要的时候进行资本管制。大规模的资本流入是突然中断发生的信号（Agosin，2012）。防范资本流动突然中断首先应关注资本的过度流入，尤其是那些在国际市场频繁出入的短期资本。监管部门应建立科学合理的资本账户监管和预警机制，最好在源头上把控风险。

监管部门应密切关注主要发达国家的宏观经济政策走向，关注国际资本市场以及国内房地产市场、信贷市场、外汇市场和证券市场等的资本流动态势，制定相关政策预案，采用行政化和市场化的管制措施，对异常的资本流动进行监测和管制。从资本管制的效果来看，当一国经济体系正常运转时，监管措施在短期内能取得一定成效；但从长期来看，资本管制会降低资金配置效率和金融体系应对市场风险的能力，资本开放仍是大势所趋。其实，资本管制与资本开放并不冲突，应该结合国内外具体市场环境合理运用。为此，我国应将资本管制措施与宏观审慎监管和微观审慎监管相结合，同时灵活运用利率、汇率和交易费率等价格型工具，减少国内不同市场之间和国际市场间的套利机会，防止资本净流入的异常增长，消除资本流动突然中断的基础条件。

五、实施前瞻性货币政策，平衡国际资本流动

（一）利用巨额外汇储备，调节资本流动

自 20 世纪 90 年代以来，中国的外汇储备一直稳步上升，尤其在 2005 年实行"7·21"汇改以后，中国的外汇储备迅猛增长。2000 年初中国外汇储备为 1561 亿美元，2005 年底外汇储备达到 8188.72 亿美元，外汇储备峰值出现在 2014 年年中，为 39932.13 亿美元，将近 4 万亿美元，此后，外汇储备开始缓慢下降，不过仍保持在 3 万亿美元以上。[①]

随着经济金融全球化的进一步发展，我国面临着纷繁复杂的政治经济环境，贸易摩擦不断升级，经济危机频发。我国需要充足的外汇储备，来应对各种外来冲击，充分发挥国家宏观调控能力，为国家实施改革提供充分的保障，维护国际收支平衡和促进国际资本流动，更好地稳定经济发展。中国能在1997 年亚洲金融危机中受到较少冲击，靠的就是非常严格的资本管制和大规模的外汇储备。随着"8·11"汇率改革的进行，外汇市场波动频繁，我们需要足够的外汇储备对市场进行干预，稳定汇率和市场。随着国际资本在我国流进流出更为频繁，我国大规模的外汇储备能够在资本流出时稳定外汇供求，这

---

① 资本来源：国家外汇管理局，"中国国际投资头寸表"。

里也体现了管理浮动的含义。

在国际资本流动愈来愈频繁的今天，中国的外汇储备扮演着越来越重要的角色。外汇储备不仅能够维护国际收支平衡，而且在资本项目自由化进程中，能够很好地应对投机性资本带来的不利冲击，提升国内外投资者的信心。周小川行长在 2010 年底就提出过，短期的投机性资金如果流入国内，就直接将它放入外汇储备里面，而不让它进入中国整个经济当中；当资金要撤出境内时，就直接从外汇储备里边出去。这种方式的好处在于可以减少国际资本流动的剧烈波动对中国经济的冲击，提高中国经济的抵御能力。

（二）保持货币政策的独立性

国内外都对国际资本流动的影响因素进行了充分的研究，大部分研究都认为各个国家不同的利率水平是影响国际资本流动的重要因素之一。古典利率理论认为，各个国家的利率差异会引起国际资本的流动波动。由于资本逐利的原因，资本通常会选择利率高的国家或地区进行投资。本国的利率水平高于其他国家，那么国际资本就会流入本国；本国的利率水平低于其他国家，那么资本会流向利率水平更高的国家。在各种流动资本当中，投机性短期资本流动性更强、波动性更大。由于各国的利率、汇率水平不一样，投机性短期资本会在短期内迅速流进流出各个国家，套取利率和汇率差价，以取得高额的投机收益。与以往不同，如今科学技术发展迅速，全球各国金融之间的联系更为紧密，投机性资本更具专业性，导致投机性资本流进流出对一国经济的冲击性很强。研究表明，新兴市场国家经济会随着资本大规模流入而得到发展，但是一旦资本大规模流出，则经济会迅速衰退。

多年以来，中国国际收支都保持双顺差的状态。2011 年以后，资本流出变得较为频繁。在美国爆发了金融危机之后，为了让美国经济尽快恢复，美联储一直实行量化宽松的货币政策，美国联邦基金利率接近 0，导致中美利差扩大，大量资本流入中国寻求利益。2014 年以后，随着美国经济逐渐恢复，美联储逐步加息，不再实行量化宽松的货币政策，中美两国的利率差异不断缩小，资本不断流出中国去寻找更多的利益。

美国的利率水平的变动会引起中国国内的国际资本流动波动，当国内的国际资本流动波动过大，危及中国经济层面的稳定时，中国人民银行可以调整国家利率水平，缩小两国的利率差距，从而减小资本流动的波动。尽管研究认为利率水平会影响国际资本流动，但是由于该影响具有明显的滞后性，不能在短期达到相应的效果，利用利率来对国际资本流动行为进行调节不是一个稳妥的方式，并且会带来一系列的问题。一个国家的利率变动更多会影响国内的金融市场，如果对利率进行直接调控而不是让利率随市场的供求关系变化，利率政策会是一个短暂的、不可持续的状态，就算暂时性地减少了国际资本流动的波动，从长期来看会导致国内的金融市场不稳定，也会造成我国的货币政策失去独立性，不利于我国经济的稳定发展。

因此，随着国际资本的流动更加频繁、波动越来越大，我国应当保持货币政策的独立性，深化利率市场改革，建立一个更为完善的、健全的市场化利率机制，积极对国际资本流动进行引导。

（三）利用金融手段调节资本流动

在全球金融危机期间，大部分国家都经历了资本流动的剧烈波动，一些国家经历了经济极度高涨和极度衰退，但也有国家对资本流动波动有较强的抵御能力，这是因为当外界因素导致国际资本流入短时间迅速下降时，这些国家的居民也缩减了持有的国外资产并转移到国内进行投资，抵消了资本流入的减少。虽然出现危机时国外的投资者和国内的投资者都会将资产重新配置组合，但国内投资者出于平衡内部投资或资金压力的考虑，可以主动调回在国外投资的资产，从而起抵消作用。国际资本流动突然中断通常是由于全球因素而资金避险导致的，而不是国内因素造成的。即使是国内因素导致外国投资者资本流出，国内居民将在国外的资本汇回同样能够减少资本流动波动。

例如，智利在21世纪初鼓励金融发展，放松资本流动管制，允许养老基金将一部分资产在国外进行投资，此举极大地促进了外汇市场的发展。在全球金融危机期间，养老基金汇回了在国外投资的资产，抵消了外国资本流入的减少，结果是总资本流动的大幅度波动未对净资本流动造成太大的影响。马来西亚在全球危机期间将外汇储备出售，同时"雇员公积金"机构和其他实力雄厚的国内机构投资者将他们在国外投资的资产汇回国内，去购买外国投资者抛售的大规模境内债券，债券的收益没有受到太大的影响。由于大量的储备和私人流出的稳定性作用，尽管在"大衰退"期间马来西亚的总资本流动波动剧烈，但马来西亚没有遭受到太大的损失。

这实际上就是金融调整，金融调整一般都是由私人机构承担的。中国也可以对此加以借鉴，当流入国内的国际资本大规模减少时，要鼓励在国外投资的国内机构投资者或居民将资产转移至国内，缓冲资本流入的下降，进而减少资本流动波动，稳定国内经济发展。在国内资产受到一定的冲击时，国内居民会比国外投资者更快收到相关的信息，从而调回自己在国外的资产，产生缓冲效应。但是，当前人民币由国外回流到国内的途径还比较单一，回流的限制也比较多。目前人民币回流的渠道有内地的金融机构到香港发行人民币债券、境外机构或者境外的投资者来到中国投资，但是这两种渠道都存在诸多的限制：前者在香港发行债券需要符合一系列严格的条件规定，发行规模有严格的限制；对于后者，我国对境外投资者有较多的限制，要符合一系列条件才能在中国境内进行投资。当前，国家也在积极引导资本流进和流出，比如"沪港通"的建立增加了人民币的回流渠道，让人民币回流更有效率。

除此以外，中国还需要建立完善的资本流动预警机制，无论是资本流入大规模增加还是大规模减少，预警机制都要及时地发出警告；与此同时，在国内遭遇资本流入减少时，应当鼓励在外国投资的机构投资者将资产汇回国内以抵消资本流动的剧烈波动，并制定相关政策对此进行支持。除此之外，中国想要完成金融调整，提高自身抵御流动性风险的能力，还需要满足以下条件：更加灵活的利率形成机制，稳定的汇率制度，较低的通货膨胀率，更具逆周期性的财政政策，更加健全的经济体制以及更为稳定的经常账户。

（四）适当扩大境外主权债券和公司债券发行规模

自 2016 年 10 月 1 日起，人民币正式加入国际货币基金组织特别提款权（SDR）的定价货币篮子。"人民币入篮"既是国际金融组织对中国在全球至关重要的经济地位的承认，也为中国更好地管理国际资本流动提供了一条新的路径。以人民币标价的金融产品成为被世界广泛认可的金融资产，也成为各国国际储备投资产品的选项之一。自人民币加入 SDR 的货币篮子以来，人民币在世界各国的官方外汇储备中的数量和占比都在稳步上升。根据 IMF 的统计数据，截止到 2019 年第 4 季度，人民币资产在全球官方储备中达到 2176.7 亿美元，占比为 1.96%。人民币资产在各国官方储备中的地位上升，意味着以人民币计价的金融资产，尤其是人民币债券市场容量的扩大，为我国政府和公司通过发行人民币债券融资提供了一条可行的渠道。从理论上来说，人民币债券的发行成本要低于外币债券，而且以人民币计价，没有汇率风险和兑换成本，对发行主体来说，还本付息的成本也会降低。在必要的时候，这也是一条稳定可控的调节国际资本流动的渠道。

当然，除了向外国居民发行人民币债券外，发行传统的外币债券也是可供官方使用的一种融资和调节资本流动的手段。2017 年 10 月，我国财政部在香港召开推介会，宣布发行 20 亿美元主权债券。这是 2012 年以来我国财政部首次发行主权外币债券，并且发行规模巨大。自 2017 年以来，中国发行主权债券数量越来越多，规模也越来越大。2019 年我国财政部发行了 40 亿欧元主权债券，这也是目前为止中国发行的规模最大的主权债券。2020 年初，新冠肺炎疫情在中国和全球爆发，各国金融市场也因为疫情受到巨大冲击，以美国为代表的境外金融市场接连刷新下跌纪录，而中国的金融市场表现相对稳定，有国际知名投资机构已经建议投资者增持中国市场金融资产。

因此，中国完全可以根据自身发展的需要，逐渐扩大境外主权债券和优质公司债券的发行规模。这既能满足国际投资者的需要，加强我国与国际市场的联系，也有助于提升海外市场对中国经济和主权信用的信心，积累中国主权信用和公司信用数据，推动国际投资者更好地认识中国、投资中国。因为主权债券的持有期限一般较长，发行主权债券能够丰富中长期跨境资金流动的调节手段，有利于维护我国的金融市场稳定。而且，在境外发行主权债券和公司债券，可以将境外投资者的一部分外汇留在发行地，满足跨国公司的投资需要，不用进入中国国内，并能减少国际资本流入量，维持稳定的国际资本流动格局。

参 考 文 献

［1］北京大学中国经济研究中心宏观组．流动性的度量及其与资产价格的关系［J］．金融研究，2008（9）：44－55．

［2］曹珍．对外直接投资与房价的长期均衡实证分析［J］．经济研究导刊，2011（22）：149－150．

［3］曾绍龙．国际短期资本流动与中国资本管制有效性研究［D］．杭州：浙江大学，2015．

［4］钞小静，任保平．中国的经济转型与经济发展质量：基于TFP贡献的考察［J］．当代经济科学，2008（4）：23－29，124－125．

［5］陈虹，陈韬．金砖国家与发达国家对外直接投资经济增长效应比较研究——基于动态面板工具变量法的分析［J］．国际贸易问题，2018（4）：72－89．

［6］陈继勇，袁威，肖卫国．流动性，资产价格波动的隐含信息和货币政策选择——基于中国股票市场与房地产市场的实证分析［J］．经济研究，2013，11：43－55．

［7］陈诗一，陈登科．雾霾污染、政府治理与经济高质量发展［J］．经济研究，2018，53（2）：20－34．

［8］陈思翀，费阳．流动性对日元套息交易规模的影响——基于跨国面板数据的研究［J］．国际金融研究，2018，374（6）：34－43．

［9］陈卫东，王有鑫．人民币贬值背景下中国跨境资本流动：渠道、规模、趋势及风险防范［J］．国际金融研究，2016（4）：3－12．

［10］陈卫东，王有鑫．跨境资本流动监测预警体系的构建和应用［J］．国际金融研究，2017（12）：65－74．

［11］程惠芳，朱一鸣，潘奇，等．中国的资本账户开放、汇率制度改革

与货币危机风险 [J]. 国际贸易问题, 2016 (11): 165 - 176.

[12] 丁振辉. 经营效率、治理机制对商业银行稳健性的影响 [J]. 金融理论与实践, 2015 (7): 9 - 14.

[13] 丁振辉. 金融创新对商业银行稳健性的影响 [J]. 武汉金融, 2015 (7): 43 - 46, 63.

[14] 鄂志寰. 资本流动与金融稳定相关关系研究 [J]. 金融研究, 2000 (7): 80 - 87.

[15] 范小云, 潘赛赛, 王博. 国际资本流动突然中断的经济社会影响研究评述 [J]. 经济学动态, 2011 (5): 118 - 123.

[16] 范一飞, 朱鹤新. 中国金融稳定报告 2018 [M]. 北京: 中国金融出版社, 2018.

[17] 方意, 颜茹云, 郑子文. 资本账户开放对银行风险的影响机制研究 [J]. 国际金融研究, 2017 (11): 33 - 43.

[18] 方意. 中国宏观审慎监管框架研究 [D]. 天津: 南开大学, 2013.

[19] 冯彩, 蔡则祥. 对外直接投资的母国经济增长效应——基于中国省级面板数据的考察 [J]. 经济经纬, 2012 (6): 46 - 51.

[20] 冯艳红. 亚洲新兴经济体国际资本流动管理研究 [D]. 沈阳: 辽宁大学, 2013.

[21] 付海燕. 对外直接投资逆向技术溢出效应研究——基于发展中国家和地区的实证检验 [J]. 世界经济研究, 2014 (9): 56 - 61, 67, 88 - 89.

[22] 高志勇, 刘赟. 转型经济国家资本流动与银行稳定关系的实证研究——基于中东欧 8 国面板数据的分析 [J]. 国际贸易问题, 2010 (7): 48 - 54.

[23] 葛鹏飞, 黄秀路, 韩先锋. 创新驱动与 "一带一路" 绿色全要素生产率提升——基于新经济增长模型的异质性创新分析 [J]. 经济科学, 2018 (1): 37 - 51.

[24] 葛奇. 宏观审慎管理政策和资本管制措施在新兴市场国家跨境资本流出入管理中的应用及其效果——兼析中国在资本账户自由化过程中面临的资本流动管理政策选择 [J]. 国际金融研究, 2017 (3): 3 - 14.

[25] 龚方乐. 捷克、丹麦的货币政策与金融监管 [J]. 浙江金融, 2003 (5): 5 - 9.

［26］龚六堂，严成樑．我国经济增长从投资驱动向创新驱动转型的政策选择［J］．中国高校社会科学，2014（2）：102 – 113，159．

［27］龚梦琪，刘海云．中国工业行业双向 FDI 的环境效应研究［J］．中国人口·资源与环境，2018，28（3）：128 – 138．

［28］苟琴，蔡辉，徐建国．资本账户开放与经济增长——长短期效应及渠道研究［J］．经济科学，2018（2）：45 – 59．

［29］苟琴，王戴黎，鄢萍，等．中国短期资本流动管制是否有效［J］．世界经济，2012，35（2）：26 – 44．

［30］谷伟，余颖．资本市场分割的中国特例及其理论解释［J］．上海金融，2004（7）：29 – 32．

［31］关益众，刘莉亚，程天笑．国际资本流动"突然中断"的预警指标体系研究［J］．财经研究，2013，39（2）：4 – 14，91．

［32］郭凌威，卢进勇，郭思文．改革开放四十年中国对外直接投资回顾与展望［J］．亚太经济，2018，000（4）：111 – 121．

［33］郭周明．美日对外投资分析及其对中国启示——基于"一带一路"视角［J］．国际贸易，2017（6）：42 – 47．

［34］韩剑，陈继明，李安娜．资本流入激增会诱发突然中断吗？——基于新兴市场国家的实证研究［J］．金融研究，2015（3）：36 – 50．

［35］韩剑．国际资本流入的易变性及其对策研究［J］．国际金融研究，2012（5）：66 – 73．

［36］何帆，朱鹤，李昕达．充分重视流动性 发挥财政政策逆周期职能［N］．21 世纪经济报道，2018 – 07 – 18（004）．

［37］何国华，李洁．跨境资本流动的国际风险承担渠道效应［J］．经济研究，2018，53（5）：146 – 160．

［38］贺晓宇，沈坤荣．现代化经济体系、全要素生产率与高质量发展［J］．上海经济研究，2018（6）：25 – 34．

［39］黄伟．日本对外直接投资的发展历程及启示［J］．中国物价，2013（5）：75 – 77，88．

［40］黄宪，杨逸，胡婷．国际资本流动大幅逆转对新兴市场国家经济增长都是负效应吗？——全球化资本流出管制的适配性［J］．国际金融研究，

2019 (7): 3 - 13.

[41] 蒋丽丽, 伍志文. 资本外逃与金融稳定: 基于中国的实证检验 [J]. 财经研究, 2006, 32 (3): 93 - 102.

[42] 金洪飞, 李子奈. 资本流动与货币危机 [J]. 金融研究, 2001 (12): 43 - 50.

[43] 靳玉英, 万超, 周洁, 等. 资本流入的突然中断与经常账户赤字的有效调节 [J]. 世界经济研究, 2010 (9): 22 - 27.

[44] 景光正. 中日 OFDI 逆向技术溢出的比较研究——基于 OFDI 发展进程视角 [J]. 未来与发展, 2020, 44 (2): 58 - 62.

[45] 卡马耶夫. 经济增长的速度和质量 [M]. 陈华山, 左东官, 何剑, 等译. 武汉: 湖北人民出版社, 1983.

[46] 孔群喜, 王紫绮, 蔡梦. 对外直接投资提高了中国经济发展质量吗 [J]. 财贸经济, 2019, 40 (5): 96 - 111.

[47] 李芳, 练丹丹, 卢逸扬. 技术创新能使经济更稳定吗? ——基于突然中断视角的考察 [J]. 江汉论坛, 2018 (3): 29 - 37.

[48] 李芳, 卢璐, 卢逸扬. 资本流动突然中断、汇率制度与经济增长 [J]. 财贸经济, 2018, 39 (2): 69 - 85.

[49] 李芳, 卢璐. 资本流动突然中断对不同负债结构国家的经济影响 [J]. 国际金融研究, 2017 (3): 25 - 34.

[50] 李逢春. 对外直接投资的母国产业升级效应——来自中国省际面板的实证研究 [J]. 国际贸易问题, 2012 (6): 124 - 134.

[51] 李京晓. 中国企业对外直接投资的母国宏观经济效应研究 [D]. 天津: 南开大学, 2013.

[52] 李力, 王博, 刘潇潇, 郝大鹏. 短期资本、货币政策和金融稳定 [J]. 金融研究, 2016 (9): 18 - 32.

[53] 李梅, 柳士昌. 对外直接投资逆向技术溢出的地区差异和门槛效应——基于中国省际面板数据的门槛回归分析 [J]. 管理世界, 2012 (1): 21 - 32, 66.

[54] 李晓西, 刘一萌, 宋涛. 人类绿色发展指数的测算 [J]. 中国社会科学, 2014 (6): 69 - 95, 207 - 208.

［55］李旭辉，朱启贵．基于"五位一体"总布局的省域经济社会发展综合评价体系研究［J］．中央财经大学学报，2018（9）：107 - 117，128．

［56］李宇轩．中国突然中断与汇率波动关系——基于 VAR 模型的实证分析［J］．技术经济与管理研究，2019（9）：80 - 86．

［57］梁权熙，田存志．国际资本流动"突然停止"、银行危机及其产出效应［J］．国际金融研究，2011（2）：52 - 62．

［58］林志帆，龙晓旋．金融结构与发展中国家的技术进步——基于新结构经济学视角的实证研究［J］．经济学动态，2015（12）：57 - 68．

［59］刘金全．宏观经济冲击的作用机制与传导机制研究［J］．经济学动态，2002（4）：15 - 19．

［60］刘树成．论又好又快发展［J］．经济研究，2007（6）：4 - 13．

［61］刘思明，张世瑾，朱惠东．国家创新驱动力测度及其经济高质量发展效应研究［J］．数量经济技术经济研究，2019，36（4）：3 - 23．

［62］卢盼盼，胡捷．中国商业银行稳健性测度［J］．金融与经济，2012（11）：62 - 64．

［63］马理，李厚渊．资本账户开放，跨境资本流动与金融稳定的相关性研究［J］．金融理论与实践，2019（11）：7 - 16．

［64］马宇，李肖肖．跨境资本流动对资产价格影响的实证研究——发达国家与发展中国家的比较［J］．山东工商学院学报，2019（1）：11．

［65］梅冠群．基于日本经验的中国对外投资政策选择研究［J］．亚太经济，2017（2）：71 - 79，175．

［66］聂爱云，曾剑锋．美日投资经验对中国"一带一路"投资的启示［J］．金融教育研究，2018，31（1）：45 - 51．

［67］潘赛赛．国际资本流动突然变动问题研究［D］．天津：南开大学，2012．

［68］彭红枫，朱怡哲．资本账户开放，金融稳定与经济增长［J］．国际金融研究，2019，382（2）：3 - 12．

［69］钱文玉．国际突然中断的影响因素分析——以新兴市场国家为例［J］．金融发展研究，2016（12）：48 - 55．

［70］乔桂明，黄黎燕．我国商业银行外资参股效应再研究——基于 DEA

模型的银行稳定性分析 [J]. 财经研究，2011，37 (7)：134 - 144.

[71] 曲洪建，张相贤，王宇明. 中国商业银行特许权价值、公司治理机制和稳健性的实证检验 [J]. 武汉金融，2013 (6)：59 - 62.

[72] 任保平，王竹君，周志龙. 中国经济发展质量的国际比较 [J]. 西安财经学院学报，2015，28 (1)：42 - 49.

[73] 沙文兵. 对外直接投资、逆向技术溢出与国内创新能力——基于中国省际面板数据的实证研究 [J]. 世界经济研究，2012 (3)：69 - 74，89.

[74] 沈兰军，陈维哲，刘宗珉. 中国对外直接投资的现状分析与建议研究 [J]. 中国中小企业，2020 (3)：102 - 103.

[75] 宋勃，高波. 国际资本流动对房地产价格的影响——基于我国的实证检验 (1998—2006 年) [J]. 财经问题研究，2007 (3)：57 - 63.

[76] 苏丽萍. 对外直接投资：理论、实践和中国的战略选择 [D]. 厦门：厦门大学，2006.

[77] 随洪光，刘廷华. FDI 是否提升了发展中东道国的经济发展质量——来自亚太、非洲和拉美地区的经验证据 [J]. 数量经济技术经济研究，2014，31 (11)：3 - 20.

[78] 汤子玉. 不同对外投资动因对产业结构的区别影响——以山东省和 1975—1990 年的日本为例 [J]. 特区经济，2017 (6)：94 - 97.

[79] 唐珏岚. 论国际金融危机背景下的资本流向逆转及其防范 [J]. 社会科学，2009 (12)：36 - 44，182.

[80] 汪丽娟. 中国对外直接投资对国内经济高质量发展的影响研究 [J]. 国际商务 (对外经济贸易大学学报)，2019 (5)：56 - 72.

[81] 王兵，刘光天. 节能减排与中国绿色经济增长——基于全要素生产率的视角 [J]. 中国工业经济，2015 (5)：57 - 69.

[82] 王博，王开元. 汇率改革，短期国际资本流动与资产价格 [J]. 金融论坛，2018，23 (4)：56 - 68.

[83] 王晶晶，徐长生. 新兴经济体面临的国际资本流动趋势分析 [J]. 武汉金融，2012 (9)：10 - 13.

[84] 王丽，张岩. 对外直接投资与母国产业结构升级之间的关系研究——基于 1990—2014 年 OECD 国家的样本数据考察 [J]. 世界经济研究，2016

（11）：60 – 69, 136.

[85] 王胜，周上尧，张源. 利率冲击，资本流动与经济波动——基于非对称性视角的分析 [J]. 经济研究, 2019 (6)：8.

[86] 王维安，钱晓霞. 金融开放，短期跨境资本流动与资本市场稳定——基于宏观审慎监管视角 [J]. 浙江大学学报（人文社会科学版），2017, 3 (5)：196 – 212.

[87] 王信. 对外负债结构与国内制度：中国引进外资为何以 FDI 为主 [J]. 世界经济, 2007 (9)：31 – 37.

[88] 魏海丽，周远. 短期国际资本对金融稳定动态影响的实证分析 [J]. 统计与决策, 2016 (19)：154 – 157.

[89] 邬琼. 20 世纪 80 年代日本对外直接投资的特征与启示 [J]. 发展研究, 2017 (12)：43 – 45.

[90] 吴彬，黄韬. 二阶段理论：外商直接投资新的分析模型 [J]. 经济研究, 1997 (7)：25 – 31.

[91] 吴敬琏. 中国增长模式抉择 [M]. 上海：远东出版社, 2008.

[92] 伍志文. 中国银行体系脆弱性状况及其成因实证分析（1978—2000）[J]. 金融研究, 2002 (12)：21 – 37.

[93] 项卫星，王达. 国际资本流动格局的变化对新兴市场国家的冲击——基于全球金融危机的分析 [J]. 国际金融研究, 2011 (7)：51 – 58.

[94] 肖敬红，闻岳春. 基于 KLR 模型的我国股市系统性风险预警研究 [J]. 上海金融, 2013 (5)：81 – 84, 118.

[95] 肖黎明. 对外直接投资与母国经济增长：以中国为例 [J]. 财经科学, 2009 (8)：111 – 117.

[96] 肖卫国，尹智超，陈宇. 资本账户开放、资本流动与金融稳定——基于宏观审慎的视角 [J]. 世界经济研究, 2016 (1)：28 – 38, 135.

[97] 小岛清. 对外直接投资理论 [M]. 周宝廉，译. 天津：南开大学出版社, 1987.

[98] 徐璐. 新兴经济体跨境资本流动的脆弱性与政策应对 [J]. 金融发展评论, 2016 (7)：29 – 38.

[99] 徐震宇，潘沁. 中国资本流入负效应的实证研究与资本逆转的防范

[J]. 国际金融研究, 2007 (8): 60 – 64.

[100] 严成樑, 龚六堂. R&D 规模、R&D 结构与经济增长 [J]. 南开经济研究, 2013 (2): 3 – 19.

[101] 杨海珍, 黄秋彬. 跨境资本流动对银行稳健性的影响: 基于中国十大银行的实证研究 [J]. 管理评论, 2015, 27 (10): 9 – 18.

[102] 杨连星, 张方, 张皞. 融资约束与企业对外直接投资二元边际 [J]. 世界经济研究, 2020 (2): 7.

[103] 杨挺, 陈兆源, 韩向童. 2019 年中国对外直接投资特征、趋势与展望 [J]. 国际经济合作, 2020 (1): 13 – 29.

[104] 姚小义, 陈幸妮. 后危机时代发达经济体国际资本流动特征研究 [J]. 商业经济研究, 2016 (15): 183 – 185.

[105] 叶建平, 申俊喜, 胡潇. 中国 OFDI 逆向技术溢出的区域异质性与动态门限效应 [J]. 世界经济研究, 2014 (10): 66 – 72, 89.

[106] 易纲, 樊纲, 李岩. 关于中国经济增长与全要素生产率的理论思考 [J]. 经济研究, 2003 (8): 13 – 20, 90.

[107] 尹智超, 陈宇. 资本账户开放、资本流动与金融稳定——基于宏观审慎的视角 [J]. 世界经济研究, 2016 (1): 28 – 38, 135.

[108] 余海燕, 沈桂龙. 对外直接投资对母国全球价值链地位影响的实证研究 [J]. 世界经济研究, 2020 (3): 107 – 120, 137.

[109] 詹新宇, 崔培培. 中国省际经济发展质量的测度与评价——基于"五大发展理念"的实证分析 [J]. 财政研究, 2016 (8): 40 – 53, 39.

[110] 张汉飞, 李宏瑾. 经济增长的不良贷款效应及异常分野 [J]. 宏观经济研究, 2014 (3): 11 – 23.

[111] 张金清, 张健, 吴有红. 中长期贷款占比对我国商业银行稳定的影响——理论分析与实证检验 [J]. 金融研究, 2011 (9): 78 – 92.

[112] 张克菲. 资本流动"突然中断"的产出效应及其影响因素研究——基于新兴经济体的实证分析 [J]. 上海经济研究, 2016 (11): 46 – 55.

[113] 张良. 资本突然中断的影响因素分析 [J]. 财贸研究, 2010, 21 (4): 98 – 101.

[114] 张明, 谭小芬. 中国短期资本流动的主要驱动因素: 2000—2012

[J]. 世界经济, 2013, 36 (11): 93 – 116.

[115] 张萍, 朱江, 文青, 等. 构建我国资本流动管理框架, 应对资本账户开放风险 [J]. 金融发展评论, 2014 (9): 74 – 98.

[116] 张荣峰. 国际资本流动与银行稳定 [J]. 国际金融研究, 2007 (2): 66 – 74.

[117] 张夏, 汪亚楠, 施炳展. 事实汇率制度选择, 企业生产率与对外直接投资 [J]. 金融研究, 2019, 472 (10): 1 – 20.

[118] 张小溪, 樊友丹. 经济增长水平与中国对外直接投资——基于省级面板数据的检验 [J]. 投资研究, 2016, 35 (6): 149 – 160.

[119] 张燕, 谢建国. 出口还是对外直接投资: 中国企业 "走出去" 影响因素研究 [J]. 世界经济研究, 2012 (3): 63 – 68, 89.

[120] 张亦春, 彭江. 影子银行对商业银行稳健性和经济增长的影响——基于面板 VAR 模型的动态分析 [J]. 投资研究, 2014, 33 (5): 22 – 33.

[121] 张谊浩, 裴平, 方先明. 中国的短期国际资本流入及其动机——基于利率, 汇率和价格三重套利模型的实证研究 [J]. 国际金融研究, 2007 (9): 41 – 52.

[122] 张云, 付鑫. 金融危机后我国商业银行稳健性测度与分析 [J]. 金融教育研究, 2016, 29 (2): 23 – 31.

[123] 赵伟, 古广东, 何元庆. 外向 FDI 与中国技术进步: 机理分析与尝试性实证 [J]. 管理世界, 2006 (7): 53 – 60.

[124] 郑璇, 罗明铭. 国际资本流动突然中断与货币危机——基于新兴市场国家的证据 [J]. 财经科学, 2016 (4): 43 – 49.

[125] 郑璇. 流入驱动型与流出驱动型国际资本流动突然中断的影响因素分析——以新兴市场国家为例 [J]. 国际金融研究, 2014 (1): 86 – 95.

[126] 郑玉歆. 全要素生产率的再认识——用 TFP 分析经济发展质量存在的若干局限 [J]. 数量经济技术经济研究, 2007 (9): 3 – 11.

[127] 钟学义. 增长方式转变与增长质量提高 [M]. 北京: 经济管理出版社, 2001.

[128] 周工. 资本账户开放、资本流向与金融风险: 一个文献综述 [J]. 现代管理科学, 2018 (10): 36 – 38.

［129］朱孟楠，刘林．短期国际资本流动、汇率与资产价格——基于汇改后数据的实证研究［J］．财贸经济，2010（5）：5－13，135．

［130］朱孟楠，闫帅．异质性投资视角下短期国际资本流动与资产价格［J］．国际金融研究，2017，358（2）：36－44．

［131］Accominotti O，Eichengreen B. The mother of all sudden stops：capital flows and reversals in Europe，1919－32［J］. Economic History Review，2016，69（2）：469－492．

［132］Aghion，P，Angeletos M，Banerjee A and Manova K，Volatility and Growth：Financial Development and the Cyclical Composition of Investment［J］. Journal of Monetary Economics，2010（57）：246－265．

［133］Aghion，P. and Howitt P，On the Macroeconomic Effects of Major Technological Change，in General Purpose Technologies and Economic Growth，E. Helpman，ed.，Cambridge，MA：MIT Press，1998，pp. 121－144．

［134］Aghion，P. and Howitt. P.，A Model of Growth through Creative Destruction［J］. Econometrica，1992，60：323－351．

［135］Agosin，M. R.，Huaita，F.，Overreaction in capital flows to emerging markets：Booms and suddenstops［J］. Journal of International Money and Finance，2012，31（5）：1144－1155．

［136］Akhter S.，Daly K. Bank Health in Varying Macroeconomic Conditions：A Panel Study［J］. International Review of Financial Analysis，2009，18（5）：285－293．

［137］Archibugi，D，Filippetti A. and Frenz M. The impact of the economic crisis on innovation：Evidence from Europe［J］. Technological Forecasting & Social Change，2013，80（7）：1247－1260．

［138］Arellano C，Mendoza E G. Credit frictions and "sudden stops" in small open economies：An equilibrium business cycle framework for emerging markets crises［R］. NBER，2002．

［139］Barlevy，Gadi，On the Cyclicality of Research and Development［J］. American Economic Review，2007，97（4）：1131－1164．

［140］Becker，Torbjorn，Mauro，P.，Output Drops and the Shocks That

Matter［R］. IMF Working Paper：WP 06/172.

［141］Bitzer J, Kerekes M. Does foreign direct investment transfer technology across borders? Newevidence［J］. Economics Letters, 2008, 100 (3)：355 –358.

［142］Blomström M, Kokko A. The impact of foreign investment on host countries：a review of the empirical evidence. Policy Research Working Paper, 1996, 1745.

［143］Broto, C. , J. Diaz-Cassou and A. Erce-Dominguez. The Sources of Capital Flows Volatility：Empirical Evidence for Emerging Countries［J］. Money Affairs, 2008 (11)：15 –21.

［144］Buckley, P. J. , Casson, M. The Future of the Multinational Enterprise ［M］. London：Macmillan, 1976.

［145］Caballero R J. Macroeconomic volatility in Latin America：a view and three case studies［R］. NBER, 2000.

［146］Caballero Ricardo J. , Arvind Krishnamurthy. Bubbles and Capital Flow Volatility：Causes and Risk Management［J］, Journal of Monetary Economics, 2006, 53 (1) ：35 –53.

［147］Calderón, C. , Kubota, M. , Sudden Stops：Are global and local investors alike?［J］. Journal of International Economics, 2013, 89 (1)：122 –142.

［148］Calvo G, A . Explaining Sudden Stop, Growth Collapse, and BOP Crisis：The Case of Distortionary Output Taxes［J］. IMF Economic Review, 2003, 50 (1 Supplement)：1 –20.

［149］Calvo, G. A, Capital Markets and the Exchange Rate：With Special Reference to the Dollarization Debate in LatinAmerica［J］. Journal of Money Credit & Banking, 2001, 33 (2)：312 –334.

［150］Calvo, G. A. , Capital flows and capital-market crises：the simple eco-nomics of suddenstops［J］. Journal of applied Economics 1998, 1 (1)：35 –54.

［151］Calvo, G. A. , Izquierdo, A. and Mejía, L. F. , Systemic Sudden Stops：The Relevance of Balance-Sheet Effects and Financial Integration, NBER working paper, 2008, No. 14026.

［152］Calvo, G. A. , Izquierdo, A. , and Mejía, L. F. , On the Empirics of Sudden Stops：The Relevance of Balance-sheet Effects, NBER working paper,

2004, No. 10520.

[153] Calvo, G. A. , Mendoza, E. G. , Capital-markets crises and economic collapse in emerging markets: an informational-frictionsapproach [J]. American Economic Review, 2000, 90 (2): 59 – 64.

[154] Calvo, Izquierdo, Talvi. , Sudden stops and phoenix miracles in emerging markets [J]. American Economic Review, 2006, 96 (2): 405 – 410.

[155] Calvo, Izquierdo, Loo-Kung, Relative price volatility under sudden stops [J]. Journal of International Economics, 2006, 69 (1): 231 – 254.

[156] Cavallo EA , Frankel J A . Does openness to trade make countries more vulnerable to sudden stops, or less? Using gravity to establish causality [J]. Journal of International Money and Finance, 2008, 27 (8): 1430 – 1452.

[157] Chari, V. V. , Kehoe, P. J. , McGrattan, E. R. , Sudden stops and output drops [R]. NBER working paper No. 11133, 2005.

[158] Chau, H. A. Le, David G. Dickinson. The Systemic Risk of Cross-Border Banking: Evidence from the Sudden Stop and Interbank Stress Contagion in East Asia [J]. Emerging Markets Finance & Trade, 2016, 52 (1): 237 – 254.

[159] Cowan K, Gregorio J D, Micco A, Neilson C. Financial Diversification, Sudden Stops, and Sudden Starts [R]. In: K. Cowan et al. , Current Account and External Finance, Santiago: Central Bank of Chile Working Paper, No. 423, 2008.

[160] Davis J C, Huston J H. The shrinking middle-income class: A multivariate analysis [J]. Eastern Economic Journal, 1992, 18 (3): 277 – 285.

[161] Dhouha, M. and Ghazi B. , The Impact of technological innovation on economic growth: The case of Mediterranean countries [J]. The Marcotheme Review, 2014, 3 (1).

[162] Dooley, M. P. , Walsh, C. E. , Academic views of capital flows: An expanding universe [R]. Capital Flows and the International Financial System, 1999: 89 – 108.

[163] Douglas W. Diamond and Raghuram G. Rajan, Liquidity Shortages and Banking Crises [J]. Journal of finance, 2005, 60 (2), 615 – 647.

[164] Dunning, J. H. Trade, Location of Economic Activity and the Multi-

national Enterprise: A Search for an Eclectic Approach [J]. The International Allocation of Economic Activity. New York: Holms and Meier, 1977.

[165] Edwards, S. , Crises and Growth: A Latin American Perspective [J]. Journal of Iberian and Latin American Economic History, 2007, 25 (1): 19 – 51.

[166] Edwards, S. , Financial Openness, Sudden Stops and Current Account Reversals [J]. American Economic Review, 2004, 94 (2): 59 – 64.

[167] Elekdag, S. , Y. Wu, Rapid Credit Growth: Boon or Boom-Bust? [R]. IMF WorkingPaper : WP 11/241.

[168] Faria, A. , Paolo Mauro. Institutions and the external capital structure of countries [J]. Journal of International Money and Finance, 2009, 28 (3): 367 – 391.

[169] Forbes K. , F. Warnock, Capital Flow Waves: Surges, Stops, Flight, and Retrenchment [R]. NBER Working Paper No. 17351, 2012.

[170] Frankel J A, Rose A K. Currency crashes in emerging markets: an empirical treatment [J]. International Finance Discussion Papers, 1996, 41 (3 – 4): 351 – 366.

[171] Frisch, Ragnar, Propagation problems and impulse problems in dynamic economics, Economic Essays in Honor of Gustav Cassel, 1933, pp. 171 – 205.

[172] Grossman G. M. and Helpman E. , Endogenous Product Cycles, Economic Journal, 1991, 101 (408): 1214 – 1229.

[173] Guidotti P. E, Sturzenegger F and Villar A. , On the Consequences of Sudden Stops, Economía, 2004, 4 (2): 171 – 214.

[174] Hélène Rey. Dilemma not Trilemma: The Global Financial Cycle and Monetary Policy Independence [J]. NBER Working Papers, 2015: 1 – 2.

[175] Helpman, Elhanan, 1999. The Structure of Foreign Trade, Journal of Economic Perspectives, 1999, 13 (2): 121 – 144.

[176] Honig A. Do improvements in government quality necessarily reduce the incidence of costly sudden stops? [J]. Journal of banking & finance, 2008, 32 (3): 360 – 373.

[177] Hunady, J. , Orviska M. The Impact of Research and Development Expenditures on Innovation Performance and Economic Growth of the Country – The

Empirical Evidence, CBU International Conference Proceedings-Innovation, Technology transfer and Education. 2014, pp. 119 – 125.

[178] Hutchison M. M, Noy I, Wang L. , Fiscal and monetary policies and the cost of suddenstops [J]. Journal of International Money & Finance, 2010, 29 (6): 973 – 987.

[179] Hutchison, M. M. , Noy I. , How bad are twins? Output costs of currency and banking crises [R]. Journal of money credit and banking, 2005, 37 (4): 725 – 752.

[180] Hutchison, M. M. , Noy I. , Sudden stops and the Mexican wave: Currency crises, capital flow reversals and output loss in emergingmarkets [J]. Journal of Development Economics, 2006, 79 (1): 225 – 248.

[181] Hymer, Stephen H. The International Operations of National Firms: A study of Direct Foreign Investment [M]. Cambridge, MA: The MIT Press, 1976.

[182] Hymer. The International Operation of National Firms: A Study of Direct Foreign Investment [D]. MIT, 1960.

[183] Jongwanich J, Kohpaiboon A. , Capital flows and real exchange rates in emerging Asiancountries [J]. Journal of Asian Economics, 2013, 24: 138 – 146.

[184] Joyce, J. P. , Nabar M. , Sudden stops, banking crises and investment collapses in emergingmarkets [J]. Journal of Development Economics, 2009, 90 (2): 314 – 322.

[185] Kaminsky, Graciela L, Reinhart, Carmen M. The Twin Crises: The Causes of Banking and Balance-of-Payments Problems [J]. International Finance Discussion Papers, 89 (3): 473 – 500.

[186] Kehoe, T. J. , Ruhl, K. J. , Sudden Stops, Sectoral Reallocations, and the Real Exchange Rate [J]. Journal of Development Economics, 2009, 89 (2): 235 – 249.

[187] Keller, Leonor, Ibrahim Chowdhury. Managing large-scale capital inflows: the case of the Czech Republic, Poland and Romania. No. 12 – 138. International Monetary Fund, 2012.

[188] Kim S. , Yang D. Y. The Impact of Capital Inflows on Asset Prices in

Emerging Asian Economies: Is Too Much Money Chasing Too Little Good? [J]. Open economies review, 2011, 22 (2): 293 – 315.

[189] Kim Y. J. Sudden stops, limited enforcement, and optimal reserves [J]. International Review of Economics & Finance, 2017, 51 (Sep): 273 – 282.

[190] Kiyotaki, N., Moore, J., Credit cycles [J]. Journal of Political, 1997, 105 (2): 211 – 248.

[191] Kojima, Kiyoshi. Direct Foreign Investment: A Japanese Model of Multinational Business Operations [M]. London: Croom Helm Ltd, 1978.

[192] Korinek, A., Mendoza, E. G., From sudden stops to fisherian deflation: Quantitative theory and policy implications [R]. NBER Working Paper No. 19362, 2013.

[193] Kristin J. Forbes, Francis E. Warnock, Capital flow waves: Surges, stops, flight, and retrenchment [J]. Journal of International Economics, 2012, 88 (2), 235 – 251.

[194] Krugman, P. R., Currency Regimes, Capital Flows, and Crises [R]. IMF Economic Review, 2014, 62 (4).

[195] Lall S. The rise of multinationals from the third world [J]. Third world quarterly, 1983, 5 (3): 618 – 626.

[196] Leontief, W., Studies in the structure of the American economy, Oxford University Press, 1953, pp. 561.

[197] Lin J. Y. Why I Do Not Support Complete Capital Account Liberalization [J]. China Economic Journal, 2015, 8 (1): 86 – 93.

[198] Lipsey, R. E. Foreign Direct Investment in Three Financial Crises [R]. NBER Working Paper No. 8084. 2001.

[199] Love I., Zicchino L. Financial Development and Dynamic Investment Behavior: Evidence from panel VAR [J]. Quarterly Review of Economics and Finance, 2006, 46 (2): 190 – 210.

[200] Lucas. On the Mechanical of Economic Development [J]. Journal of Monetary Economics, 1988 (22): 3 – 42.

[201] Magud, N. E., Vesperoni, E. R., Exchange Rate Flexibility and

Credit during Capital Inflow Reversals: Purgatory…not Paradise [R]. IMF Working Paper: WP/14/61.

[202] Marcel Fratzscher, Capital flows, push versus pull factors and the global financial crisis [J]. Journal of Monetary Economics, 2013, 88 (2): 113 – 133.

[203] Mendoza, E., Terrones, M., An Anatomy of Credit Booms: Evidence from Macro Aggregates and Micro Data [R]. NBER Working Paper No. 14049, 2008.

[204] Mendoza, E. G., Smith, K. A., Quantitative implications of a debt-deflation theory of Sudden Stops and assetprices [J]. Journal of International Economics, 2006, 70 (1): 82 – 114.

[205] Mendoza, E. G., Sudden stops, financial crises, andleverage [J]. The American Economic Review, 2010, 100 (5): 1941 – 1966.

[206] Montfort Mlachila, René Tapsoba, Sampawende J. A. Tapsoba. A Quality of Growth Index for Developing Countries: A Proposal [J]. Social Indicators Research, 2017, 134 (2).

[207] Olaberría F. Capital inflows and books in asset prices: evidence from a panel of countries [M]. Banco Central de Chile, 2014.

[208] Pablo, Emilio, Guidotti, et al. On the Consequences of Sudden Stops [J]. Economía, 2004.

[209] Rafferty, Matthew, Do Business Cycles Alter the Composition of Research and Development Expenditures? [J]. Contemporary Economic Policy, 2003, 21 (3): 394 – 405.

[210] Reinhart, C. M. and Calvo G. A. When Capital Inflows Come to a Sudden Stop: Consequences and Policy Options, MPRA Paper, 2000, pp. 175 – 201.

[211] Romer, P., Increasing Returns and Long-run Growth [J]. Journal of Political Economy, 1986 (94): 1002 – 1037.

[212] Romer, P., Endogenous Technological Change [J]. Journal of Political Economy, 1990 (98): 71 – 102.

[213] Romer, P., Increasing Returns and Long Run Growth [J]. The Journal of Political Economy, 1986, 94 (5): 1002 – 1037.

[214] Schmookler, Jacob, Invention and economic growth. Cambridge,

Mass.：Harvard University Press，1966.

［215］Solow，R. K. Technical Change and the Aggregate Production Function ［J］. Review of Economic Review，1957（39）：312 – 320.

［216］Suh S. Sudden stops of capital flows to emerging markets：A new prediction approach ［J］. International Review of Economics & Finance，2017（48）：289 – 308.

［217］Sula O. Surges and Sudden Stops of Capital Flows to Emerging Markets ［J］. Open Economies Review，2010，21（4）：589 – 605.

［218］Taguchi H.，Sahoo P.，Nataraj G. Capital flows and asset prices：Empirical evidence from emerging and developing economies ［J］. International Economics，2015（141）：1 – 14.

［219］Tillmann P. Capital inflows and asset prices：Evidence from emerging Asia ［J］. Journal of Banking & Finance，2013，37（3）：717 – 729.

［220］Van Pottelsberghe B.，Lichtenberg F. Does foreign direct investment transfer technology across borders？ ［J］. The Review of Economics and Statistics，2001，83（3）：490 – 497.

［221］Vernon，R. International Investment and International Trade in the Product Cycle ［J］. Quarterly Journal of Economics，1966（80）：190 – 207.

［222］Wang C. H.，Hwang J. T.，Chung C P. Do short-term international capital inflows drive China's asset markets？ ［J］. Quarterly Review of Economics & Finance，2016，60（5）：115 – 124.

［223］Wells L. T. Third world multinationals：The rise of foreign investments from developing countries ［J］. MIT Press Books，1983：1.

［224］Zhao Y.，Haan J.，Scholtens B.，et al. Sudden Stops and Currency Crashes ［J］. Review of International Economics，2014，22（4）：660 – 685.

后 记

本书是我主持的国家社会科学基金一般项目"国际资本流动与中国资本输出的长效战略研究"（项目批准号：15BJL069）的研究成果，该项目已于2020年8月以"良好"等级结项。

该项目研究的背景是中国国际资本流动自2014年以来出现的重大变化。长期以来，中国是一个资本流入国，但从2014年开始，国际资本流动发生了明显变化：一方面，流入中国的国际资本因为国内外各种因素而经常出现大幅变化，2007年以来，中国发生资本流动突然中断的次数和规模明显增加；另一方面，以对外直接投资（OFDI）为代表的中国主动的资本输出增长迅速，2015年中国OFDI超过外商直接投资（FDI），成为对外直接投资项下的资本输出大国。此外，随着中国金融市场化改革和金融市场全面开放的加速，国际资本出入中国也更为便利。根据中美第一阶段经贸协议，中国已于2020年4月1日向外资全面开放金融服务市场。2021年7月20日，中国人民银行宣布支持上海在人民币可自由使用方面先行先试，探索在临港新片区内资本自由流入流出和自由兑换。

在国际资本大规模出入中国的新常态下，本书从国际收支、金融市场角度来观察和分析国际资本流动的新变化及其对中国宏观经济的影响，借鉴发达经济体和新兴经济体的经验，分析如何在大规模资本输入输出的新常态下实现经济内外双重均衡目标。这无疑是对中国特色资本流动管理体系和资本输出长效战略的一个原创性探索。

从学术价值来看，本书的研究视角、研究内容和研究结论均具有创新性。在研究视角方面，本书是学术界较早对国际资本大规模出入中国的新常态进行深入观察和分析的，并将其与中国成为资本净输出国这一历史性变化结合起来，对其可能带来的国内经济增长转型、政府对外负债结构调整与汇率制度改革设计等问题进行较长远的顶层战略谋划。这一视角是一种原创性的新拓展。在研究内容方面，本书首次利用跨国面板模型进行实证研究，发现了资本流动突然中断对不同负债结构国家的非线性经济影响，确认了技术创新对资本流动突然中断负面冲击的消减作用和对外直接投资对母国经济增长质量及金融稳定的非对称性影响等。在研究结论方面，本书对于资本流动突然中断对不同汇率制度经济体的影响的研究发现，当面临资本流动突然中断冲击时，固定汇率制度所受的负面影响反而更小，这一结论也是非常新颖的；同时，为中国在之前数次面临经济或金融冲击时都选择盯住汇率安排提供了经验分析的有力支持。

从应用价值来看，本书为决策当局及早总结国际资本流动新常态特征、尽早建立中国特色的资本流动管理体系和中国资本输出的长效战略提供了一种有价值的参考。

本书的完成是集体劳动的成果。除我本人外，项目组成员唐文进教授为本项目的完成提供了建议和指导，并参与了本书的撰写。硕士研究生卢璐、练丹丹、库木斯、宋喜志、欧阳舒永、钱凯闻、廖理、曹霞等在资料和数据收集、初稿撰写、校对、阶段性研究成果的发表等方面都给予了大量帮助。在此，我对他们表示衷心感谢。

本书的完成和出版还要特别感谢经济科学出版社的各位老师。在本书出版过程中，他们对我给予了高度的信任，并提供了一系列周到细致的服务，进一步提升了本书的出版质量。

最后，我真诚地希望越来越多的读者和决策者们关注国际资本流动与中国资本输出的长效战略，进一步推动中国资本自由流动和自由兑换的探索，为中国金融全面开放谱写出最亮丽的篇章。

李　芳

2021 年 7 月 25 日